키워드
한국 현대사 기행 1

KB020183

키워드 한국 현대사 기행 1

제주 · 호남 · 영남

손호철 지음

키워드 한국 현대사 기행 1

제주 · 호남 · 영남

초판 1쇄 2022년 6월 10일
지은이 손호철
펴낸곳 이매진 **펴낸이** 정철수
등록 2003년 5월 14일 제313-2003-0183호
주소 서울시 은평구 진관3로 15-45, 1018동 201호
전화 02-3141-1917 **팩스** 02-3141-0917
이메일 imaginepub@naver.com
블로그 blog.naver.com/imaginepub
인스타그램 @imagine_publish
ISBN 979-11-5531-133-2 (04300)

• 환경을 생각해 재생 종이로 만들고, 콩기름 잉크로 찍었습니다.
• 값은 뒤표지에 있습니다.

우리의 뿌리를 찾아서

얼마 전 유엔무역개발회의UNCTAD가 식민지를 경험한 개발도상국 중에서 한국을 유일하게 '선진국'으로 분류하기로 결정했다. 개발도상국 중에서 경제 발전과 민주주의를 동시에 달성한 나라는 한국과 타이완뿐이다. 자랑스러운 일이다. 빛나는 성과 뒤에는 그림자도 있다. 세계 최고 자살률, 경제협력개발기구OECD 회원국 중 최장 노동 시간과 최고 산재율 같은 문제들이다. 또한 자생적 근대화의 실패와 식민지화, 분단과 전쟁, 빠른 산업화와 민주화 과정에서 숱한 사람들이 흘린 피와 땀과 눈물도 빼놓을 수 없다.

5

나는 우리의 뿌리인 한국 근현대사에서 중요한 사건이나 인물에 관련된 현장 102곳을 다녀온 뒤 이 책을 썼다. 역사학자가 아니라 한국 현대 정치를 연구하고 가르쳐온 정치학자가 쓴 기행이다. 그런 만큼 역사적 사실이라는 면에서는 부족한 점이 있을지 모르지만, 사회과학 이론으로 한국 근현대사의 주요 사건과 인물을 설명하려 노력했다. 당초 현대사를 중심으로 근현대사만 다룰 계획이었는데, 답사를 다니면서 명학소 민중 봉기(망이·망소이의 난), 허난설헌과 허균, 다산 정약용 등 전근대에 속하지만 근대를 지향한 항목, 곧 '근대적 전근대'도 포함시켰다.

이번 기행은 갑자기 결정됐다. 코로나 바이러스 감염증-19^{COVID-19} 때문이다. 재작년 정년을 마친 뒤 안토니오 그람시, 로자 룩셈부르크, 레온 트로츠키 등 실패한 혁명가들의 흔적을 좇는 사상 기행을 하기로 마음먹고 그람시 기행을 끝냈다. 로자 룩셈부르크 기행을 준비하는 와중에 코로나19가 터지면서 해외여행을 갈 수 없게 됐다. 나이가 더 든 뒤에 떠나려 한 한국 근현대사 기행을 앞당길 수밖에 없었다.

2020년 6월부터 주제를 120여 개 정하고 기행을 시작해 1년 동안 전국 방방곡곡 3만 5000킬로미터를 달렸다. 서울과 부산을 오가는 거리가 900킬로미터이니 40번 넘게 왕복한 셈이다. 비행기를 타고 가 렌터카를 이용한 제주도, 고속철도를 이용한 부산, 광주, 대구, 대중교통을 이용한 서울까지 포함하면 이동 거리는 훨씬 더 길었다. 때가 때인 만큼 코로나19 방역 지침을 지키면서 다니느라 더 애를 먹었다. 150여 곳을 다녀왔지만 다 싣지는 못했다. 알려지지 않은 곳을 더 많이 소개하려고 독립기념관, 탑골공원, 전쟁기념관처럼 잘 알려지고 제도화된 곳은 제외했다. 글로 못 쓴 곳에 얽힌 이야기와 지면에 싣지 못한 사진 자료를 볼 수 있는 인터넷 공개 자료실도 만들 생각이다.

한국 정치를 전공한 만큼 한국 현대사를 나름 공부했지만, 답사를 하면서 정말 많이 배웠다. 우리 땅 곳곳이 역사의 아픔을 간직한 현장이라는 사실을 실감할 때마다 마음이 아팠다. 근현대사를 장식한 많은 사건이 패배와 학살의 기록인 탓에 우울증에 시달리기도 했다. 동시에 이름 없는 민초들이 한 희생 덕분에 우리가 숱한 비극을 딛고, 아직 많은 문제가 남아 있다고는 하지만, 지금 같은 성과를 거둔 사실도 깨달았다.

가슴 아픈 역사의 현장을 다니면서 우여곡절이 많았다. 그래도 네 가지 원칙을 지키려 했다.

첫째, 현장성이다. 사건 현장을 되도록 모두 찾아가려 노력했다. 현장을 다녀온 뒤 새로운 자료를 발견해서 다시 찾아간 적이 한두 번이 아니다. 기행인 만큼 사진이 중요한데, 답사를 거의 마칠 무렵 외장 하드가 망가졌다. 사방을 뛰어다니며 복구하려다가 결국 실패해서 이미 다녀온 곳들을 다시 가기도 했다.

둘째, 사실이다. 워낙 다양한 주제를 다루는 만큼 모든 자료를 수집할 수는 없었지만, 되도록 많은 사실을 소화하려 노력했다. 단행본 말고도 인터넷을 뒤져 모은 자료를 최대한 활용했다. 인터넷이 없으면 이런 답사를 준비하는 데 몇 배 더 많은 시간이 들 수밖에 없다.

셋째, 관점이다. 나는 진보적 시각에서 한국 근현대사의 주요 사건을 다뤘다. 나아가 진보적이되 보편적이고 지구적인 시각에서 사물을 보려 노력했다. 이를테면 다산 정약용을 같은 시대를 살다 간 프랑스 혁명 시기의 급진파 막시밀리안 로베스피에르하고 비교해 살펴봤다.

넷째, 서사다. 역사적 사실을 나열하는 전통적 서술을 넘어 독자들이 이해하기 쉽게 현대적 시각에서 이야기를 풀어가려 노력했다. 북한에 협조할지 모른다는 이유로 수십만 명을 학살한 국민보도연맹 사건은 비슷한 주제를 다룬 영화 〈마이너리트 리포트〉에 연결하고, 전두환 정권과 금강산댐은 을지문덕 장군을 사례로 설명하는 식이었다.

이 자리를 빌려 신세 진 이들에게 고마움을 전하고 싶다. 가장 먼저, 최풍만 동지다. 최 동지는 진보 운동을 함께하는 동지이자 여행의 길벗이다. 어깨가 고장난 탓에 장시간 운전을 하기 힘든 나를 위해 운전을 해줬다. 최 동지 덕분에 답사를 잘 마칠 수 있었다.

원경 스님, 명진 스님, 김세균 서울대학교 명예 교수, 심지연 경남대학교 명예 교수, 임춘식 한남대학교 명예 교수, 단병호 전 전국민주노동조합총연맹(민주노총) 위원장, 최갑수 서울대학교 명예 교수, 박재

묵 충남대학교 명예 교수, 곽진 상지대학교 명예 교수, 임영일 미래를 준비하는 노동사회교육원 이사장, 이영근 프로팩PROPAC 사장, 김정한 서강대학교 인문한국HK 교수, 김철홍 전 국가인권위원회 광주사무소 장이 답사를 같이했다. 강정의 문정현 신부님, 제주 수상한 집 강광보 씨, 황광우 장재성기념사업회 사무총장과 해직 교수 이무성 동지, 김 용국 영광핵발전소주민대책위 위원장, 여수의 황남식 사장, 부안의 고 길섶 작가, 송필경 대구 송치과 원장과 강태원 역사 교사, 통영의 장 석 시인, 진현경 부마민주항쟁기념재단 사무총장, 김호규 전국금속노 동조합 위원장과 이은영 울산노동역사관1987 자료실장, 최창호 경주 최부자아카데미 상임이사, 강현욱 교무(사드철회 소성리 종합상황실 대변인), 김경호 세종시 추모의집 담당관, 정구도 노근리평화기념관 관장, 심종원 대추리 이장, 신학철 화백과 최중한 씨, 전미영 강원민주 재단 위원, 황도근 무위당학교 교장과 추진수 무위당사람들 대외협력 실장, 양길승 원진재단 이사장, 최열 환경재단 이사장, 안병욱 전 진실 ·화해를위한과거사정리위원회 위원장, 최병도 전 역사 교사, 박천우 전 장안대학교 교수, 조승래 청주대학교 명예 교수, 김효순 4·9통일 평화재단 이사,《박헌영 평전》과《이현상 평전》을 쓴 안재성 작가 등 이 답사를 도와줬다. 특히 해방 정국 전문가인 심지연 교수는 예민한 주제를 다룬 여러 글을 꼼꼼하게 읽은 뒤 잘못을 지적했고, 프랑스 혁 명사 전문가인 최갑수 교수, 한국 현대사의 잊힌 이야기에 천착해온 김성동 작가도 이런저런 조언을 했다. 민중 화가 김정헌 선배는 박홍 전 서강대학교 총장을 풍자한 그림을, 환경운동가 최병성 목사와 전 갑생 박사, 윤상훈 녹색연합 전문위원 등은 중요한 사진을 사용할 수 있게 해줬다.《경향신문》과《한국일보》,《프레시안》, 그리고 여러 기념 사업회와 기념관의 자료 사진들도 큰 도움이 됐다.

이 모든 분들에 더해 기행의 앞부분 연재를 맡은 강윤주《한국일보》기자와 후반부 연재를 맡은 임경구《프레시안》기자, 책을 만든 정철수 이매진 대표에게 감사드린다. 코로나19가 걱정돼 만류한 답사를 한사코 강행하는 '철부지' 남편과 아버지를 용서해준 아내와 딸 고은이에게도 미안함과 고마움을 전하고 싶다.

이번 기행이 이렇게 여러 사람에게 빚지고 있지만, 진짜 빚진 이들은 한국 근현대사를 관통해 이름 없이 쓰러져가며 우리에게 더 나은 현재를 만들어준 희생자들이다(특히 박헌영의 아들로 태어나 기구한 삶을 산 원경 스님은 책이 나오기를 기다리다가 2021년 12월에 갑자기 세상을 뜨셨다. 극락왕생을 빈다). 그분들에게 다시 한 번 뜨거운 묵념을 드리면서, 이 책을 바친다.

2022년 봄, 분당에서

손호철　　9

차례

1부 제주

정당한 항쟁인가
천주교 탄압인가

'여아대知我待.' '나를 대하듯 하라'는 뜻이다. 천주교 탄압에 보복한다는 구실로 프랑스 함대가 쳐들어온 병인양요(1866)가 끝난 뒤 고종이 프랑스 신부들에게 준 증표에 적힌 말이다. 주권 잃은 조선말 상황을 잘 보여주는 이 증표는 비극을 불러온다. 1901년 5월 '변방' 제주에서 민란이 일어나 많은 천주교도가 목숨을 잃는다. 제주 4·3보다 47년 앞선 때다. 구한말과 해방 정국을 피로 물들인 두 비극이 제주에서 일어난 사실은 근현대사에서 이곳이 차지하는 위상을 잘 보여준다.

15

신축년에 일어나 '신축민란辛丑民亂'이라고 부르는 이 사건은 주도자 이름을 따 '이재수의 난'으로 더 잘 알려져 있다. 민란을 이끈 세력은 '1901년 제주 항쟁'이라 하고, 가톨릭은 '제주 신축교난'이라 한다. 제주 출신 작가 현기영이 쓴 소설 《변방에 우짖는 새》(1983)로 알려지기 시작해 〈이재수의 난〉(1999)이라는 영화도 나왔지만, 우리는 이 사건을 여전히 잘 모른다.

적폐를 청산하라는 민중의 외침

19세기 말 제주도민은 육지로 못 나간다는 오랜 금지령이 풀렸지만, 두 가지 폐해 때문에 제주 사람들의 삶은 한계에 이르렀다. '세폐'(세금 폐해)와 '교폐'(종교 폐해)였다. 재정난에 빠진 고종이 봉세관村稅官이라는 관리를 파견해 새로운 명목으로 세금을 거두면서 민생은 도탄에 빠졌다. 여아대 패를 지닌 프랑스 신부들이 머문 성당이 치외 법권 지대가 되면서 이 위세를 등에 업은 몇몇 신도가 악행을 일삼았다. 선교를 한다는 핑계로 제주 사람들이 신성시하는 신당을 부수는가 하면 관아에 결탁해 금품을 빼앗고 성범죄까지 저질렀다고 한다.

대정군에 사는 양반과 유지들이 상무사商務社를 조직해 폐해에 맞섰다. 그러사 빛빛 신도가 마을 유지인 훈장과 친지들을 교당에 가두고 고문해 죽였다. 대정군수가 관노 이재수를 검시관으로 삼아 시신을 검시하지만 신도들이 교당에 숨어버려 범인을 잡지 못했다. 주민들이 분노하는 사이 천주교도들이 다시 상무사 위원 송희수를 습격했고, 상무사들은 대정군에 있는 천주교당을 공격했다. 며칠 뒤 상무사가 '규탄 민중대회'를 열면서 또다시 충돌이 벌어졌다. 천주교도들은 무장하지 않은 주민들에게 총을 쏴 사람을 죽이고 지도부를 납치했다.

이재수와 제주 민중이 모인 관덕정과 제주목 관아.

납치된 지도부를 대신해 지도자로 부상한 이재수는 무장봉기를 일으키기로 결정하고 각 고을에 격문을 보냈다. 포수 40여 명을 비롯한 장정 수천 명이 대정군에 모여 총칼과 죽창으로 무장했다. 민군은 둘로 나뉘어 동서로 돌아 제주로 진격했고, 세폐와 교폐에 시달린 주민들은 민군을 환영했다. '마을 사람들이 다들 칭송하기를, 이재수는 인물이 영웅답고 한라산의 정기를 받아 보통 사람들하고 다르다고 여겼다'고 기록은 전한다.

5월 16일 민군은 제주성에서 가까운 황사평에 진을 치고 협상을 시작했고, 5월 25일에는 관덕정觀德亭 앞에 모인 주민들까지 제주목 관아에 성문을 열라고 요구했다. 나흘간 말미를 달라고 해 시간을 번 프랑스 신부는 인천에 정박한 함대를 보내달라고 프랑스 공사관에 연락했다. 5월 28일까지 프랑스 함대는 오지 않았고, 민군은 제주성에 입성했다. 민군은 이틀 동안 천주교도 300여 명을 처형했다고 한다. 30일에 프랑스 함대가 도착하자 1만여 명에 이르는 민군이 다시 궐기했다. 황제가 세폐와 교폐를 시정하겠다고 약속하자 이재수 등 세 장두는 6월 10일 민군을 해산한 뒤 자수했다. 7월 18일 한성으로 압송된 이재수 등은 근대적 재판을 받았고, 10월 9일 교수형을 당했다.

100년 만의 사과와 화해

항쟁은 흔적을 찾기 어려웠다. 이재수 등 세 '의사'(의로운 투사)를 기리는 '제주 대정 삼의사비'는 모슬포항 근처 대정마을 추사 김정희 유배지 앞 오거리 한구석에 있다. 내비게이션에도 안 나와 근처 주유소 직원에게 물었다. 1961년 대정리 홍살문 거리에 세운 삼의사비는 이런저런 압력에 시달리고 도로 확장 같은 사정 때문에 여기저기 옮겨 다녔다. 1998년 대정청년회가 지금 자리에 낡은 비를 묻고 그 위에 새비를 세웠다. 어렵게 찾은 비석 앞에 서서, 위에서 아래로, 아주 작은 글씨로 촘촘하게 새긴 비문을 읽었다. 첫 문장부터 충격적이었다. '여기 세우는 이 비는 종교가 무릇 본연의 역할을 저버리고 권세를 등에 업었을 때 그 폐단이 어떠한가를 보여주는 교훈적 표식이 될 것이다.'

천주교도 무덤은 찾기 쉽다. 이재수와 민군들이 진을 친 황사평에 자리하고 있기 때문이다. 큰 피해를 입은 프랑스 정부는 금전 보상에 더해 이곳을 달라고 요구해 희생자 집단 묘역을 만들었다. '천주교 황사평 성지'에 들어서서 잘 정돈된 묘역 끝으로 가면 '순교자 묘역'이라고 새긴 커다란 돌이 방문자를 맞는다.

이곳은 '성지'이고, 이곳에 묻힌 이들은 '순교자'인가? 돌 뒤에 쓰여진 글은 '성지'나 '순교자'하고는 거리가 있다. 글은 사건 결과부터 시작한다. '1901년 신축교난 당시 연락을 받은 두 척의 불란서 군함 함장들이 사태 수습을 위하여 제주도에 왔지만 교난은 이미 끝난 상태였고 많은 천주교인들은 관덕정에서 피살되어 주검으로 변해 있었다.'

모슬포항 근처 대정마을 구석에 있는 삼의사비. 뒷면에 빽빽이 쓰여진 비문의 첫 문장이 감동적이다.

비극이 벌어진 원인과 과정은 전혀 말하지 않는다. 뭔가 떳떳하지 못하다는 암시인 셈이다. 한성에서 파견된 팀이 사건을 조사하니 천주교도들이 심각한 잘못을 저지른 사실이 드러났고, 천주교 쪽 문서에도 어느 정도 책임을 인정하는 내용이 담겼다.

정당한 항쟁이었는가? 아니면 부당한 종교 탄압이었는가? 아직 모른다. 단순히 관점의 차이를 넘어서 중요한 역사적 사실을 둘러싼 해석의 문제이기 때문이다. 다행히 2003년 11월에 천주교 쪽과 '1901년 제주항쟁기념사업회'가 화해했다. 천주교는 서구 제국주의 침략기에 선교를 하는 과정에서 '제주 민중에게 저지른 과거의 잘못에 사과'했고, 1901년제주항쟁기념사업회 쪽은 봉건 왕조와 외세에 저항하는 과정에서 '무고한 인명 살상의 비극을 초래한 데 대하여 사과'했다.

우리 시대 종교에 던지는 경고

민란 흔적은 제주 시내에도 남아 있다. 제주 중심가에 제주목 관아와

황사평 신축민란 희생자 묘지 비석. 비문의 첫 문장이 삼의사비하고 대조된다.

성당이 있다. 새로 지은 성당 자료관 벽에는 제주 천주교 역사를 요약한 연대표가 새겨져 있었다. 1901년 칸은 '제주 신축교난'이다. 조금 걸어가면 일제가 제주항을 짓는 데 쓰려고 허문 옛 제주성 잔해가 제주 민중의 한을 증언한다. 마침 성터에 앉은 새 한 마리가 날아올랐다. '변방에 우짖는 새' 이재수의 혼인 듯싶었다.

삼의사비의 첫 구절을 다시 떠올렸다. 얼마 전만 해도 독재 정권하고 손잡고서 민중을 우롱하더니, 요즘에는 사회 갈등을 부추기고 혐오를 조장하는 몇몇 극우 종교 지도자들, 나아가 우리 시대의 모든 종교에 던지는 경고나 다름없었다. 찾는 이 없이 버려진 삼의사비는 지나간 과거가 아니라 아직도 살아 있는 현재의 역사다.

찾을 곳

대정 삼의사비 제주특별자치도 서귀포시 대정읍 추사로 35-3 금산건강원 건너편. **천주교 황사평 성지** 제주특별자치도 제주시 기와5길 117-22. **제주목 관아** 제주특별자치도 제주시 관덕로 25. **제주성지** 제주특별자치도 제주시 오현길 61.

이재수가 이끈 민군이 공격한 옛 제주성지. 제주성은 일제가 부숴 항만 공사에 쓴 탓에 흔적만 남아 있다.

세계에서 가장 큰
행불자 묘역

"이게 도대체 몇 개야?"

제주4·3평화공원을 가다가 지난번에 지나친 '4·3 행방불명자 묘지'라는 작은 팻말을 봤다. 안내판도 없어서 간신히 찾은 묘역에 들어서자마자 나는 끝없이 이어진 묘비를 보고 놀라 소리쳤다. 세계 곳곳의 희생자 묘역을 가봤지만, 3953명이 시신 없이 잠든 행방불명자 묘역은 처음이었다. 아마 세계에서 가장 큰 행불자 묘역인 듯하다. 묘역은 영남, 호남, 대전 등으로 나뉘어 있었다. 너무 많은 사람을 체포하는 바람에 많은 수형자가 육지에 있는 형무소로 갔다. 이승만 정부는 한국전쟁이 터지자 4·3 수형자를 집단 학살했고, 시신마저 사라진 행불 수형자들은 낯선 외지를 떠도는 혼이 됐다.

골짜기마다, 마을마다, 집집마다

여수와 순천, 경산 코발트 광산, 대전 산내골, 거창, 5·18 광주 등 한국 현대사에도 비극적 학살은 많다. 비극의 경중을 따지는 일은 말이 안 되지만, 제주 4·3은 한국전쟁을 빼면 가장 비극적인 사건이다. 정부 공식 집계도 토벌대에 목숨을 잃은 사망자 1만 955명과 무장대에 목숨을 잃은 사망자 1764명 등 사망자만 모두 1만 4032명이다. 행방불명자까지 합치면 전체 주민의 8분의 1에서 10분의 1인인 3만 명에서 6만 명이 피해를 입은 셈이다. 정부 공식 집계와 미군정 보고서에 밝혀진 대로 80퍼센트는 토벌대에 희생된 사람인데, 그중에는 어린이와 여성, 노인도 많다.

제주도는 아름다운 경관뿐 아니라 역사적 현장이나 기념물이 많은 곳이다. 골짜기마다 마을마다 학살이 벌어지지 않은 데가 거의 없기 때문이다. 하다못해 제주시 동문로터리에 있는 해병대 사령부 주둔지 표지석도 어떤 의미에서는 4·3의 현장이다. 1949년 4월 진해에서 창설한 해병대가 그해 12월 28일 제주도로 이동해 사령부를 설치한 날을 기념하는 이 표지석을 보면, 한국전쟁이 터지자 제주도 청년 3000여 명이 해병대에 자원입대해 '무적 해병'에 기여한다. 뒤집어 말하면, 4·3이 남긴 여진 속에서 빨갱이로 몰려 죽고 싶지 않은 젊은이가 가장 확실하게 안전을 보장받는 방법은 해병대 입대였다.

해방 정국의 모든 비극이 그러하듯 4·3은 분단에서, 그리고 미군

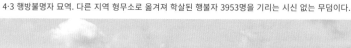
4·3 행방불명자 묘역. 다른 지역 형무소로 옮겨져 학살된 행불자 3953명을 기리는 시신 없는 무덤이다.

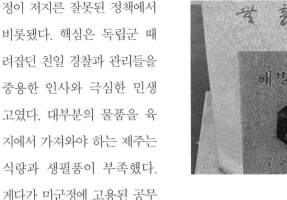

정이 저지른 잘못된 정책에서 비롯됐다. 핵심은 독립군 때려잡던 친일 경찰과 관리들을 중용한 인사와 극심한 민생고였다. 대부분의 물품을 육지에서 가져와야 하는 제주는 식량과 생필품이 부족했다. 게다가 미군정에 고용된 공무원과 통역관들이 비리를 저질러 민심은 폭발하기 직전에 이르렀다.

이런 상황에서 1947년 3·1절 행사 때 기마경찰의 말발굽에 채어 어린아이가 다쳤다. 사고를 항의하러 경찰서로 몰려간 군중에게 경찰이 총을 쏴 여럿이 죽고 다쳤다. 좌파 집회 참가자들이 경찰서를 습격한 줄 잘못 안 미군정은 행사 주최자들을 검거하라는 체포령을 내렸고, 그 바람에 민심이 더욱 들끓었다. 남조선노동당(남로당)이 이런 분위기를 놓치지 않고 총파업을 선언하자 민간 기업은 말할 것도 없고 경찰과 통역관을 포함한 공무원까지 가세해 제주 전체 직장의 95 퍼센트가 파업에 참여했다. 미군정은 파업 주도자를 대상으로 대대적인 체포령을 내렸고, 파업 참여 경찰을 해고한 뒤 육지에서 온 서북청년단으로 그 자리를 메웠다. 공산주의를 피해 북한에서 월남한 기독교 극우 세력인 서북청년단이 경찰 쪽에 가세하면서 미군정과 친일 극우 경찰 대 제주 민중 사이의 갈등은 더욱 심해졌다.

4·3은 갈등이 충돌로 폭발하는 계기가 됐다. 이승만 정부는 1948년 5월 10일 단독 정부를 수립할 선거를 치른다고 발표했다. 단독 정부가 수립되면 분단은 계속될 수밖에 없었다. 한반도 남쪽 끝 제주도에서도 많은 사람이 단독 선거에 반대했고, 기세를 몰아 4월 3일 새벽

에 남로당원들이 제주도 전체 24개 지서 중 12개를 일제히 공격했다. 이승만 정부는 여수에 주둔하던 14연대에 제주도로 출동하라고 지시했지만, 진압군은 군 내부 좌익들이 출동을 거부하고 봉기하는 등 우여곡절을 겪은 뒤에야 간신히 제주도에 들어왔다(이 책 16장 참조).

진압군은 해안선에서 5킬로미터를 기준으로 정한 뒤 이 선을 벗어나 중산간 지대를 통행하는 자는 폭도로 여겨 총살한다고 발표했다. 장제스蔣介石가 이끄는 국민군에 게릴라전으로 맞서서 승리해 중국 대륙을 차지한 마오쩌둥毛澤東은 '게릴라가 물고기라면 대중은 물'이라고 말했다. 이승만 정부는 '게릴라를 잡으려면 물을 없애야 한다'는 위험한 발상을 실행했다. 중산간 지대에서 살아온 도민들을 해안 지대로 소개하고 마을을 불태워 오랜 삶의 터전을 송두리째 파괴하는 초토화 작전을 벌였다. 이런 광풍에 숱한 양민이 희생됐고, 제주도민들은 '빨갱이'라는 오명과 연좌제의 고통에 시달리며 살았다.

항쟁과 학살 사이, 아직도 불완전한 기억들

쉬쉬하던 4·3이 처음 공개 논의된 때는 한국전쟁이 끝나고 25년 넘게 지난 1979년이었다. 아직은 문학이라는 우회로를 거쳐야 했다. 〈순이 삼촌〉을 쓴 현기영 작가는 소설 속 주인공들처럼 보안사에 끌려가 죽도록 맞고 고문을 당했다. 독재 정권은 작가를 기소하지 않았다. 재판을 하다가 4·3이 공론화되는 일 자체를 꺼린 탓이었다.

4·3 관련 진상 조사 법안은 50년이 지난 1999년에야 국회를 통과했다. 민주화 덕분이었다. 2003년 노무현 정부는 국가 권력이 저지른 대규모 학살을 인정하고 대통령이 직접 사과했다. 2014년에는 박근혜 정부가 4월 3일을 국가 기념일로 지정했다. 2018년 한국기독교교회협의회NCCK도 4·3 70주년에 맞춰 서북청년단 같은 기독교도들이 학살

에 가담한 사실을 사죄했다. 그러나 몇몇 보수 세력은 4·3이 '좌익 폭동'이라면서 4월 3일을 국가 기념일로 지정한 박근혜를 탄핵하라고 주장했다. 모험주의적이기는 해도 분단에 저항한 '항쟁'이라는 측면과 그 뒤에 이어진 '학살'이라는 측면을 종합할 때만 4·3을 제대로 평가할 수 있다는 반증이었다.

제주4·3평화공원은 해방 정국부터 4·3까지 이어진 시간을 잘 정리해놓은 곳이지만 역사의 현장은 제주 곳곳에 숨어 있다. '순이 삼촌'이 살던 동네가 그중 하나다. 제주시 동쪽에 자리한 조천읍 북촌마을 너븐숭이 4·3유적지에 들어서면 돌로 원을 그린 도톰한 흙무더기 위에 누운 작은 인형들이 보인다. '애기무덤'에 묻힌 어린 목숨들이 저승에서 가지고 놀라고 놓아둔 장난감이다.

해마다 1월 17일이 되면 북촌마을에는 울음소리가 이어진다. 이승만 정부가 출범한 지 얼마 안 된 1949년 1월 17일, 마을 근처에서 무장대가 쏜 총에 맞아 토벌대원이 두 명 죽었다. 토벌대는 마을을 포위

북촌마을 애기 무덤. 엄마하고 함께 학살당한 애기들을 위한 토끼 인형이 애처롭다.

한 뒤 어린이를 포함한 400여 명을 집단 학살해 앙갚음했다. 마을 전체가 제삿날이 똑같은 동네, 그곳이 바로 북촌마을이다. 마을에서 조금 걸어가면 오목하게 파인 초미니 분지가 나타난다. 제주말로 '움푹 들어간 밭'이라는 뜻을 지닌 '옴팡밭'(당팟)에 '순이삼촌 문학비'가 서 있다. 학살 현장이자 〈순이 삼촌〉의 무대다.

'새로운 4·3'을 불러오는 증오의 정치

요즘 제주 여행을 오는 사람들은 올레길을 많이 들른다. 정식 코스는 아니지만 북촌마을에도 올레길이 있다. 4·3 현장을 걸어서 돌아보는 '북촌마을 4·3길'이다. 북촌포구를 걷다가 아름다운 바다로 눈길을 돌리니 보는 이를 압도하는 너븐숭이4·3기념관이 어른거린다. 기념관에 들어서면 타오르는 한 자루 촛불 뒤쪽으로 천장 끝까지 길게 늘어진 검은 천 세 조각이 보인다. 검은 천에 써놓은 희생자 이름들 사이로 드러나는 검푸른 바다를 보면서 나는 물었다. 인간은 얼마나 잔인

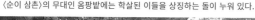
〈순이 삼촌〉의 무대인 옴팡밭에는 학살된 이들을 상징하는 돌이 누워 있다.

할 수 있는가? 맹목적 애국은 왜 위험한가? 사실은 중도 우파에 가까운 김대중, 노무현, 문재인 정부를 향해 '빨갱이'라고 거품을 무는 극우 세력의 광기를 보면서 서북청년단은 이제 사라진 이름일 뿐이라고 할 수 있는가?

4·3 유적은 우리에게 이제 '새로운 4·3'을 배태하는 증오의 정치를 멈춰야 한다고 말한다(국회는 2021년 12월 9일 '제주4·3사건 진상규명 및 희생자 명예회복에 관한 특별법 일부 개정안'을 통과시켰다. 4·3 희생자는 최대 9000만 원을 보상받을 수 있게 됐다).

덧글

토벌대의 두 얼굴, 김익렬과 박진경

차일혁과 김종원. 한국전쟁을 배경으로 한 '인간적' 토벌대장과 '살인마' 토벌대장이다(이 책 19장 참조). 제주도에도 비슷한 사례가 있다. '제주의 차일혁' 김익렬은 널리 알려져 있었지만 '제주의 김종원'은 《제주의소리》에 실린 기사를 보고서야 알았다. 다시 제주로 날아갔다.

'집단 학살 속의 의로운 사람들.' 제주4·3평화기념관 2층에 있는 전시실 이름이다. 학살 명령을 어기고 국민보도연맹 성원들을 살린 문형순 서장(이 책 3장 참조) 옆에 한 군인이 보인다. 4·3 때 육지에서 온 주둔군을 이끈 9연대장 김익렬 중령이다. 김 중령은 4월 28일 대정읍 구억초등학교 근처에 운전병만 데리고 가 무장대 총사령관 김달삼을 만났다. 두 사람은 장시간 담판 끝에 평화 협정을 맺었다.

해피엔딩으로 끝날 뻔한 4·3이 비극으로 뒤바뀐 이유는 평화 협상에 불만을 품은 극우 세력이었다. 오라리에 연쇄 방화가 일어나자 김 중령은 경찰이 비호한 서북청년단이 범인이라고 보고했다. 미군정은 이 거짓 보고에 따라 무장대를 진압하라 지시했다. 김 중령은 공산

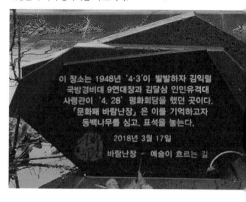

주의자로 비판받고 해임됐다. 평화 협정이 타결된 다음날 미군정청 장관 윌리엄 딘이 극비리에 제주로 날아오고, 이틀 뒤 방화가 일어나고, 방화 현장을 촬영해 공산주의자가 저지른 짓이라며 선전한 과정을 보면, 미군정이 세운 치밀한 계획을 짐작할 수 있다.

제주시 노형동에 자리한 충혼묘지는 공사 중이었다. 입구 쪽 숲에서 '고 육군 대령 박진경 추모비'를 찾았다. 김익렬 중령 후임인 박진경은 김종원처럼 일본군 출신으로, 부임하자마자 망언을 내뱉었다. "독립을 방해하는 제주 폭동을 진압하기 위해서는 제주도민 30만을 희생시키더라도 무방하다." 박진경은 중산간 주민들을 무차별 연행하고 초토화한 '제주의 김종원'이었다. 공을 인정받아 대령으로 진급하지만 한 달도 못 돼 부하에게 암살당했다. 1952년 이승만 정부가 세운 추모비에는 암살 사실은 쏙 빼고 이런 문구가 쓰여 있다. '제주도 공비 소탕에 불철주야 선두에서 지휘하다가 장렬하게 산화하시다.'

찾을 곳

제주4·3평화공원 제주특별자치도 제주시 명림로 430. **너븐숭이4·3기념관** 제주특별자치도 제주시 조천읍 북촌3길 3. **순이삼촌 문학비** 너븐숭이4·3기념관 근처. **대정평화회담 터** 제주특별자치도 서귀포시 대정읍 중산간서로 2308 리오팰리스 앞. **제주곶자왈도립공원** 제주특별자치도 서귀포시 대정읍 에듀시티로 178. **도틀굴(주민 피신 굴)** 제주특별자치도 제주시 조천읍 선흘리 산26. **낙선동 4·3 성(주민 강제 수용소)** 제주특별자치도 제주시 조천읍 선흘리.

"죄를 지을지 모르니 미리 죽인다!"

톰 크루즈가 주연한 영화 〈마이너리티 리포트〉는 조지 오웰이 쓴 《1984》처럼 개인의 삶을 통제하는 미래 사회를 비판적으로 그렸다. 예측 프로그램을 돌려서 앞으로 범죄를 저지를 가능성이 큰 사람을 골라낸 뒤 제거해 '안전 사회'를 만든다는 섬뜩한 이야기다. 마치 이렇게 말하는 듯하다. "너는 죄를 지을지 모르니 미리 죽인다!"

'좌익 의심자' 미리 죽이기

대부분 말도 되지 않는 국가 폭력이라고 생각할 이런 제도가 한국에는 이미 있었다. 형기가 만료된 뒤에도 범죄를 저지를 가능성이 큰 사람들을 가둔 '보호 감호' 제도다. 형을 다 산 전향 거부 사상범도 감호소에 가뒀다. 진짜 심각한 문제는 '예비 검속'이었다. 지금까지 범죄를 저지르지 않은 사람이라도 앞으로 저지를지 모르기 때문에 미리 잡아들인다는 뜻이다. 대표 사례가 '국민보도연맹國民保導聯盟'이다.

　서귀포시 대정읍 유채밭 사이에 우뚝 솟은 산방산은 제주도에서도 손꼽히는 절경이다. 이 산이 한눈에 들어오는 바닷가 근처에 '백조일손지묘百祖一孫之墓'가 있다. '백 명의 조상에 한 명의 자손'이라니, 자손이 아주 귀한 집안일까?

한국전쟁이 시작된 뒤 이승만 정권은 보도연맹원 등 예비 검속자들을 집단 학살했다. 보도연맹이 도대체 무엇인데 집단 학살까지 한 걸까? '보도연맹' 하면 '기자협회'처럼 언론 관계자들 모임으로 들리지만 전혀 그렇지 않다. 전향자 등 좌익 경력이 있는 사람을 보도, 곧 '보호하고 지도'하려고 이승만 정부가 만든 사상 통제 조직이다. 공안 검사 오제도가 '대한민국 정부 절대 지지'와 '공산주의 절대 배격, 분쇄' 등을 목표로 기획하고 추진해 30만여 명을 가입시켰다. 실적을 올리려는 공무원이 좌익에 무관한 사람도 마구잡이로 끌어모으는 바람에 단순 부역자나 농민도 많았다. 한국전쟁이 일어나자 '적에게 동조할 가능성이 크다'며 보도연맹원을 예비 검속하면서 문제가 더 커졌다. 〈마이너리티 리포트〉식 예방 처형이 1950년대 이 땅에서 집단적으로 벌어졌다.

정부 조사에서 공식 확인된 희생자 수는 4934명이지만 확인되지 않은 사람까지 더하면 20만 명 정도로 짐작된다. 한국전쟁 때 국군 희

산방산이 보이는 예비 검속 학살자 묘지.
시신 100여 구의 신원을 확인하지 못해 '백 명의 조상에 한 명의 자손'이라는 슬픈 이름을 붙였다.

1950년 7월 초 대전 산내골에서 벌어진 좌익 정치범과 보도연맹원 집단 학살 현장을 미군이 찍은 사진(산내골 전시물).

생자가 14만 명 정도라 하니 '좌익 의심자'라는 이유만으로 전사자 수보다 더 많은 국민을 무차별 학살한 셈이다. 2007년 진실·화해를위한과거사정리위원회(진실화해위) 조사 과정에서 전직 헌병대 간부가 기자 회견을 열어 이승만이 남로당 계열이나 보도연맹 관계자들을 처형하라고 지시한 사실을 증언하기도 했다.

검정 고무신과 부서진 비석

1950년 6월 한국전쟁이 터지자 군경은 제주시 500~600명, 서귀포 240~250명, 모슬포 344명, 성산포 6명 등 1000여 명을 예비 검속했다. 대정읍을 관할하던 모슬포경찰서는 예비 검속한 344명을 모슬포 창고, 한림수협 창고, 무릉지서 등에 분산 수용했고, 사찰계장이 주도해 수용자를 에이ᴬ 등급부터 디ᴰ 등급까지 넷으로 분류했다. 경찰은 시ᶜ 등급과 디 등급으로 분류한 252명 중에서 61명을 7월 16일 계엄군에 인계했고(이때부터 학살을 저지른 듯하다), 계엄군은 8월 20일 새벽 2시에서 5시 사이에 세 곳에 분산 수용한 191명을 섯알오름으로 끌고 가 집단 학살한 뒤 물구덩이에 던졌다. 계엄군은 수용소가 좁아서 넓은 곳으로 옮긴다고 둘러대지만 죽으러 가는 길인 줄 아는 사람들은 검정 고무신을 벗어 트럭 밖으로 던져서 흔적을 남겼다. 해병대 모슬포 부대에서 차출된 병사들에게 지휘관이 총알을 나눠주며 한 사람이 한 명씩 총살하라고 지시해 대기하고 있다가 트럭이 도착하면

한 명씩 물구덩이 근처로 끌고 가 쏜 뒤 물에 던졌다고 총살 집행 참여자는 증언했다.

다음날 학살 장면을 우연히 목격한 소몰이꾼에게서 연락을 받거나 길에 버려진 검은 고무신을 따라 몇몇 유가족이 섯알오름에 달려왔다. 계엄군이 증거를 없애려고 불지른 소지품이 타는 연기 사이로 물구덩이에 쌓인 시신들이 보였다. 시신을 수습하는데 경찰이 나타나 공포를 쏘며 유가족을 해산시켰다. 군경은 학살 현장을 민간인 출입 금지 구역으로 지정하고 경비를 강화해 유가족은 시신조차 수습하지 못한 채 눈물로 세월을 보냈다. 6년 뒤인 1956년에야 몇몇 유가족이 밤에 몰래 시신을 발굴해 안장했다. 이 소식을 들은 나머지 유가족이 정부에 끈질기게 눈물로 호소한 끝에 허락을 받아내서 양수기로 물을 퍼내고 시신 149구를 발굴했다. 그렇지만 그중 132구는 신원을 확인할 길이 없었고, 북쪽으로 4킬로미터 정도 떨어진 곳에 '백 명의 조상에 한 명의 자손'이라는 특이한 이름을 붙여 함께 묻었다.

우리를 더욱 슬프게 하는 사실은 백조일손묘역에 묻힌 132명의 직업이다. 절대다수인 77명이 농민이다. 평생 땅만 파먹은 농부들이 무슨 공산주의자일까? 교사가 14명, 공무원 7명, 마을 이장이 8명이고 학생이 6명이었다. 게다가 지서 후원회장도 1명 있었다. 나이를 봐도 56세가 넘는 '고령자'가 3명이고 스무 살 안 된 미성년자가 14명이었다. 이 묘 못지않게, 어쩌면 더 슬픈 흔적이 있다. 묘지 앞 유리 진열대에 전시된 부서진 돌 조각들이다.

4·19 혁명이 일어나자 유가족들은 추모비를 세우고 국회에 명예 회복을 바라는 탄원서를 냈다. 보도연맹 학살 희생자 등도 '한국전쟁 피학살자 유족회'라는 전국 조직을 만들어 진상 규명과 책임자 처벌 등을 요구했다. 4대 국회는 '양민학살사건의 진상조사특위'를 구성해

학살 현장을 돌며 실태 조사를 벌였고, 진상 조사와 피해 배상을 촉구하는 대정부 건의문을 채택했다. 또한 각 지역에서 합동 위령제를 열었고, 장면 총리가 조화와 부조금을 보내어 조의를 표했다.

쿠데타는 이런 흐름을 하루아침에 뒤바꿔버렸다. 5·16 쿠데타를 일으킨 군부는 거창 등 다른 곳처럼 제주에서도 추모비를 부쉈다. 쿠데타 세력은 '소급법'을 만들어 혈육의 유골을 수습한 유족을 '빨갱이'로 몰았고, 유족 대표에게 국가보안법을 적용해 사형을 선고했다. 그 뒤 군사 독재 정부는 유족을 '요시찰 대상'으로 지정해 감시하고 연좌제를 실시해 오랫동안 괴롭혔다. 또한 학살에 관련한 정부 기록을 모두 불태우고 사건 진상을 철저히 은폐하면서 오랫동안 '보도연맹'이라는 단어 자체를 철저하게 금기시했다. 한마디로 피해자를 두 번 죽인 셈이었다.

색깔론을 지우면 드러나는 억울한 죽음들

유리 진열대에 든 부서진 돌 조각들은 유가족들이 흘린 피눈물이었다. 박정희를 비롯한 5·16 쿠데타 세력이 저지른 죄가 한둘이 아니지만, 유가족들까지 빨갱이로 몬 죄는 결코 용서할 수 없는 반인류 범죄이기 때문이다. 위령비에 새긴 커다란 태극기도 보는 이를 더욱 슬프게 했다. 1993년에 위령비를 세우면서 유가족들은 의도적으로 태극기를 키웠다. 또다시 쏟아질 색깔론에 맞서서 학살 피해자와 후손은 빨갱이가 아니라 대한민국을 사랑하는 같은 국민이라고 밝히는 자구적 선언이자 국가가 국민을 이토록 무참히 학살한 이유를 묻는 무언의 항의로 다가왔다.

남로당의 거두 박헌영의 아들인 원경 스님은 보도연맹에 관련해 선친 주변 몇몇 측근이 털어놓은 한탄을 전하는데, 미군정이 남로당

백조일손묘역에 세운 위령비. 커다란 태극기는
빨갱이가 아니라는 자구적 선언이다.

을 불법화한 뒤에 지하 선을 남겨놓지 않고 전부 입산시킨 조치는 중요한 과오라는 말이었다. 한국전쟁이 터진 때는 후방을 교란할 지하 세력이 없었고, 보도연맹원들은 남로당하고 아무런 연결 고리도 없는 채 군과 경찰에 체포돼 처형당했다. 안타까운 일은 계속됐다. 이승만 정부가 저지른 학살에서 살아남은 보도연맹원들은 북한이 남하한 뒤 보도연맹에 가입한 사실 때문에 인민재판을 받고 배신자로 낙인찍혀 옛 동지들 손에 처형됐다.

몇몇 극우 세력은 공산 치하에서 북한에 협조한 보도연맹원들이 대한민국에 중요한 위협이 될 가능성이 큰 만큼 처형할 수밖에 없었다고 아직도 주장하지만, 이런 주장은 보도연맹을 기획한 당사자가 한 증언을 통해 허구성이 잘 드러났다. 보도연맹을 만들고 나중에 공안 검사로 악명을 떨친 오제도는 1999년에 한 인터뷰에서 살아남은 보도연맹원들이 피란하지 못한 군경을 적극적으로 도와 목숨을 구해준 사실을 들어 오류를 인정했다. "보도연맹 학살은 정부의 커다란 잘못으로, 이제 정부가 보도연맹 가입자들의 억울한 죽음을 공식 확인해 범국가 차원에서 위령제를 올릴 때가 되었다고 본다."

21세기판 보도연맹, 블랙리스트

보도연맹은 1948년 단독 정부가 수립된 뒤 만들어지고 한국전쟁이

섯알오름 예비검속 희생자 추모비.

끝난 뒤 가입자를 집단 학살하면서 역
사 속으로 사라졌지만, '요시찰 인물'이
라는 형태로 변형돼 이어졌다. 얼마 전
세상을 떠들썩하게 한 국정 농단 사건
에도 보도연맹이 남긴 흔적이 뚜렷하
다. 바로 박근혜 정부가 만든 '블랙리스
트'다. 체제에 위협이 된다고 본 '좌파'
들을 추린 문서가 블랙리스트이니, '현
대판 보도연맹'이 아니고 무엇인가? 만
일 전쟁이 일어나면 이 리스트에 적힌
사람들을 예비 검속해 처리할지 모르지
만, 지금은 평시인 만큼 머리에 총을 겨
눠 처형하려 들지는 않았다. 박근혜 정
부는 훨씬 완화되고 세련된 방식으로

35

'처형'했다. 국가 권력을 휘둘러 밥줄을 끊으면서 '좌파 의심자'를 대
상으로 '경제적 학살'을 감행했다.

보수적이든 진보적이든 인간은 자기 나름의 생각을 할 자유가 있
다. 아니다. 한 보수 정치인이 생각은 자유이지만 밖으로 이야기하면
국가보안법 적용 대상이 된다고 주장했으니, 머리의 자유만이 아니라
입의 자유도 필요하다. 우리는 자기 나름의 생각을 하고 이 생각을 밖
으로 이야기할 권리와 자유가 있다. 이런 자유를 보장하는 사회가 민
주주의의 기본이다. 그러나 우리는 자유 민주주의를 단순히 '무찌르
자 공산당!'으로 오해해서 자유 민주주의를 지킨다는 이름 아래 자유
를 압살해왔다. 한마디로 우리는 자유 민주주의를 지키려면 어쩔 수
없다며 자유 민주주의를 압살한 역사를 지나왔다. 이제 이런 희극은

끝내야 한다. 특히 정부가 개개인의 사상을 분석해 '위험 관리자'를 골라내어 관리하는 황당한 짓은 더는 하면 안 된다.

한국전쟁 전후 학살 유가족 박정희?

"마산유족회입니더." "저는 부산 군수기지사령부 사령관 박정희라고 합니다. 내도 같은 유족인데, 점심 사면 안 되겠심니꺼?" 4·19 혁명 뒤 한국전쟁 학살 유가족들이 전국 유족회를 조직해 명예 회복에 나선 1960년 8월 25일, 전국유족회 회장을 맡은 노현섭이 회장으로 있는 마산유족회로 박정희가 전화를 걸어왔다. 친형 박상희가 대구 10월 항쟁 때 사살됐으니 박정희가 한 말은 사실이었다. 박상희의 부인인 조귀분은 선산유족회 부녀부장으로 열심히 활동했고, 박정희는 형수를 위해 유해 발굴 때 트럭도 내줬다.

이런 태도는 5·16 쿠데타 뒤에 확 바뀌었다. 박정희 정권은 한국전쟁 유가족을 대대적으로 검거하는 등 진상 규명과 명예 회복 운동을 탄압했다. 쿠데타 이틀 뒤인 1961년 5월 18일에 노현섭은 영장도 없이 방첩대에 연행돼 혁명재판부에서 15년 형을 선고받고 1972년까지 11년 동안 감옥살이를 했다(박만순, 〈박정희의 전화, '내가 점심 사면 안 되겠심니꺼?'〉, 《오마이뉴스》, 2020년 11월 30일).

> 찾을 곳

백조일손묘역 제주특별자치도 서귀포시 대정읍 상모리 586-1. **섯알오름** 제주특별자치도 서귀포시 대정읍 상모리 1593-2. **제주4·3평화기념관** 제주특별자치도 제주시 명림로 430.

아름다운 숲 터널과
강제 노동 수용소

"세상에 한국에 이렇게 아름다운 도로가 있다니!" 대학교에 입학한 1970년 여름 방학에 처음으로 제주도를 여행했다. 제주를 출발해 '5·16도로'를 따라 서귀포로 달리는데 '숲 터널'이 나타났다. 도로 양옆에 늘어선 나무들이 하늘을 가려 터널을 달리는 느낌을 줬다. 그 뒤 50년이 지났지만, 숲의 터널이 한국에서 가장 아름다운 도로라는 생각은 아직도 변함이 없다.

울창한 나무가 양옆으로 쭉 뻗어 있어 터널을 떠오르게 하는 5·16도로.

왜 먼 제주도에 있는 길 이름에 '5·16'을 붙인 걸까? 박정희 정부가 건설한 도로이기 때문이다. 원래 말을 타고 다닌 조선 시대 때부터 한라산 7분 능선을 넘어 제주도의 북쪽과 남쪽을 잇는 44킬로미터짜리 오솔길이 있었다. 한반도를 점령한 일본은 태평양 전쟁이 본격 시작하면서 제주도 곳곳에 지하 벙커 등을 만들었고, 진지를 판 오름과 한라산 자락을 잇는 도로를 닦았다. 제주 4·3이 가져온 여파로 한라산 입산이 금지되면서 이 도로도 버려졌다.

1962년, 쿠데타로 집권한 군사 정부는 국토건설단을 동원해서 전체 너비 6미터, 포장 너비 4미터, 길이 41.6킬로미터에 이르는 제주도 횡단 도로를 만들기 시작해 7년 만인 1969년에 완공했다. 이 횡단 도로는 제주에서 서귀포까지 세 시간 반이던 이동 시간을 한 시간 반으로 줄여 제주도가 발전하는 데 크게 기여했다. 온전히 박정희 정부에 돌아갈 공은 아니었다. 1958년 이승만 정부 시절에 일제 강점기 때 쓰다가 버린 도로를 복구하는 1차 공사를 끝내고 2차 공사를 절반 마친 상태에서 5·16 쿠데타가 일어난 때문이었다.

박정희의 강제수용소, 국토건설단

박정희 정부가 제주도 발전에 기여한 공을 굳이 따지려면, 그 뒤에 숨겨져 있는 슬픈 역사를 먼저 살펴야 한다. 박정희 정부는 이 도로를 닦을 때 국토건설단을 동원했다. 국토건설단 하면 뭔가 그럴듯하게 들리지만, 지난날 반공 교육을 받으면서 귀가 따갑도록 들은 소련의 굴라크Gulag와 북한의 아오지 탄광하고 다를 게 없었다. 국토건설단은 '한국판 강제 노동 수용소'이고, 5·16도로는 한국판 강제 노동 수용소를 보여주는 역사적 증거다.

국토건설단도 박정희 정부가 먼저 만들지는 않았다. 4·19 혁명 뒤

1969년에 열린 횡단 도로 개통 축하 행사(제주시청 제공).

장면 정부는 심각한 실업 문제를 해결하고 실직자와 고학력 미취업자를 구제할 기술 훈련 교육 기관으로 국토건설단을 설립했다. 5·16 쿠데타 뒤 박정희 정부는 국토건설단을 한국판 굴라크로 뒤바꿔버렸다. 1961년 12월, 관련법을 개정해 국토건설단이 국토를 유기적으로 개발하고 깡패, 불량배, 넝마주이, 병역 미필자 등을 훈육하기 위해 강제 수용과 강제 노역을 할 수 있게 했다.

많은 젊은이가 끌려와 머나먼 제주도 땅에서 강제 노역에 시달렸고, 난공사 탓에 적지 않은 건설단원이 목숨을 잃었다. 건설단원들은 제주도를 비롯해 경상남도 남강 댐 공사, 울산 공업도시 도로 공사, 전라북도 섬진강 댐 공사, 강원도 철도 공사 등에 강제 투입됐다. 제주도에서는 국토건설단뿐 아니라 일주 도로가 지나는 마을 주민들도 무보수로 동원돼 힘을 보탰다.

1100미터 고지대를 통과해 1100도로라 부르거나 제2횡단도로라 부르는 제주-서귀포 간 도로도 마찬가지다. 1100도로를 따라 한라산

중턱에 자리한 어승생삼거리를 지나면 한밝저수지가 나타난다. 박정희 정부는 1968년 한밝저수지 북쪽에 천막을 치고 격리 수용한 국토건설단 600명을 벌목 작업 등에 투입해 6년 만인 1973년에 이 도로를 완공했다. 조계종 원로회의 의원이 되고 종단에서 가장 높은 대종사 법계를 받은 원경 스님은 남로당 당수 박헌영의 아들이라는 이유로 파란만장한 젊은 날을 보냈는데, 그런 스님도 제주도에서 거리의 소외된 사람들을 돕다가 조직 폭력배들하고 결탁한 경찰이 농간을 부리는 바람에 국토건설단에 강제 편입돼 1100도로 건설에 동원됐다.

국토건설단이 남긴 흔적, 전두환의 삼청교육대

5·16도로와 국토건설단이 중요한 이유가 하나 더 있다. 1980년 신군부가 권력을 잡은 뒤 만든 삼청교육대의 모델이 바로 국토건설단이기 때문이다. 삼청교육대라는 비극은 국토건설단과 5·16도로라는 뿌리를 두고 있는 셈이다.

1100도로 건설에 동원된 국토건설단이 야영한 한밝저수지.

전두환과 신군부가 역사에 남긴 악행이 한둘이 아니지만 그중 하나가 삼청교육대다. '삼청'교육대는 이 사업을 관장한 사회정화위원회가 삼청동에 자리해서 붙은 이름이었다. 쿠데타로 권력을 잡은 신군부는 사회악을 일소한다며 폭력배 등을 잡아다 군부대에서 4주 동안 순화 교육을 시키기로 결정했다. 4만여 명이 군부대에 갇혀 목봉 체조 등 살인적인 훈련과 구타에 시달렸고, 그중 상당수가 1~5년에 이르는 강제 노역에 동원됐다(이 책 93장 참조).

개발과 인권이 아름답게 공존하기를 기원하며

제주대학교를 지나 산신제를 지내던 산천단山川壇 근처에 가면 길옆 숲 속에 비석 하나가 숨겨져 있다. 5·16도로 표지석이다. 앞에는 박정희가 한자로 쓴 '5·16도로'가, 뒤에는 '박정희 대통령 각하 1967년 3월 건립'이라는 한자가 보인다. '불쌍한 강제 노역 동원 청년들을 위하여'가 아니라 '박정희 대통령 각하'라! 공사를 시작할 때 붙인 이름인 '한라산 횡단도로'를 갑자기 '5·16도로'로 바꾸고 세운 비석이다.

표지석을 자세히 살피면 '박정희 대통령 각하'라고 새긴 곳에 빨간색 페인트 흔적이 눈에 띈다. 2016년 말 박근혜 탄핵 촛불 항쟁 때 누군가 빨간 페인트로 '독재자'와 '유신 망령'이라는 글씨를 썼다. 이 모습을 본 주민이 신고해서 복구공사를 했지만, 흔적은 남았다.

촛불 항쟁 직후 《서귀포신문》이 한 여론 조사에 따르면 제주도 주민 중 87퍼센트가 도로명을 바꾸고 싶어했지만, 5·16도로라는 이름은 아직 그대로 있었다(《아이엠피터뉴스》 2017년 1월 7일). 도로명은 그 주소명을 쓰는 건물주와 사업자의 5분의 1이 동의해야 변경 신청을 할 수 있고 절반이 찬성해야 바꿀 수 있기 때문이었다. 서귀포시가 700여 호에 의견을 묻자 100호 정도가 답을 했는데, 그중 80퍼센트가 도로

5·16도로를 준공한 날을 기념해 1967년에 세운 표지석. 박정희가 쓴 글씨다(왼쪽).
2016년 '박정희 대통령'에 빨간 페인트로 훼손한 흔적이 남아 있다(오른쪽).

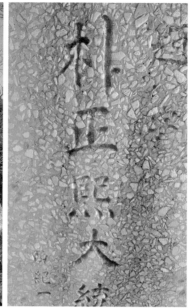

42　명을 유지하는 데 찬성했다.

　　제주도에 가면 한국에서 가장 아름다운 길인 5·16도로 숲 터널을 달려보자. 잠깐 차를 세우고 5·16도로 표지석도 찾아보자. 굳이 찾지 않더라도, 5·16도로를 달릴 기회가 되면, 아름다운 숲 터널을 지나갈 때면, 이 아름다운 도로를 만드느라 강제 노역을 하다가 죽어간 청년들의 명복을 빌자. 목숨을 잃지 않은 대신 인생의 중요한 시간을 빼앗긴 희생자들을 위해 분노하자. 어떤 개발이든 반인권적인 방법을 쓰면 안 된다고 다짐하자.

찾을 곳

5·16도로 숲 터널 제주특별자치도 서귀포시 남원읍 신례리. **5·16도로 준공기념비** 제주특별자치도 제주시 516로 3120 제주특별자치도 장애인종합복지관 건너편. **한밝저수지** 제주특별자치도 제주시 해안동.

만들어진 간첩이 만든
'수상한 집'

'수상한 집.' 지금 찾아가는 게스트 하우스 이름이다. '수상한 집'이라는 이름에 한 번 놀라고, 근사한 이층집 문을 열고 들어가서 또 한 번 놀란다. 멋진 현대식 집 안에 보급형 서민 주택이 떡하니 자리잡고 있었다. '집 속의 집'이다. 어디에서도 보기 어려운 진풍경이다. 〈세상에 이런 일이〉에나 나올 만한 곳에서 우리는 어떤 역사의 흔적을 만날까 (이 책 2권 93장 참조)?

수상한 집은 카페 겸 게스트 하우스 겸 작은 '국가보안법 박물관'이다.

수상한 집 내부.

집 속의 집, 광보네 집

"감옥에서 나오면 그래도 누울 곳은 있어야지." 조작 간첩이 돼 오랫동안 옥살이를 한 강광보 씨 부모님이 감옥에 갇힌 아들을 생각하며 지은 1980년대 제주식 서민 주택이 먼저 있었다. 감옥에서 나온 강광보는 2017년 재심에서 무죄 판결이 나와 배상금을 받았다. 이 배상금에 시민 모금을 더해 국가보안법의 폭력성을 체험하고 고민하는 공간을 만들기로 했다. 처음에는 부모님이 짓고 출옥한 강광보가 살던 집 옆에 이층짜리 '국가보안법 박물관'을 새로 짓는 계획이었는데, 문제가 생겼다. 부모님 집은 무허가 건물이었다. 공사를 맡은 김원일 건축가가 기발한 아이디어를 냈다. 부모님 집을 안에 넣고 그 위에 새 집을 짓자고 했다. 집 속에 집이 있는 수상한 집은 이렇게 탄생했다.

방방곡곡에 국가보안법 피해자가 흩어져 있지만, 제주도에 가장 많을 듯하다. 4·3과 4·3을 진압하는 과정에서 일어난 여순 사건 때문에 생긴 악법이 국가보안법이기 때문이다. 4·3이 끝난 뒤 이승만 정부가 휘두른 폭력을 피해 많은 제주도 사람이 일본으로 건너갔다. 일자리를 찾아 밀항하려다가 경찰에 잡혀 돌아오는 이도 흔했다. 일본에 친척을 둔 제주도 사람도 많았다. 일본에서는 친북 성향을 띤 재일본조선인총연합회(조총련)가 활발히 활동하고 있어서 군사 정부가 간첩을 조작해 국가보안법으로 잡아넣는 일은 식은 죽 먹기였다.

1941년 제주에서 태어난 강광보는 가난에 시달리던 1962년에 친척들이 자리잡고 있는 일본으로 밀항했다. 공장에서 일하면서 결혼해

단란한 가정도 꾸렸다. 그러던 1979년 불법 체류자로 적발돼 가족을 데리고 귀국했다. 추방되기 전에 영사관에서 친척 중에 조총련도 있다고 자진 신고한 일이 화근이었다. 영사관 직원은 걱정하지 말라고 했지만, 제주국제공항에는 중앙정보부 요원이 나와 있었다. 사흘 동안 고문을 하더니 별 혐의가 없자 풀어줬다. 끝이 아니었다. 경찰이 다시 찾아왔다. 이번에는 전기 고문까지 더해서 60일 동안 조사를 받다가 김재규 중앙정보부 부장이 '10·26 거사'를 일으켜 박정희 정부가 무너진 덕에 풀려났다. 강광보는 다시 평범한 삶으로 돌아갔다.

국가보안법의 굴레는 질겼다. 6년 뒤인 1986년, 누군가 찾아왔다. 군 정보기관인 보안사령부 수사관이었다. "여기 들어오면 벙어리도 말을 하게 돼 있어." 이런 말로 시작된 심문은 40일에 걸친 고문으로 이어졌다. 정보부와 경찰이 간첩은 아니라며 풀어준 사람인데 왜 그러느냐고 읍소해도 소용없었다. 결국 강광보는 시키는 대로 조총련이 한 지시에 따라 귀국한 뒤 국가 기밀을 수집해 보냈다는 자술서를 썼다. 간첩이 만들어졌다. 보안사에 붙잡힌 뒤 요원으로 변신해 일하다가 일본으로 도주한 재일 교포 출신 김병진이 쓴 《보안사》를 보면 보안사 수사관들은 진급 등 때문에 고문과 조작을 동원해 간첩을 만들었다. 강광보를 잡아들인 보안사 조사관도 집 살 목돈이나 진급 때문에 실적이 필요하던 사람일지 모르겠다. 강광보는 국가보안법 위반 혐의로 7년을 선고받고 5년 4개월을 갇혀 있다가 1991년에 출소했다. 가

제주 지역 조작 간첩 피해자를 정리한 자료를 설명하는 강광보 씨.

족은 풍비박산이 나고 몇 년 뒤 부모님까지 돌아가시는 바람에 혼자 몸이 됐다. 혼자라지만 누명을 쓰고 살 수는 없었다. 강광보는 2013년 재심을 신청했고, 2017년 최종 무죄 판결을 받았다.

작은 국가보안법 박물관인 수상한 집은 강광보가 감옥에서 어렵게 구해 공부한 책, 제주 출신 조작 간첩 피해자들 사진과 사연, 구술 기록과 영상을 전시한다. 어린 나이에 일본으로 건너가 살다 불법 체류자 단속에 걸려 돌아온 조국에서 간첩으로 조작돼 12년 감옥살이를 한 뒤 재심에서 무죄 판결을 받은 강희철은 우리에게, 한국 현대사에 묻는다. "누가 빨갱이를 만듭니까? 누가 죄를 만들고."

일흔 살 넘은 국가보안법의 '장래'와 '장례'

1949년 국가 비상사태에서 제정된 대표적인 반민주, 반인권 악법인 국가보안법은 70살을 넘긴 지금도 건재하다. 그동안 얼마나 많은 사람이 국가보안법에 희생됐을까? 정확한 통계는 없다. 이승만 정부는 한국전쟁을 핑계로 법적 조치도 없이 즉결 심판을 마음대로 집행하면서 관련 기록을 전혀 남기지 않았다. 1959년에는 진보당 당수 조봉암을 사형했다. 박정희 정부 들어서서 연평균 380명씩 모두 7800명이 국가보안법 때문에 구속됐고, 전두환, 노태우, 김영삼 정부까지 이런 흐름은 크게 바뀌지 않았다. 대통령이 색깔론 탓에 피해를 입은 김대중 정부도 국제통화기금IMF 구조 조정에 저항하는 노동자들을 불온서적 소지 등 국가보안법으로 줄줄이 구속했다. 2000년 남북 정상회담 뒤 구속자가 줄어들기는 했지만, 박근혜 정부까지 55년 동안 1만 5000여 명, 곧 연평균 280명이 국가보안법으로 구속됐다.

강광보뿐 아니라 얼마 전 무죄 판결을 받은 조봉암 사건, 박정희 시대의 인혁당 재건위 사건, 영화 〈변호인〉의 소재인 전두환 정권 때의 부림 사건 등 한국 현대사는 국가보안법과 '용공 조작의 역사'다. 이제 용공 조작은 없어진지 모르겠지만, 문재인 정부 들어서도 얼굴 인식 프로그램 개발에 관련해 북한 쪽하고 사업을 진행하던 사업가 김호 씨가 구속됐다. 주체사상 관련 자료 등을 가지고 있다가 재판에 넘어간 옛 통합진보당 당원도 파기 환송심에서 유죄 판결을 받았다.

지금이 어떤 시대인가? 한국 아이돌 그룹이 북한 김정은 국무위원 장을 만나 악수를 나눈 21세기다. 자유 민주주의의 핵심은 사상, 표현, 결사, 언론의 자유이고, 아무리 틀린 주장도 주장할 수 있게 보장하는 데 있다. 노무현 전 대통령도 2003년 일본에서 시이 가즈오 일본 공산당 위원장을 만나 말했다. "나는 한국에서도 공산당이 허용될 때라야 비로소 한국이 완전한 민주주의가 될 수 있다고 생각한다." 북한에 견줄 수 없을 만큼 엄청난 힘을 지닌 중국에 맞서고 있는 타이완도 오래전부터 공산당을 허용했다.

나는 우리도 광화문에서 '김정은 만세'를 외칠 수 있는 자유를 보

조작 간첩 희생자 강희철 씨가 쏟아내는 절규가 들리는 듯하다.

누가 빨갱이를 만듭니까?
누가 죄를 만들고.

강희철

장해야 한다고 믿는다. 그런 행동은 체제에 위협이 되지 않으며, 오히려 술 취하거나 미친 사람으로 여겨진다. 테러 같은 행위는 내란죄로 처벌하면 되기 때문에, 국가보안법, 특히 '적을 이롭게 하는' 표현물의 제조와 보유 등을 처벌하는 7조 5항은 합당한 장례식을 치러야 한다.

"누가 빨갱이를 만듭니까?"

오래전 실화에 바탕한 영화 〈스코키Skokie〉(1981)를 봤다. 1970년대 미국, 극우 인종주의 집단인 큐클럭스클랜KKK이 독일 강제 수용소에서 살아남은 유대인이 모여 사는 스코키에서 집회를 열려 했다. 시민들은 충격에 빠졌고, 집회는 불허됐다. 그러자 진보적 인권 단체 미국시민자유연맹American Civil Liberties Union·ACLU이 집회의 자유를 침해한 당국을 연방 법원에 고발했다. 사건을 맡은 변호사도 유대인이었는데, 부인을 수용소에서 잃은 할아버지는 손자의 뺨을 때리며 절연을 선언했다. 변호사 손자는 할아버지에게 말했다. "그 사람들이 하는 주장이 틀리다는 이유로 집회를 막으면 그 사람들도 우리 주장이 틀리다면서 억압할 거예요. 그럼 우리도 나치 같은 사회가 됩니다."

자유 민주주의의 핵심은 '틀린 주장'도 거리낌없이 할 수 있는 자유를 보장하는 데 있다. '수상한 집 광보네'를 나서는데 강희철이 토하는 절규가 들려왔다. "누가 빨갱이를 만듭니까?"

찾을 곳

수상한 집 광보네 제주특별자치도 제주시 도련3길 14-4(전화 064-757-0113).

'변방'에서 만난
나눔의 여성 시이오

우리는 '한국 근현대사 기행'을 떠났다. 우리의 '근대'는 언제 시작했을까? 시대 구분은 매우 논쟁적인 주제다. 한말 서구 제국주의의 침략과 개항이라는 시각, 갑오경장과 동학 혁명이라는 시각 등이 경쟁한다. 조금씩 차이는 있지만 한말의 대격변기를 근대의 시작으로 본다는 점만은 확실하다. 나는 그 이전의 사건이나 인물도 목적지에 넣기로 했다. '근대'의 핵심이 '자유와 평등'이라면, 전근대에도 자유와 평등을 지향한 흐름이 있기 때문이었다. '근대적 전근대'라고 할까?

이 기준에 따라 우리 역사에서 첫 민중 봉기로 기록된 12세기의 명학소 민중 봉기(망이 망소이의 난), 시대의 규범을 넘어서려 한 16세기의 허난설헌과 허균, 18세기 중반에서 19세기 초까지 산 실학자 정약용과 제주의 여성 사업가 김만덕의 흔적을 찾아가기로 했다.

아낌없이 나누는 거상

가부장주의와 유교의 연관성을 둘러싸고 논란이 많지만, 한국은 매우 강한 가부장 사회다. 조선 초기에는 그렇지 않다가 임진왜란을 거친 뒤에는 가부장 사회가 됐다. 일곱 살이 되면 남자와 여자가 같이 앉으면 안 된다는 '남녀칠세부동석'부터 '출가외인', '삼종지도三從之道' 등 가

49

부장제의 족쇄가 사방에 깔려 있었다. 여성은 기초 소양 말고는 교육을 받지 못했고, 제사와 손님 접대를 도맡았고, 과거 등을 보거나 사회 활동을 할 수 없었다. 정절을 목숨보다 강조해 재혼을 막고 재산 상속도 차별했다. 여성은 부르카처럼 얼굴을 가려야 외출할 수 있었다. 전통 성리학을 비판한 실학자 이익도 '부인은 근면, 검소, 남녀유별만 알면 된다'거나 '부인은 아침저녁으로 가족을 봉양하고 제사와 손님 받들기도 바쁜데 무슨 책을 읽느냐'고 할 정도였다. 가부장제의 극치는 여성이 지켜야 할 세 가지 법도를 가리키는 삼종지도다. 어릴 때는 아버지를 따르고, 결혼한 뒤에는 남편을 따르고, 늙으면 아들을 따르라니, 여성은 평생 '종'으로 살라는 말이나 다름없다.

조선도 변화의 바람이 불기 시작한 걸까. 남성 세계에 과감히 뛰어들어 남다른 선행 덕분에 두고두고 칭송을 듣는 여성이 나타났다. 극단적 가부장 사회에서 독신으로 살며 당당히 성공한 '여성 시이오CEO' 이자 '노블레스 오블리주'를 실천한 '조선판 빌 게이츠' 김만덕이다.

제주도의 광화문광장인 관덕정. 흉년이 들자 김만덕은 여기에서 솥을 걸고 죽을 쒀 나눠줬다.

"초리초리 줄 섭서(차례차례 줄 서세요)."

이재수의 난 때 제주 사람들이 점거한 제주 관아 정문 옆에는 큰 정자가 하나 있다. 사람들이 자주 모이던 '제주 사랑터' 관덕정이다. 1794년 가을, 바가지를 하나씩 든 사람들이 찬바람을 맞으면서 긴 줄을 서 있고 포졸들은 진땀을 빼며 행렬을 정리했다. 연이은 흉년 탓에 숱한 이들이 굶어 죽었다. 〈정조실록〉에 따르면 제주도 전체 주민 3분의 1이 목숨을 잃었다. 쌀 5000석을 급히 실어 보냈지만, 설상가상으로 풍랑을 만나 절반은 가라앉았다. 제주 거상 김만덕이 나섰다. 전 재산을 털어 쌀 500석을 사들여 친척들에게 50석을 먼저 준 뒤 관덕정에 솥을 걸어놓고 죽을 쒀서 주민들에게 나눠줬다.

은혜의 빛이 온 세상에 퍼진다

제주공항에서 제주항 쪽으로 가면 조선 시대에 육지와 제주도를 연결한 관문인 건입동이 나온다. 여기에는 상인들이 물품을 위탁해 판매

제주와 육지를 잇는 선창이 자리하던 건입동에 재현한 김만덕 객주.

하고 숙식을 해결한 객주가 많았는데, 그중 가장 인기 있는 곳이 김만덕의 객주였다. 양인의 자식으로 태어난 김만덕은 어려서 부모를 잃고 은퇴한 기생의 수양딸로 들어가 기생 수업을 받았다. 제주 관아의 관기로 살다가 성인이 된 뒤 관아를 찾아 자기 뜻에 상관없이 기생이 된 자초지종을 호소해 양인으로 신분을 되돌려서 중간 상인이라 할 수 있는 객주가 됐다. 제주 양반집에는 육지에서 온 옷감과 화장품, 장신구 등을 팔고, 육지에는 제주 특산물인 전복과 미역, 말총을 팔았다. 남다른 수완을 발휘해 육지와 제주를 잇는 물자 유통에 기여하고 여성이라는 약점을 극복해 제주에서 손꼽히는 큰 부자가 됐다.

제주에서 들려온 선행에 감동한 정조는 제주 목사를 거쳐 소원을 물었다. 김만덕은 대답했다. "한양에 가서 임금님이 계신 곳을 보고 싶고, 금강산에 가서 일만 이천 봉을 보면 여한이 없겠습니다." 제주도 사람은 법에 따라 육지에 못 갔지만, 정조는 김만덕을 불러 직접 만나서 명예 관직인 의녀반수^{醫女班首}를 내리고 금강산도 구경할 수 있

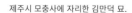

52

제주시 모충사에 자리한 김만덕 묘.

게 허락했다. 육지 구경을 하고 온 뒤에도 김만덕은 장사를 계속했다. 평생 독신으로 살다가 세상을 떠날 때는 양아들에게 주는 생활비를 뺀 모든 재산을 가난한 제주 사람들에게 기부했다. 김만덕의 삶은 드라마 〈거상 김만덕〉(2010)이 방영되면서 더욱 널리 알려졌다.

　　김만덕 기념관에서 조금 가면 모충사가 나온다. 이 사당에는 겉모습은 초라해도 제주시가 한눈에 내려다보이는 무덤이 있다. 김만덕이 묻힌 묘다. 제주 사람들은 김만덕을 '나눔 할망'이나 '구휼 할망'이라 불렀고, 아이들에게 나눔 할망처럼 남을 돕고 살아야 한다고 가르쳤다. 나눔 할망이 묻힌 묘답게 평범하지만 누가 봐도 빛이 났다. 김만덕이 한 선행을 듣고 추사 김정희가 써준 '은광연세恩光衍世'라는 기념석 덕분이다. '은혜의 빛이 온 세상에 퍼진다'는 뜻이다. 조금 더 가면 만든 지 얼마 안 된 김만덕 기념탑이 보인다. 해마다 여는 한라문화제 때 이곳에서 김만덕을 기리는 만덕제를 연다. 제주시는 40여 년째 나눔 할망의 정신을 계승하는 여성에게 김만덕상도 주고 있다.

김만덕 묘 옆에 있는 기념석. 김만덕이 베푼 선행 덕에 은혜가 온 세상에 퍼진다는 뜻으로, 추사가 썼다.

탐욕의 시대에 빛나는 오래된 미래

여성 시이오는 서구에서도 흔치 않았다. 17~18세기에 등장하기 시작한 여성 기업가들은 대부분 부자 아버지나 부자 남편에게서 사업을 물려받거나 여성 기업인을 거의 차별하지 않은 네덜란드에서 사업을 했다. 자수성가한 여성일 뿐 아니라 전 재산을 털어 주변을 돌본 나눔의 철학을 보여준 점에서 김만덕은 아프리카계 노예 출신인 미국의 엘리자베스 홉스 켁클리Elizabeth Hobbs Keckley 같은 극소수 예외 사례하고 어깨를 나란히 한다. 재봉 기술이 뛰어난 켁클리는 링컨 대통령 부인인 메리 토드 링컨 같은 고위층 여성들을 고객으로 한 워싱턴 최고의 양장점을 차려 번 돈으로 아프리카 노예 출신과 남북전쟁 부상 군인을 돕는 구호 기관을 만들었다. 놀랄 이유는 따로 있다. 김만덕보다 거의 100년 뒤에 벌어진 일이라는 점이다.

변혁은 '변방'에서 출발하는가 보다. 한국에서 노블레스 오블리주의 대명사로 통하는 경주 최부자댁이나 구례 운조루 사례가 대대로 물려받은 농지를 바탕으로 한 '세습 지주'라면(이 책 26장 참조), 김만덕은 여성 차별을 뚫고 스스로 장사를 해 부를 일군 점에서 몇 수 위다. 또한 명문 양반 집안에서 태어난 조선의 페미니스트 허난설헌하고도 다르다. 근대 서구에서 초창기 자수성가형 여성 기업인이 대부분 아프리카계이듯 김만덕도 변방 제주 출신이다. 세계적 변방인 조선, 지역적 변방인 제주, 젠더적 변방인 여성, 계급적 변방인 가난한 고아라는 점에서 김만덕은 '변방의 변방의 변방의 변방'이라는 '변방 4중주'를 뚫고 삶을 개척한 셈이다.

김만덕의 나눔 정신은 우리의 '오래된 미래'다. 불평등과 양극화는 깊어만 가고 내로라하는 진보 인사들도 '탐욕'에 빠진 현실에서 본받아야 할 롤 모델이다. 나눔이 자본주의의 모순을 극복할 근본적 대안

김만덕 기념탑. 가을이면 이곳에서 여성 제관들이 봉행하는 만덕제가 열린다.

인지는 의문이 들지만, 뚜렷한 출구가 보이지 않는 상황에서 중요한 완화책이라는 점은 부인할 수 없다. 김재희 《페미니스트 저널 이프》 편집장이 한 말은 새겨들을 만하다. "김만덕을 단순한 여성 시이오로 봐서는 안 된다. 그가 살았을 때 영국에서는 자본주의가 태동했다. 만덕은 그 시절에 이미 시장 경제에 대한 이해뿐만이 아니라 자본주의 문제를 극복할 대안까지 몸소 실천했다. 그를 위기에 처한 인류 문명을 구할 새로운 문명의 상징으로, 세계적인 인물로 만들어야 한다."

덧글

두 얼굴의 김만덕?

우리가 아는 김만덕 이야기는 정조의 오른팔이자 정약용의 후견인인 채제공이 시대의 귀감이 될 김만덕의 생애를 기록해 널리 알리라는 왕의 특명을 받고 쓴 〈만덕전〉에 바탕했다. 반면 정치적으로 반대쪽인 노론에 속한 심노숭은 부정적 시각에서 김만덕을 이야기했다. 조중연이 쓴 소설 《탐라의 사생활》(2013)은 역사적으로 기록된 사실인 '상찬계'를 중심으로 '김만덕 신화'를 뒤집었다. 상찬계는 한양에서 내려오는 관리들이 휘두르는 횡포에 맞서서 제주 사람들 이익을 지키려고 토박이 하위 관리들과 토호들이 만든 조직인

데, 시간이 흐르면서 민중을 수탈하는 집단으로 변질됐다. 소설 속 김만덕은 재산을 모으는 과정에서 상찬계의 도움을 받았고, 사실상 조직의 수장이었다. 한마디로 정경유착으로 돈을 번 사람이라는 이야기였다. 김만덕 같은 신분으로 짧은 시간에 많은 부를 축적하려면 그럴 수도 있겠다고 생각했다. 설사 이 주장이 사실이더라도 나눔 할망의 정신이 지닌 의미를 부정할 수는 없다.

찾을 곳

관덕정 제주특별자치도 제주시 관덕로 19. 제주목 관아 정문 앞. **김만덕기념관과 김만덕 객주** 제주특별자치도 제주시 산지로 7. **모충사** 제주특별자치도 제주시 사라봉길 75.

'뿌리의 소리'를 들으며 생각하는 자주국방

'5040일.' 서귀포에서 모슬포를 향해 서쪽으로 20분 정도 달려 작은 어촌 마을에 도착했다. 허름한 천막 앞에 매달린 '해군기지 반대 싸움 5040일'이라는 팻말이 눈에 들어왔다. '강정미사천막'이라고 써놓은 이곳은 문정현 신부가 이끄는 '강정노천평화성당'이다. 강정 사람들이 싸움을 시작한 지 벌써 13년이 훌쩍 지났다. 그 옆에 써놓은 또 다른 숫자들이 마음을 더 아프게 했다.

57

강정 해군 기지 반대 투쟁을 알리는 다양한 전시물.

700-587-60-300,000,000-3,450,000,000.

연행된 사람이 700명, 기소된 건수가 587건, 구속자가 60명, 벌금이 3억 원, 손해 배상 구상금이 34억 5000만 원이었다.

평화의 섬과 해군 기지

"대한민국 정부는 제주도가 삼무 정신의 전통을 창조적으로 계승하고, 제주 4·3의 비극을 화해와 상생으로 승화시키며, 평화 정착을 위한 정상 외교의 정신을 이어받아 세계 평화에 기여할 수 있도록 세계 평화의 섬으로 지정한다." 2005년 1월 27일, 노무현 대통령은 〈세계평화의 섬 지정 선언문〉에 서명했다. 2021년, 제주는 해군 기지 건설을 둘러싸고 아직도 갈등을 겪고 있다. 바로 강정마을이다.

천막 안으로 들어가자 주민 10여 명 사이에서 문정현 신부의 검게 탄 얼굴이 눈에 들어왔다. 자기 손으로 새긴 '강정 생명 평화 미사'라는 목각 아래, 여든이 넘은 나이에도 정의와 인권이 침해받는 곳이면 물불 안 가리고 달려가는 우리 시대의 '어른'이 앉아 있었다. 미사가 끝나자마자 문 신부는 경차에 나를 태웠다.

강정 해군 기지 앞에서는 매일 정오에 집회가 열렸다. 한 젊은 외국인 여성이 마이크를 잡고 능숙한 한국말로 사회를 봤고, '구럼비야 일어나라!'나 '평화의 섬 제주' 같은 구호를 쓴 팻말을 든 사람들이 모여들었다. 'Stop Militarization'(군사화 중단)과 '미 핵항공모함 입항 금지'라는 구호도 인상 깊었다. 구호를 외치던 사람들이 갑자기 '뽕짝' 노래자랑을 시작했다. 피켓을 들고 해군 기지 앞으로 가서 춤도 췄다. 집회 허가를 얻으려고 '문화 행사'로 신고한 모양이었다. 노래와 춤이 있으니 문화 행사는 맞았다. 게다가 '죽음의 문화'인 군사 시설 앞에서 '삶의 희열'을 발산하는 춤과 노래라니, 얼마나 멋진 대비인가!

아스팔트 보도블록에 쭈그리고 앉아 춤추는 젊은이들을 멍하게 쳐다보는 늙은 신부의 얼굴에 10년 넘게 이어진 노천 미사가 남긴 피곤이 배어났다. '제주 민군 복합형 관광 미항'이라는 모순된 이름을 단 해군 기지가 뭐길래 은퇴하고 편하게 여생을 즐겨야 마땅한 늙은 신부를 또다시 거리로 내몬 걸까?

절대 보호 지역에서 군사 시설 보호 구역으로

정부는 세계 2강으로 떠오르며 '대양 해군'을 내걸고 해군력을 강화하는 중국에 대응하고 7광구를 둘러싼 갈등 등이 가시화되는 일본에 맞서려면 분쟁 가능성이 큰 이어도와 7광구에 가까운 제주도에 해군 **59**

문정현 신부가 이끄는 강정 미사 천막.

기지가 필요하다고 주장했다. 원래 최적지라고 판단한 화순이 반대에 부딪혀 표류하자 강정마을 마을회장을 비롯한 몇 안 되는 개발론자들이 날치기로 유치 계획을 통과시켰고, 제주도도 강정마을을 절대 보호 지역에서 해제해 정부 정책을 지원했다.

강정 주민들은 해군 기지 유치를 결정한 이장을 절대다수 찬성으로 탄핵하고 결정 과정의 비민주성을 지적하는 한편 환경 영향 평가가 졸속이고 부당하다며 항의했지만, 일단 칼을 뽑아 든 정부에 맞서 싸우기에는 힘이 모자랐다. 이명박 정부가 기지 건설 계획을 구체적으로 집행하기는 했지만, 김대중 정부가 처음 구상하고 노무현 정부가 본격적으로 진행한 점도 걸림돌이었다.

진보 진영에서 비판이 쏟아지자 노무현 정부는 평화의 섬과 해군 기지는 모순되지 않는다고 반박했다. 그래도 비판 여론이 수그러들지 않자 정부는 해군 기지 말고도 민간 크루즈가 두 척 정박할 수 있는 민군 복합형 관광 미항을 만든다며 막대한 예산을 들여 2015년에 1단

평화 운동가들 사이로 김세균 서울대학교 명예 교수와 최갑수 서울대학교 명예 교수가 보인다.

계 공사를 끝냈다. 공사가 끝나고 해군 기지가 운영된 지 몇 년이 지난 지금도 왜 반대 운동을 계속하는지 궁금했다.

해군 기지가 이미 운영되는데 왜 아직도 반대 운동을 하시나요?

손 교수까지 그따위 질문을 하세요? 이유야 다 열거하기 어려울 정도지요. 이 기지는 주민 결정에 따라 해군 기지를 유치했다는 것부터 처음부터 다 사기이지만, 지금도 사기가 진행되고 있어요. 원래 민군 복합형 관광 미항을 건설하기로 할 때 방파제 이외에는 보호 구역으로 지정하지 않기로 양해 각서를 작성했는데, 해군이 얼마 전 항구 전체를 군사 시설 보호 구역으로 지정해달라고 요청했어요. 크루즈 운항에도 지장이 있고 어로 작업 등을 침해하는, 약속 위반이에요.

그런가요?

그건 큰 틀에서 보면 지엽적인 문제이고, 제주도 전체를 군사 기지로 만드는 걸 저지해야 하니까 운동을 중단할 수 없어요. 해군 기지만 있으면 함정을 보호하는 데 문제가 있으니까 제2공항이라는 이름 아래 공군 기지를 만들려 하고, 이 공군 기지를 보호할 레이더 기지도 설치해서 제주도 전체를 군사 기지로 만들려 하고 있어요. 요즘 진행되는 각종 도로 공사도 관련이 많아요. 특히 한-미 상호방위 조약에 따라 미군은 언제든 우리 기지를 쓸 수 있으니까 제주도가 미국의 대중국 군사 기지가 되고 있는 거죠.

제주도 안의 분위기는요?

의식 있는 소수는 염려하지만, 다수는 개발주의 편이라고 할 수 있지요. 나 혼자라도 끝까지 여기를 지켜야죠. 한 명이라고 포기하지 않고 진리를 이야기하면, 언젠가 승리하게 돼 있어요. 그런데 손 교수는 왜 이제 와서야 이런 걸 물어요?

문 신부가 지적한 대로 제주도청 앞에는 제주 제2공항과 도로 공사를 반대하는 플래카드와 농성 천막이 가득했다. 성산으로 향하는

제2공항을 건설하려 도로를 넓힌다며 베어낸 비자림 숲.
'뿌리의 (신음) 소리'라는 뜻을 지닌 '근음'이라는 글씨가
가슴을 먹먹하게 한다.

비자림로에는 도로 확장 공사를
한다며 숲을 베어낸 흔적과 일방
통행식 행정에 항의하는 플래카
드들이 긴장을 더했다. 나무에는
'근음根音'이라는 글씨를 써 매달
아놓았다. '뿌리의 소리', 곧 숲을
파괴할 때 나무뿌리가 내는 신
음, 뿌리가 내는 울음소리를 들으라는 항의였다.

강정이 강정만의 이야기가 아니라는 점에서 강정은 중요하다. 강정
은 심각한 갈등 끝에 미군 기지가 이주한 평택 대추리, 사드가 설치된
성주 소성리, 미 공군 기지 증설을 둘러싸고 논란이 벌어지는 군산 등
곳곳에서 진행되는 일정한 흐름 속에서 이해해야 한다. 강정은 일본을
동아시아 지역 하위 파트너로 삼은 '지는 해' 미국과 '뜨는 해' 중국이
21세기 세계 패권을 놓고 벌이는 군사 경쟁 속에서 우리는 어떻게 해
야 하느냐는 근본적인 질문을 던진다.

호랑이 앞 고양이의 자주국방

중국과 일본이 해군력을 강화하는데 우리만 손놓고 지낼 수는 없다.
어떻게 보면 강정은 불가피한 자구책처럼 비칠 수도 있다. 그러나 문
신부가 염려하듯 한-미 상호방위조약에 따라 미국이 한국 안에 있는
군사 기지를 마음대로 쓸 수 있다는 점에서 강정 해군 기지는 언제든
대중국 군사 거점이 될 수 있고, 우리는 미-중 갈등 속에서 우리 의지
에 상관없이 자동으로 미국편에 설 수밖에 없다. 과연 그런 선택이 올
바른 걸까?

이런 문제를 빼놓더라도 세계 제2의 해양 대국인 중국과 일본에 맞

63

서서 미국의 도움을 받지 않는 진정한 자주국방이 가능할까? 만일 통일이 돼서 중국과 러시아하고 국경을 맞대게 된다면, 우리는 자주국방을 위해 어느 정도 규모로 군대를 유지하고 얼마나 많은 국방비를 들여야 할까? 자주국방이란 애당초 불가능한 프로젝트가 아닐까? 해군 기지 건설론자와 군비 강화론자들은 이른바 '평화주의자'들이 약육강식의 현실을 모르는 낭만주의자나 이상주의자라고 콧방귀 뀔 테지만, 중국과 러시아 같은 강대국을 주변에 둔 현실을 고려할 때, 군비 강화를 통한 자주국방론이야말로 낭만주의나 이상주의가 아닐까? 현대가 기술전 시대라지만, 애당초 체급이 전혀 다른 '고양이'가 아무리 전투력을 강화해도 '호랑이'에 맞설 수 있을까? 현실이 그렇다면 차라리 발상을 전환해 '한반도 영세 중립화' 같은 '제3의 길'을 찾아야 하지 않을까?

강정은 우리에게 근본적인 질문들을 던진다. 그래서 강정은 21세기 한국의 미래가 달린 '미래의 현장'이다.

덧글

사면과 사과 사이

2020년 말 문재인 정부는 문정현 신부 등 강정 해군 기지 반대 시위 관계자 18명을 특별 사면했다. 관계자들은 생색내기에 지나지 않는 선별적 사면이라고 항의하면서 그동안 벌어진 인권 침해를 조사하라고 요구했다. 문정현 신부는 용서받아야 할 대상은 우리가 아니라 정부라고 비판했다. 기지를 건설하는 과정에서 빚어진 갈등과 인권 침해를 사과하고 구상권과 행정 대집행 비용 납부 명령을 취소한다는 해군을 향해서도, 진정으로 사과하려면 건설 과정을 둘러싼 진상을 먼저 규명한 뒤 군사 시설 보호 구역을 확대하지 않겠다는 약속을 해야 한다고 답했다.

찾을 곳 ▶

강정 미사 천막 서귀포에서 강정마을로 들어가는 마을 입구 길가. **강정 민군복합미항** 군사 시설인 만큼 내비게이터에 나오지 않고, 강정항 쪽으로 가면 표지판이 보인다.

정약용,
마키아벨리,
로베스피에르

제주를 떠나 호남에 들어왔다. 첫 행선지는 실학의 거두 다산 정약용 유배지인 강진이다. 강진과 해남은 풍광 좋고, 음식 맛있고, 인심 넉넉해 자주 찾는다. 다산초당은 이 땅에서 내가 가장 좋아하는 곳이다. 푸른 남해가 내려다보이는 초당으로 올라가려면 소나무 뿌리들이 얼기설기 드러난 '뿌리의 길'을 지나야 한다. 이 길을 걸을 때마다 나도 모르게 울음을 터트리고 싶고, 모든 것을 놓아버리게 된다. 정호승 시인이 이곳을 오르면서 시 〈뿌리의 길〉을 쓴 이유를 이해하게 된다.

다산초당으로 올라가는 산길

지상에 드러낸 소나무의 뿌리를

무심코 힘껏 밟고 가다가 알았다

지하에 있는 뿌리가

더러는 슬픔 가운데 눈물을 달고

지상으로 힘껏 뿌리를 뻗는다는 것을

지상의 바람과 햇볕이 간혹

어머니처럼 다정하게 치맛자락을 거머쥐고

뿌리의 눈물을 훔쳐준다는 것을

다산초당으로 올라가는 '뿌리의 길.' 인생과 역사에 관해 많은 생각이 떠오른다.

나뭇잎이 떨어져 뿌리로 가서

다시 잎으로 되돌아오는 동안

다산이 초당에 홀로 앉아

모든 길의 뿌리가 된다는 것을

(아래 생략)

모든 나무는 보이지 않는 땅속으로 뻗은 뿌리 덕분에 생명을 유지한다. 뿌리가 바로 민중이다. 민중은 보이지 않는 땅속에서 묵묵히 일하며 사회를 지탱한다. '지하에 있는 뿌리가 더러는 슬픔 가운데 눈물을 달고 지상으로 힘껏 뿌리를 뻗는' 때는 민중 봉기다. 내가 해석하는 '뿌리의 길'은 바로 이것이다.

뿌리의 눈물, 다산의 공부

다산이 여기를 올라갈 때도 뿌리들이 지금처럼 지상으로 뻗어 있었을까. 그 뿌리들을 보며 나 같은 생각을 했을까. 모를 일이다. 다만 자기 나름대로 '어머니'처럼 '뿌리의 눈물'을 훔쳐주려 노력한 사실은 맞다. 가파른 산길을 올라 다산초당에 이르러, 언제나 그렇듯 뒤편에 자리한 정자로 달려갔다. 멀리 푸른 바다가 보인다. 다산이 날마다 울분을 삭이며 바라본 남해다.

다산은 '조선의 르네상스'를 이끈 '개혁 군주' 정조의 오른팔이었다. 수원에 계획 도시 화성을 지으면서 돌을 들어 올리는 거중기를 만들고 정조가 화성에 들를 때 한강을 건너는 배다리舟橋를 놓은 이야기는 다들 잘 안다. 한마디로 의학, 공학, 형법, 정치학, 문예 등 모든 분야에서 탁월한 능력을 발휘한 전인적 인간으로서 '호모 우니베르살리스homo universalis'이자 '한국의 레오나르도 다빈치'였다.

다산의 가문은 조선에서 처음으로 천주교를 받아들인 집안이었다. 첫 영세자이자 순교자인 이승훈이 매형이고, 북경에 머무는 알렉산드르 구베아 주교에게 천주교를 박해하는 조선으로 쳐들어오라고 간청한 밀서를 쓴 황사영이 조카사위이고, 형제들도 모두 천주교도였다. 그런 다산은 천주교 박해가 시작되자 믿음을 버리고 가족을 고발했다. 형 정약종이 순교하고 정약용과 정약전은 살아남지만, 정조가 세상을 떠나자 강진으로 귀양을 왔다.

강진에는 다산의 외가인 해남 윤씨 집안이 있었다. 윤선도가 6대 외조부다. 처음에는 읍내 주막집에 머물렀다. 그러다 외가가 문중 땅에 초당을 지어줬고, 많은 책을 산꼭대기까지 가져다준 뒤 똑똑한 문중 아이들을 제자로 올려 보냈다. 이 산에 차나무가 많아 다산을 호로 삼은 정약용은 18년 동안 이 제자들 도움을 받아 《목민심서》(48권 16책)와 《경세유표》 같은 책을 썼다. 일종의 '집단 지성'인 셈이었다. 권력을 잡은 노론이 남인인 다산을 외갓집이 있는 강진으로 유배

다산초당 뒤뜰에 있는 정자. 다산은 이곳에서 바다를 보며 울분을 달랬다.

산속에 자리한 다산초당은
다산 초상화가 방문객을 맞는다.

보내지 않았다면, 외갓집이 정성 어린 도움을 주지 않았다면, 그 많은 책을 쓸 수 있었을까? 우리는 다산 외갓집과 노론에 큰 빚을 진 셈이다.

다산은 마흔 살부터 쉰일곱 살까지 세상에서 격리된 '최고 공부방'이자 '집필실'인 산꼭대기 다산초당에 머물렀다. 살림을 돕는 보조 가옥과 생각이 바닥나고 글이 막히면 바다를 내려다볼 정자도 갖췄다. 마음껏 차를 우려 마시며 제자들하고 끝장 토론도 벌였다. 싫증 나면 아름다운 산길을 1킬로미터 걸어 백련사를 찾아가 말 잘 통하는 고승 혜장 선사하고 선문답도 했다. 무엇을 더 바라겠는가?

71

정약용이 제자들하고 함께 머물며 《목민심서》 등을 남긴 다산초당(이제 기와를 얹어 '다산와당'이다).

인생의 황금기를 궁벽한 산꼭대기에서 보낸 덕분에 다산은 지금 우리가 읽는 책들을 썼다. 이곳으로 유배를 오지 않았다면 평범한 관료로 살 수도 있었다. 정약용 개인에게 유배는 엄청난 고통이었겠지만, 길게 보면 '불행을 가장한 축복'이었다.

급진적 개혁과 근본적 민주주의

다산초당을 보다가 한 사람이 떠올랐다. 정약용보다 300년 전에 살다 간 니콜로 마키아벨리다. 정약용이 정조 시절에 잘나갔듯이, 마키아벨리도 르네상스 시절 이탈리아 중심인 피렌체에서 민주 정부의 관리로 잘나갔다. 그렇지만 메디치가가 복귀한 뒤 유배를 당해 다산하고 비슷한 나이(42~57세)에 비슷한 기간(15년) 동안 고독하게 살았고, 우리는 덕분에《군주론》이라는 책을 얻었다.

마키아벨리는 프랑스 등 유럽에서는 중세가 깨어지고 국민국가 시대가 다가오는데 작은 도시국가로 나뉘어 싸움질이나 하는 이탈리아를 보면서 통일된 이탈리아라는 국민국가의 탄생을 주도할 '새로운 군주'가 필요하다고 주장했다. 다산은 프랑스 혁명으로 만인이 자유롭고 평등하다는 사상이 등장한 19세기 초에 책을 썼다. 한편으로는 노론을 중심으로 세도 정치가 기승을 부리고 민생이 나락으로 떨어진 때이기도 했다. 지배 계급인 양반 관료들은 백성들 삶에는 관심이 없고, 아니 백성을 착취하는 데에만 열중하고, 관념적 성리학에 빠져 살았다. 백성들의 실생활을 개선하려는 실학 전통을 이어받은 다산은 넓은 의미에서 '근대'를 지향했지만, 실학파를 비롯한 다른 조선 지식인들처럼 하향식 '내부 개혁'에 기대를 거는 인식의 한계를 드러냈다.

다 같은 백성인데 누구는 토지의 이로움을 남들 것까지 가져서 부유한 생활을 하고 누구는 토지의 혜택을 받지 못해 가난하게 살 것인가. 그래서 토지를 개량하고 백성에게 골고루 나눠줘 그 질서를 바로잡아주는 것이 바로 정政이다.

정치의 구실에 관해 다산이 한 주장은 '혁명적'이다. 땅을 일구는 농민만이 농지를 가져야 한다는 경자유전 원칙을 강조했으며, 단순히 봉건적 토지 소유를 부정하는 데 그치지 않고 '공동 소유, 공동 생산' 방식의 '사회적 토지 소유'와 사회주의식 분배 논리인 '노동량에 따른 분배'를 주장했다. 북한은 한때 다산을 '조선 최초의 공산주의자'로 높이 평가하기도 했다.

농지 개혁에 관한 생각이 급진적인 반면 정치적 견해는 그렇지 않다. 한때 왕도 인민의 대표들이 선출하고 추대해야 하며 폭군에 맞선 거부권도 있다는 급진적인 생각을 품지만, 일시적인 '지적 외도'일 뿐이었다. 관료제를 개혁해 한창 기승을 부리는 세도 정치를 바로잡고 정조 같은 계몽 군주를 통해 제대로 된 '왕도 정치'를 실현하는 데 초점을 맞췄지, 민주주의하고는 거리가 멀었다.

다산은 왕권 강화론자였다. '민초들을 다스린다'는 '목민牧民'과 '민초들을 사랑한다'는 '애민愛民'이 보여주듯 다산은 관료들이 정직하고 검소하게 '민중을 위한 정치for the people'를 펴야 한다고 생각했지, 민중 스스로 주인이 되는 '민중이 하는, 민중의 정치by the people, of the people'는 결코 꿈꾸지 않았다. 전근대 사회의 가장 중요한 문제인 신분제도 마찬가지다. 다산은 신분이 불평등해야 한다고 봤다. 사농공상士農工商 같은 사회적 분업은 바람직하며, 나라가 움직이려면 양반이 지도하고 통솔해야 한다고 본 엘리트주의자였다.

같은 시대에 지구 반대편에 산 막시밀리안 로베스피에르는 다산이

스물일곱 살이던 1789년에 프랑스 대혁명에 참여해 왕정을 타파하고 민중이 주인 되는 민주 공화국을 세우려 노력했다. 프랑스 국민의회가 채택한 헌법의 전문인 〈인간과 시민의 권리 선언〉에는 '모든 인간은 자유롭고 평등하게 태어나서 생활할 권리를 갖는다'는 구절이 담겼다. 다산이 유배를 가기 10년 전 일이다. 왜 다산은 같은 시대에 산 로베스피에르, 나아가 프랑스 인권 선언 같은 급진적 생각을 하지 못한 걸까? 멀리 유럽까지 갈 필요가 없다. 훨씬 오래전인 중국 진나라 때 농민 반란을 이끈 진승陳勝은 '왕후장상의 씨가 어찌 따로 있겠느냐 王侯將相 寧有種乎'며 신분제에 근본적인 의문을 던졌고, 다산이 유배를 가기 600년 전인 1178년 고려의 관노 만적도 진승하고 똑같은 말을 하면서 반란을 준비했다.

다산에게 로베스피에르 같은 선진적 사회 사상을 기대하면 지나친 걸까? 다산은 왜 거중기 같은 선진 '공학'은 받아들이면서, 자유, 평등, 신분제 타파 같은 선진 '사회사상'은 외면한 걸까? 유럽 사회사상을 다룬 책은 청나라에 번역되지 않았을까? 아니면 정조가 공학 책만 주고 '위험한' 사회사상 책은 주지 않은 걸까? 정확한 답이 무엇이든 정약용과 실학이 지닌 한계가 조선이 자생적 근대화에 실패하고 서구 식민주의의 먹이가 된 원인의 하나라는 사실은 분명하다.

사의재에서 생각하는 인간의 덕목

다산초당을 나와 사의재四宜齋로 향했다. 다산이 처음 강진에 와 머문 주막집이다. 사의재 툇마루에 앉으면 다산초당하고 전혀 다른 분위기가 느껴진다. 사람들 떠드는 소리와 살아가는 냄새가 진동한다.

다산은 산속 깊이 자리한 다산초당이 아니라 저잣거리에 있는 사의재에 더 오래 머물러야 했다. 속세를 벗어나 책 쓰기에 집중한 끝에 많은 저술을 남겼지만, 다산초당은 삶에서 괴리된 '고립된 왕국'이었다. 사물을 정확히 보려면 적당한 거리가 필요하다. 다산은 현실에서 너무 멀리 떨어져 있었다. 마키아벨리는 낮에는 집 앞 선술집에서 세상 사람들이 하는 별별 이야기를 들으며 시간을 보내고, 저녁에는 정장을 입고서 책상에 앉아 《군주론》을 썼다. 다산도 민중 속에서 숨쉬고 민중의 고통을 피부로 느껴야 했다. 양적으로 덜 생산적이어도 엘리트주의의 한계를 조금은 벗어날 수 있지 않았을까?

사의재라는 이름에 담긴 뜻을 다시 떠올렸다. 다산 사상의 진수는 관료와 지도층이 갖춰야 할 덕목에서 찾을 수 있다. 다산이 내세운 네 가지 행동 지침은 이렇다. '생각은 맑게, 용모는 단정하게, 말은 과묵하게, 행동은 신중하게.'

> **찾을 곳**
> **다산초당** 전라남도 강진군 도암면 다산초당길 68-35. **사의재** 전라남도 강진군 강진읍 사의재길 27.

다산이 강진에 유배돼 처음 머문 사의재.

죽창 든 개미들의
짓밟힌 꿈

정읍은 '동학의 도시'다. 동학혁명이 시작된 '만석보 유적'부터 '황토현 전적지', '동학혁명기념관', '전봉준 공원', '전봉준 장군 고택'까지 동학에 관련된 유적과 웅장한 기념물이 많다. 그중에서도 내가 가장 좋아하는 곳은 내비게이션에 안 나오는 '무명동학농민군위령탑'이다.

이름 없이 스러져 간 '동학 개미들'

고부면 신중리에는 전봉준과 김개남 등이 처음 동학농민혁명을 모의하고 사발통문을 보낸 일을 기념하는 '동학혁명모의탑'이 있다. 마을 쪽으로 더 들어가면 '대뫼녹두회관'이라는 마을회관 앞에 무명동학농민군위령탑이 보인다. 동학농민혁명으로 목숨을 잃은 농민군은 30만 ~50만 명(전체 인구 1500만 명의 2~3퍼센트)으로 추정된다. 전봉준 등 동학 지도자를 기리는 기념물이 많지만, 이 탑에는 외세에 맞서 나라를 지키고 사회를 개혁하려 죽창을 들다가 죽어간 이름 없는 민초들의 분노와 함성, 한과 슬픔이 서려 있다.

구한말 서구 제국주의가 밀려들면서 우리는 심각한 위기에 빠졌다. 대응은 세 방향이었다. 하나는 대원군을 비롯해 지배 계급인 양반과 유림이 취한 위정척사 운동, 그리고 그 뒤를 이은 의병 운동이다. 이 흐름은 서구 제국주의에 맞서 나라를 지키려 한 점에서 '자주'적인지 모르지만, 낡은 봉건제와 신분제를 유지하려 한 점에서 '복고'적이고 '정체'적이며, 냉정하게 보면 '시대착오'적이고 '퇴행'적이었다. 또 다른 흐름은 김옥균 같은 개화파다. 이 흐름은 신분제 폐지 등 세계적인 시대 흐름을 따라가려 한 점에서 '개혁'적이지만, 일본의 힘을 빌리려 한 점에서 '외세 의존'적이었다. 이 두 흐름이 엘리트 지배 계급의 반응이라면, 셋째 흐름은 아래에서 시작된 민중 운동이었다. 바로 동학농민혁명이다. 동학은 척화파보다도 더 자주적이었고, 한계가 있다지만 농지 개혁과 여성 권리 등에서는 개화파보다도 개혁적이었다.

동학은 '동학혁명'으로 부를 만큼 혁명적이지는 않았다. 차라리 급진적 개혁안이라 할 수 있었다. 동학이 내건 요구를 종합한 '폐정개혁안 12조'에는 토지 균등 분배, 노비 해방, 과부 재혼 허가 같은 급진적 요소도 있지만 봉건제의 핵심인 신분제 폐지나 왕정 폐지는 없었다. 오히려 '불량한 유림과 양반 무리의 못된 버릇을 징계'하라거나 '천인

무명동학농민군위령탑.
다른 동학 기념물에 견줘 초라하지만, 이름 없이 죽어간 농민군을 기리는 탑이라는 점에서 의미가 남다르다.

의 대우는 개선하고 백정 머리에 쓰는 평양립은 벗어버릴 것'을 요구
했다. 문제는 따로 있었다. 지배 계급은 그 정도도 수용할 수 없었다.

조병갑과 만석보, 그리고 우금치

역사상 중요한 모든 사건이 그러하듯 동학혁명도 심층적인 '구조적
요인'과 도화선이 된 '사건사적 요인'이 함께 작동했다. 심층적 요인이
살인적 수탈과 신분제 같은 봉건제의 모순이라면, 도화선은 악명 높
은 탐관오리인 고부군수 조병갑과 만석보 물세다.

  정읍에서 북쪽으로 달려가니 동진천이 나타났다. 동진천과 배들평
야가 내려다보이는 강둑에 '만석보 유적지'라는 표지판이 있었다. 이
곳에서 동학혁명이 시작됐다. 여기에 이미 저수지가 있는데도 조병갑
은 만석보라는 저수지를 쌓아 물세를 강제 징수했다. 동네 훈장인 전
봉준의 아버지가 불만을 전하러 관아를 찾아가서 곤장을 맞고 후유
증으로 세상을 떠났다. 분노한 전봉준과 김개남 등이 관아를 습격하

동학혁명의 결정적 계기가 된 만석보가 있던 동진천과 만석보유지비.

황룡전투승전탑.

자 조병갑은 도주했고, 농민들은 만석보를 허문 뒤 관아에 쌓인 곡식을 나눠줬다. 새로 군수로 온 안길수는 부서진 만석보를 완전히 해체하고 재발 방지를 약속했다. 이 일을 기리고 안길수의 장수를 빌며 세운 '군수안후길수 만석보혁파선정비'를 보니 농민들이 품은 분노와 한이 얼마나 깊은지 알 수 있었다.

요구 조건을 들어주는 듯하던 정부가 동학교도와 농민들을 마구 잡아들이자 전봉준 등 지도부는 대접주 손화중이 사는 고창군 무장읍에서 봉기했다(무장기포). 동학혁명이 본격 시작됐다. 놀란 정부가 배를 띄워 군산 등으로 진압군을 급파하지만 기세가 오른 동학군에 패하고 말았다. 전라남도 장성군 황룡면에는 죽창 모양 승전탑이 있다. 이곳에서 신식 서양 총으로 무장한 진압군에 맞서 동학군은 대나무를 쪼개 타원형으로 짠 뒤 짚과 칼 등을 넣은 장태라는 무기를 굴리는 전술을 써 승리했다. 신식 총 100여 정까지 손에 넣은 동학군은 여세를 몰아 호남의 중심인 전주성을 장악했다.

놀란 고종이 청나라에 군대를 요청하자 톈진 조약을 내세워 일본도 군대를 보냈다. 외세가 개입하는 상황을 바라지 않던 농민군은 신분 보장과 제도 개혁에 합의하고 해산했다(전주화약). 농민군은 이 화약에 따라 전라도 전역에 자치 기구인 집강소를 설치했다. 실질적인

내장산에 자리한
전봉준공원.

농민군이 전주성을
점령한 날을 기념하는
동학농민전주입성비.

동학농민혁명기념관
야외에 설치된 부조는
죽창을 들고 봉기한
농민들을 형상화했다.

지방 정부로 기능한 집강소는 근대 민주주의의 효시이자 민중 권력의 초기 형태인 '한국판 코뮌'이었다. 동학혁명은 기본적으로 농민 혁명이지만 '사람이 하늘^{人乃天}'이라는 동학의 인본주의 평등 사상과 조직적 기반이 중요한 구실을 했다. 양반과 상민을 비롯해 신분이 다른 사람들이 함께 예배하는 모습을 보고 많은 이들이 충격도 받았다.

사태가 진정되자 조선이 철군을 요구하지만 일본은 경복궁을 점령했다(이때 일본군 8000명을 지휘한 오시마 요시마사는 한-일 관계를 벼랑으로 몰아간 아베 신조 전 총리의 고조부다). 일본군은 조선에서 청나라를 완전히 몰아낼 작정으로 청일 전쟁을 벌여 승리했다. 동학군은 일본에 맞서 싸워야 한다는 대원군의 밀지(일본군이 동학군을 끌어내려 조작한 문서라는 설도 있다) 등에 자극받아 2차 봉기를 했다. 공주 우금치에서 일본군을 만난 죽창 든 농민군은 최신식 독일제 기관총 앞에서 맥없이 쓰러졌다. 결국 자생적 근대화에 실패한 조선은 식민지로 전락했다. 잊지 말아야 할 사실이 있다. 동학에 참여한 숱한 민초들은 단순히 일본군에 패배하지 않았다. 관군과 '양반군', 일본군이 뭉친 연합군에 처참하게 쓰러졌다(이 책 11장과 2권 50장 참조).

민중에 무릎 꿇느니 외세에 굴종하리

무명동학농민군위령탑 앞에서 120여 년 전 꽃잎처럼 스러진 농민들의 혼을 생각했다. 탄핵된 박근혜가 그래도 '괜찮은' 지도자라는 생각은 지울 수 없었다. 박근혜는 적어도 군대를 보내 촛불 든 시민을 박살내 달라고 미국에 부탁하지는 않았다. 고종은 정확히 그런 짓을 했다.

비적들이 지은 죄는 용서받기 어렵지만 우리 백성들의 일이며, 봉기한 원인이 지방관이 저지른 수탈이오니 …… 만일 청국군의 지원을 받아

조선 왕조가 동학군을 진압하려 청나라에 파병을 요청하자
톈진 조약을 이유로 인천에 상륙하는 일본군(신동엽문학관 전시 자료).

토벌하면 국가 운영의 치부를 다른 나라에 드러내는 것이니 더할 수 없이 부끄러운 일입니다.

원로대신인 영돈녕부사 김병시 등 여러 신하가 이렇게 반대하지만 고종은 청나라에 파병을 요청했고, 호시탐탐 기회를 노리던 일본도 파병했다. 고종은, 조선 왕조는, 자기들이 살기 위해 외국 군대를 끌어들여 백성을 살육하고 나라를 일본에 가져다 바쳤다.

보통 선조를 조선 시대 최악의 왕이라 하는데, 고종에 견주면 양반이다. 선조는 왜군을 막으려 명나라 군사를 끌어들이지만 백성을 살육할 의도는 없었다. 그런데 요즘 들어 '민족주의' 성향을 띤 사학자들이 고종은 파병을 요청한 적이 없다고 주장하는 등 '고종 살리기'에 나서고 있다. 의미 있는 작업이기는 해도 설득력은 약하다. 고종은 임오군란 때는 청나라에, 아관파천 때는 러시아에 파병을 요청한 전력이 있다. 고종이 직접 출병을 요청한 적 없다는 주장은 박근혜가 아니라 최순실이 문제라고 강변하는 '박근혜 옹호론'을 떠올리게 한다.

동학 같은 비극을 반복하지 않으려면, 민족주의에 기대어 어설프게 역사를 미화하지 말고 과거를 철저히 반성해야 한다. 임진왜란 때 선조, 구한말 때 고종, 광주민중항쟁 때 최규하처럼 우리는 역사의 고비마다 무능하고 한심한 지도자를 만났다. 참 복이 없다.

찾을 곳 ▶

만석보혁파선정비 전라북도 정읍시 이평면 하송리 677-15. **만석보유지비** 전라북도 정읍시 이평면 하송리 179-1. **동학농민혁명기념관과 황토현 전적지** 전라북도 정읍시 덕천면 동학로 742. **동학혁명모의탑, 사발통문 작성지, 무명동학농민군위령탑** 전라북도 정읍시 고부면 신중리 일대. **장성 황룡 전적** 전라남도 장성군 황룡면 내황길 50-8. **풍남문** 전라북도 전주시 완산구 풍남문3길 1. **동학농민군전주입성비** 전라북도 전주시 완산구 매곡로 35-29 완산공원. **천도교 동학혁명기념관** 전라북도 전주시 완산구 은행로 34. **원평집강소** 전라북도 김제시 금산면 봉황로 7. **우금치 전적지** 충청남도 공주시 우금티로 431-45.

19세기 조선의
변혁론 논쟁

"손 교수, 동학 때도 엔엘^{NL}-피디^{PD} 논쟁이 있던 거 알아요?"

정읍에서 서북쪽으로 10여 킬로미터를 달려가면 전봉준 고택이 나온다. 전봉준이 농민들하고 함께 고부 관아를 공격해 동학혁명의 방아쇠를 당긴 곳이다. 그곳에서 단병호 전 민주노총 위원장이 뜬금없이 던진 질문이 떠올랐다. 경상도 지역에서 동학이 처음 봉기한 경남 산청으로 함께 가면서 받은 이 질문에, 나는 당황했다.

민족이냐 계급이냐, 원조 변혁론 논쟁

엔엘과 피디는 1980년대 후반부터 한국 사회 변혁론을 둘러싸고 치열한 논쟁을 벌였다. 엔엘은 '민족 해방$^{National Liberation}$'의 준말로, 민족 문제를 강조하는 자주파였다. 그중 강경파인 주체사상파(주사파)는 강한 반미-친북 노선을 폈다. 반면 피디는 '민중 민주주의$^{People's Democracy}$'의 준말로, 계급 문제와 사회적 양극화 등 자본주의의 내부 모순을 강조하는 평등파였다. 피디는 변혁 운동 내부의 '좌파'라 할 수 있지만 소수파였고, 다수파는 엔엘이었다. 130년 전에 엔엘-피디 논쟁이라니, 언뜻 이해할 수 없었다. 단 전 위원장이 점잖게 말을 이어갔다.

"전봉준은 엔엘이고, 김개남은 피디예요."

나는 무릎을 쳤다. 전봉준은 엔엘이고 김개남은 피디였다.

전봉준은 '척왜척양斥倭斥洋'이라는 구호가 보여주듯 일본과 서양을 배척하는 반외세, 반제국주의, 민족주의를 중요시했다. 조선 사람은 서로 총을 겨누지 말고 대동단결해 외세에 맞서 싸워야 한다는 생각이었다. 누가 뭐래도 전봉준은 동학혁명을 대표하는 지도자였다. 한양에 잡혀온 뒤 작성된 심문 조서에는 패장의 인품과 절개가 잘 드러났다. 끔찍한 고문을 받으면서도 전봉준은 '대원군 내통설' 등에 침묵하고 올곧은 태도를 보여줬다(동학혁명이 진행되는 와중에 두 사람이 은밀히 연락을 주고받은 적이 있다는 소문이 도는데, 젊은 시절 전봉준이 대원군 집에 식객으로 머물며 친교를 맺은 사실 때문인 듯하다).

한계도 많았다. 전봉준은 봉건 체제의 변혁을 목표로 삼지 않았다. 처음 고부에서 동학 깃발을 들 때는 탐관오리를 척결하고 체제 내부의 모순을 혁파하는 데 관심이 있었지만, 최후 심문에서 밝힌 대로 진정한 목표는 왕정 타파가 아니라 왕정 개혁이었다. "일본병을 물러나

정읍 외곽에 자리한 전봉준 고택. 전봉준은 고창 출신이지만 이곳에 살면서 아이들을 가르쳤다.

게 하고 악한 관리들을 축출해 임금 곁을 깨끗하게 한 뒤 …… 농촌으로 돌아가 상직인 농업에 종사할 생각이었다." 이렇게 말할 정도로 전봉준은 왕정주의자였다. 이승만이나 박정희가 아니라 간신배들이 문제이고 박근혜가 아니라 최순실이 문제라는 말이었고, 따라서 왕정이라는 체제 자체를 바꾸려는 반봉건주의는 약했다.

김개남은 달랐다. 김개남과 전봉준은 한동네에 살면서 같이 공부한 학동, 요즘 식으로 말하면 동기 동창이고 의형제였다. 전봉준은 왕정주의자이지만 김개남은 체제 자체를 바꾸려는 혁명가였다. 반제국주의 못지않게 반봉건주의가 강했다. 동학 지도자 중에서 가장 급진적이고 변혁적이었으며, 양반을 응징하는 데 주저하지 않았다.

김개남은 '동학혁명의 로베스피에르'였다. 노비, 백정, 승려, 장인, 재인 중심의 천민 부대를 이끌었다. 남원부사 등이 말을 듣지 않자 서슴없이 목을 쳤고, 남원성을 점령한 뒤에는 교룡산성에 주둔해 농민군을 훈련했다. 또한 대원군이 보낸 밀사를 죽이려 했고, 전봉준에 적극 협조한 전라감사도 전혀 상대하지 않았다. 이름도 '새로운 세상을 연다'고 '개남開南'으로 바꿨다. 풍광이 아름다운 교룡산성에는 '김개남 동학농민군 주둔지'라고 쓴 초라한 표지목만 남아 있었다. 신영복 선생이 쓴 표현을 빌리자면, 근왕주의자 전봉준하고 다르게 김개남은 '계급 모순을 중심에 두는 기본 모순 우선' 노선을 주장했다.

그런 만큼 김개남은 동학 지도자 중에서 가장 잔혹하고 전격적으로 처형됐다. 전봉준이 한양까지 압송돼 심문 조서와 유서를 남긴 반면, 김개남은 호송하다가 농민군에게 탈취당할지 모른다는 핑계로 체포된 지 이틀 뒤 전주에서 전격 처형됐다. 매천 황현이 한 기록에 따르면, 지역 양반들은 '다투어 시신의 내장을 씹었고, 고기를 나누어 제상에 올려놓고 제사를 지냈으며, 머리를 상자에 넣어 대궐로 보냈다.' 한

김개남이 남원성을 점령한 뒤 동학군을 훈련시킨 교룡산성. '김개남 동학농민군 주둔지'라는 표지목이 잊힌 김개남의 처지처럼 애처롭다.

양에서 사흘 동안 효시된 김개남의 수급은 다시 전주로와 일주일 동안 내걸리는 등 전국 곳곳을 돌며 전시됐다.

비극은 더 있다. 김개남을 고발해 죽음으로 몰고 간 사람은 절친인 의병장 임병찬이었다. 청주 병영 공략에 실패한 뒤 고향으로 돌아와 친척 집에 몸을 숨긴 김개남을 임병찬은 더 안전한 자기 집으로 오라고 유인해 밀고했다. 옥정호가 내려다보이는 정읍시 산내면 종성리에 자리한

'임병찬 창의비' 근처에는 김개남이 잡힌 곳을 알리는 '김개남 피체지' 표지판도 있었다. 임병찬은 김개남의 절친일 뿐 아니라 최익현하고 함께 대마도로 잡혀간 뒤 귀환한 의병장이었고, 거문도에 유배돼 거기에서 세상을 떠났다. 절친끼리 이념 때문에 총을 겨눈 한국전쟁 때의 비극이 한말에도 벌어진 셈이었다(이 책 11장 참조).

올곧은 의병장 임병찬은 김개남이 부수려 한 봉건주의와 왕정을 신봉한 양반 유학자였다. 안중근 의사도 아버지를 따라 김구가 이끈 황해도 동학군을 토벌하는 데 앞장섰고, 사형당하기 직전에 쓴《동양평화론》(1910)에서 '조선의 좀도둑'이라며 동학군에 악담을 퍼부었다. 한 연구자가 지적한 대로 동학군은 관군과 일본군에 더해 양반들이 조직한 민병대인 민보군까지 합친 연합 세력에 맞서 싸웠다.

김개남은 잊혔다. 동학 참여자들의 생생한 증언과 새로 발굴한 사료를 바탕으로 한 《다시 쓰는 동학농민혁명사》(2006) 등에 따르면 초기에는 뛰어난 활약을 한 김개남이 대장을 해야 한다는 분위기였지만 김개남은 억울하게 부친을 잃은 전봉준에게 양보했다. 그 뒤 동학 관련 연구도 일제가 왜곡한 전봉준 공초 기록을 중심으로 진행되면서 재판 없이 처형되는 바람에 관련 기록이 없는 김개남은 잊혔다.

김개남을 아는 사람들도 전봉준이 이끈 우금치 전투에 참여하지 않은 점을 들어 '분파주의자'라고 비판했다(김개남은 며칠 뒤 다른 경로로 북상해 신무기를 확보하려 청주 병영을 공격하는데, 두 사람이 협의한 작전이라는 설이 있다. 그런 설이 사실이 아니더라도 김개남은 자기가 일찍부터 주장한 북진을 우유부단하게 미루다 뒤늦게 강행하는 짓은 일본군에 농민군의 목숨을 상납하는 자살 행위라고 정확히 주장했다). 얼마 전에도 박근혜가 만든 뉴라이트 국정 교과서에 김개남이 매우 부정적으로 기술돼 유족들이 분노하기도 했다.

미완의 과제로 기억되는 비운의 혁명가

김개남은 동학 지도자 중에서 반봉건이라는 시대적 과제를 정확히 인식한 단 한 명이었고, 급진적이라는 평가하고 다르게 현실적 변혁을 꿈꾼 혁명가였다. 김개남이 급진적이라기보다는 다른 이들이 시대에 뒤떨어졌다. 신분제 폐지를 주장하지 않은 점에서 김개남도 충분히 급진적이지 못했는데, 이 과제는 해방 정국에서 농민들이 처절하게 저항하며 다시 한 번 불타올랐다. 구한말과 일제 강점기, 해방 정국을 거쳐 지금까지 이어진 변혁 운동 전통의 선구자라 할 수 있겠다.

두 가지를 명확히 해야겠다. 첫째, 전봉준 등 다수파의 왕정주의는 전략이나 전술에 따른 결과가 아니다. 김개남은 왕정은 철폐해야 하정읍 전봉준공원에 있는 동학혁명지도자 동상. 가운데가 전봉준, 왼쪽이 김개남, 오른쪽이 손화중이다.

지만 외세에 맞서 싸우려면 당분간 건드리지 말자는 전술적 고려에 따라 왕정을 지지하지만, 다수파는 인식의 한계 탓에 왕정을 지지한다. 둘째, 김개남을 평가하려면 기여도와 노선이라는 두 측면을 구별해야 한다. 김개남이 기여한 정도가 과소평가돼 있다는 주장을 입증하려면 많은 연구가 필요하지만, 김개남의 노선이 지닌 의미는 높이 평가해야 한다는 점은 확실하다.

전봉준 유적은 사방에 널려 있다. 활동 무대인 정읍과 고향인 고창이 '원조 전봉준'을 둘러싸고 경쟁한다. 정읍에는 고택뿐 아니라 고택 가까운 곳에 시신 없는 가묘와 웅장한 제단이 자리하고, 전봉준공원도 있다. 2년 전 고창에서 생가 터에 새로 지은 집을 봤는데, 이번에 가니 고증 문제를 지적받아 집은 헐고 터만 있다. 거기서 조금 가면 전봉준이 군사를 훈련하고 본격적인 무장 봉기를 한 곳이라며 정비한 장소도 나온다. 2022년까지 전봉준 동상도 세운다고 한다.

김개남 유적은 별로 없었다. 김개남을 찾아가는 길은 외롭고 처연

아무도 찾지 않고
관리도 안 돼
잡초로 뒤덮인
김개남 장군 생가 터.

버려진 생가
옆에 만든
김개남 장군
가묘와 비석.

전주 덕진공원
김개남 추모비.
우뚝 솟은
전봉준 동상에 견줘
초라하다.

했다. 생가는 정읍시 산외면 동곡리라는 오지였다. 주룩주룩 내리는 빗속에서 사방을 두리번거리며 걸었다. 버려진 밭터 옆 잘 보이지도 않는 곳에 안내판이 있지만 풀이 무성해 들어갈 수 없었다. 생가에서 멀지 않은 길가에 1995년에 조성한 시신 없는 가묘가 있었다. 재야 사학자 이이화 선생이 쓴 글을 새긴 비가 오른쪽에 보였다. 전주시 덕진공원에는 동학군을 이끈 전봉준, 김개남, 손하중을 기리는 기념물이 있다. 전봉준 동상은 1981년에 일찌감치 자리를 잡은 반면, 김개남과 손하중은 1993년에야 뒤늦게 작은 기념비를 세웠다.

"개남 장군 자취 보소, 전봉준에 비견하니"

'새야 새야 파랑새야/ 녹두밭에 앉지 마라/ 녹두꽃이 떨어지면/ 청포장수 울고 간다.' 녹두장군 전봉준을 기린다고 알려진 노래다. 원래 녹두장군은 김개남이라고 한다. 동곡리에 녹두꽃이 많아 그렇게 불렀는데, 김개남이 대장 자리를 전봉준에게 양보하면서 녹두장군이라는 별칭도 넘어갔다. 동학 때 많이 부르다가 잊힌 노래가 있다. 김개남을 그리워하는 〈개남아 개남아 김개남아〉다. 덕진공원 김개남장군추모비에 이 노래가 새겨져 있다. 김개남이 잊혔듯이 추모비에 새긴 글씨도 읽을 수 없는 지경이었다.

김개남은 그전부터 처형장으로 쓰던 전주 남문시장 앞 전주천 건너 초록바위에서 처형됐다고 한다. 바위 아래에 '김개남 처형지'라는 팻말도 서 있었다. 전주천을 가로지르는 싸전다리에 서서 초록바위를 올려다보는데, 외롭게 죽어간 혁명가이자 '비주류의 비주류'인 김개남이 흘리는 눈물인 듯 거센 비가 쏟아졌다. 폭우를 뚫고 민초들이 부르는 노랫소리가 들렸다. "개남아 개남아 김개남아/ 수만 군사 어디다 두고/ 짚둥우리가 웬 말이냐/ …… 개남 장군 자취 보소/ 일자 기록

초록바위는 죄인을 처형하던 곳으로, 김개남도 이곳에서 생을 마감했다. 폭우 때문에 훼손된 부분에 콘크리트를 덧씌웠다.

바히 없네/ 공초 기록 남았다면/ 전봉준에 비견하리."

(나중에 갑오동학혁명유적 보전회에서 연락이 왔다. 전봉준 출생지는 고창이 아니며, 정확한 장소는 모르지만 태인 어디라 했다. 또한 김개남이 처형된 장소에 관련해 새로운 사실이 밝혀졌다. 동학군 진압 부대 관련 문서를 정리한 《갑오군정실기》에 따르면 김개남은 초록바위가 아니라 전주시 진북동 동국아파트 자리인 서교장西敎場에서 처형됐다).

덧글

23살 경국지색, 여자 동학군 대장 이조이

'나이 꽃다운 22세이고, 용모는 뛰어나기가 경국지색의 미인이고, 이름은 이조이라고 한다.' 동학혁명이 처참하게 패배한 직후인 1895년 3월 5일자 일본 신문 《고쿠민신문》에 나온 기사의 한 구절이다. 결혼한 부인이라 '소사김史'라는 호칭을 붙여 '이 소사'로 알려진 이조이는 용맹을 떨친 농민군 수령이었다. 전라남도 장흥은 동학군과 일본군이 처절한 전투를 벌인 곳으로, 역사의 현장인 석대들 앞에는 장흥동학농민혁명기념관이 자리해 있다. 이곳에 가면 일본군이 '거괴(거물 괴수)'라고 부를 정도로 맹활약한 이 소사 관련 기록을 만날 수 있다.

전봉준선생 고택 전라북도 정읍시 이평면 조소1길 20. **전봉준장군 단소** 전라북도 정읍시 이평면 창동리. **김개남장군 묘** 전라북도 정읍시 산외면 동곡리. **내장산 조각공원** 전라북도 정읍시 쌍암동 389-2. **전봉준 생가** 뚜라조각공원(전라북도 고창군 고창읍 당촌길 29) 옆. **무장동학농민혁명 기포지** 전라북도 고창군 공음면 구암리 구수마을 앞. **덕진공원** 전라북도 전주시 덕진구 권삼득로 390. **초록바위** 전라북도 전주시 완산구 서서학동 싸전다리 건너 언덕 쪽. **교룡산성** 전라북도 남원시 산성길 218. **남원부 관아터** 남원문화원(전라북도 남원시 광한북로 57) 옆. **장흥동학농민혁명기념관** 전라남도 장흥군 장흥읍 읍성로 2.

숭고하지만
때늦은 애국

"아, 어느 시대인들 난적의 변고가 없겠느냐만, 그 누가 오늘날의 역적하고 같을 것인가? 또한 어느 나라인들 오랑캐의 재앙이 없었겠느냐만, 그 어느 것이 오늘날의 왜놈하고 같겠는가? 의병을 일으켜라. 더는 말이 필요 없다. …… 슬프다. 저 불난 집 기둥 위의 제비나 솥 안에 든 물고기처럼 곧 죽을 운명이거늘, 어이해서 떨쳐 싸우지 않는가? 살아서 원수의 노예가 되기보다는 죽어서 충의로운 넋이 낫지 않겠는가? …… 우리의 거사는 정당하고 떳떳하다. 적이 강하다고 두려워 말라. 자, 이제 함께 힘차게 일어나자. 실패하든 성공하든 미리 헤아리지 말자. 같은 배를 타고 같이 건너야 하니, 위급할 때 팔 하나의 힘이라도 도와 적에 맞서 싸우라!"

"적의 음식은 먹을 수 없다"

지금 읽어도 가슴 뛰는 이 글은 1906년 유림을 대표하는 면암 최익현이 전라북도 정읍에 자리한 무성서원에서 일본에 맞서 의병을 일으키며 선포한 〈창의 격문(倡義檄文)〉의 일부다. 일흔네 살 최익현이 백발 휘날리며 노구를 이끌고 나서면서 쓴 시도 그때 심정을 잘 보여준다.

백발로 밭이랑에서 분발하는 것은皓首憤畎畝

초야의 충심으로 바랐음이라.草野願忠心

난적은 누구나 쳐야 하니亂賊人皆討

고금을 물어서 무엇하리.何須問古今

나는 지금 최익현, 그리고 함께 의병을 일으킨 제자 임병찬을 만나러 가고 있다. 칠보면과 산외면은 정읍시 동쪽 끝에 위치한 오지 중의 오지이지만 한국 근현대사에서 중요한 현장이다. 산외면 동곡리는 김개남이 태어난 마을로, 전봉준이 이사 온 뒤 두 사람이 함께 공부하고 자란 곳이다. 여기에서 10킬로미터 떨어진 칠보면 무성리에는 무성서원이 자리하고, 이 두 곳에서 20킬로미터 떨어진 산외면 종성리에서는 임병찬이 의병을 일으킨다.

대원군이 서원 철폐령을 내린 뒤 전국에 남은 서원은 47개뿐이다. 전북에 단 하나 남은 무성서원은 칠보산 앞자락 마을 한가운데에 자

1906년 최익현과 임병찬 등이 의병을 일으킨 정읍 무성서원.

무성서원의 병오 창의 기적비.

리잡고 있다. 속세에서 약간 떨어진 평범한 서원들하고 다르게 마을 중심부에 자리한다는 점부터 사회 참여와 실천의 정신을 보여주는 듯하다. 1615년 문 연 이 서원은 도산서원과 소수서원 등 다른 8개 서원들하고 함께 '유네스코 세계문화유산'으로 등재된 곳이다. 특이하게 정문 구실을 하는 누각 현가루로 들어가면 뒤쪽에 비석이 하나 눈에 띈다. 1905년 일본이 우리 주권을 강탈한 을사늑약이 체결되자 병오년인 1906년 6월 13일에 최익현과 임병찬이 이곳에서 호남 최초로 의병을 일으켰

는데, 이 일을 기념해 1992년에 세운 '병오 창의 기적비丙午倡義紀蹟碑'다.

최익현은 화서 이항로의 수제자로 한국 성리학의 정통으로 받아들여졌다. 성리학의 '왕도 정치'를 이상향으로 여기고, 서구 제국주의가 물밀듯이 밀려오는 격변의 서세동점 시대에 목숨을 걸어 위정척사衛正斥邪(올바른 것을 지키고 사악한 것을 배척한다)를 추구한 강직한 선비였다. 왕권을 강화하는 수단으로 경복궁을 중건하려는 대원군에게 반대하다가 관직을 빼앗기는 등 옳다고 생각하면 물불을 안 가렸다. 민씨 정권이 1876년 나라의 문을 여는 강화도 조약(조일수호조규)을 맺으려 하자 도끼를 메고 광화문에 나가 개항하면 안 되는 다섯 가지 이유를 적은 상소를 올리기도 했다. 낙안군수로 있으면서 민생을 개선하려 노력하던 임병찬도 탐관오리들이 저지르는 횡포가 나아지지 않자 관직을 버리고 산외면으로 낙향해 학문에 전념했다.

충남 청양 모덕사에 있는 최익현 동상.

최익현은 임병찬 등 선비 80여 명하고 함께 무성서원을 출발해 태인에 무혈 입성했다. 무장 의병들은 곡성, 남원, 순창을 점령하고 숫자도 1000명 가까이 늘어났다. 관군을 맞닥트리자 동족끼리 죽고 죽이는 사태는 원하지 않는다며 자진해서 무기를 내려놓고 체포됐다. 일본군 사령부에 잡혀간 최익현과 임병찬은 대마도로 압송됐고, 최익현은 적이 주는 음식을 먹을 수 없다며 단식하다가 숨을 거뒀다.

스승의 장렬한 죽음을 직접 목격한 임병찬은 복수를 다짐하다가 다음해에 특별 사면을 받아 귀국했다. 최익현이 남긴 유서를 고종에게 전한 뒤 일본 헌병대에 체포돼 강도 높은 조사도 받았다. 1910년 국권피탈 뒤 다시 의병을 일으킬 준비를 했다. 임병찬은 고종이 보낸 밀지를 받고 독립의군부라는 전국적 의병 조직을 만들어 항일 투쟁에 나서려 하지만 계획이 누설되면서 일본 헌병대에 다시 체포됐다. 서대문형무소에서 자결을 시도하지만 실패하고 거문도로 유배됐다. 임병찬은 그곳에서 스승처럼 단식 투쟁을 하다가 숨을 거뒀다.

스승을 따라 나라를 되찾으려 투쟁하다가 목숨을 잃은 의병장 임병찬을 만나러 산외면 종성리로 향했다. 물안개가 아름다운 옥정호가 내려다보이는 언덕에 올라가니 임병찬이 의병을 키운 훈련장 등을 재현하기 위한 조감도와 '대한독립의군부 사령총장 임병찬 묘'라는 비석이 자리잡고 있다. 조국을 위해 목숨을 바친 한 선비에게 경의를 표하지 않을 수 없었다. 신념을 위해 나는 목숨을 바칠 수 있을까?

임병찬 묘에는 고종이 내린 '대한독립의군부 사령총장'이라는 직위가 쓰여 있다.

봉건주의에 물든 민보군과 의병

시곗바늘을 12년 전으로 돌려봤다. 1894년 동학군은 척양척왜를 외치며 봉기했다. 동학 농민군이 척왜척양을 외치며 일본군에 맞서 싸우러 상경하고 대원군이 밀지를 보내 삼남 각지의 양반과 보부상뿐 아니라 농민군까지 다 같이 일어나 간신과 일본군을 치고 나라를 구하는 데 함께하기를 호소한 때, 최익현과 임병찬을 포함한 '애국적 유림'들은 무엇을 했을까? 물론 연산현감 이병제 등 몇몇 양반이 합류한 덕분에 삼례를 출발할 때 4000명이던 농민군이 논산에 이르러 3만 명을 넘어섰다. 그렇지만 대부분의 유림과 선비는 이런 호소를 외면했고, 몇몇은 민보군이라는 무장 조직을 만들어 동학군을 진압하고 학살하는 데 앞장섰다.

남원의 동쪽 끝 지리산 자락으로 가면 서림공원이라는 작은 공원에 '박봉양 공적비'가 서 있다. 박봉양은 관군의 지원을 받아 민보군을 만들어 동학군을 격퇴함으로써 동학혁명이 경상도로 확산되지 못하게 막았다. 멀리 갈 필요도 없다. '임병찬 창의비'로 올라오는 길에 걸린 '김개남 피체지'라는 작은 팻말이 모든 것을 증언한다. 임병찬은 절친인 김개남을 밀고한 장본인이었다.

최익현과 임병찬, 그리고 유림들에게는 조상 대대로 누린 신분제 기득권을 공격하고 유교 사회를 혁파하려는 동학이 일본군보다 더 큰 적이었고, 관군은 물론 일본군하고도 동학을 없애야 한다는 데 이해관계를 같이했다. 그러고는 일본군이 가장 큰 걸림돌인 민중 세력을 초토화하고 본격적으로 국권을 빼앗으려 하자 그때서야 나라를 지키겠다며 나섰다. 한마디로 '때늦은' 애국이었다.

의병이 지키려 한 '조국'은 동학 농민군이 바란 평등한 나라가 아니

라 신분제에 바탕한 유교적 봉건 사회였다. 선비들은 '인간은 자유롭고 평등하다'는 프랑스 인권 선언이 선포된 뒤 100년이 넘도록 신분제 봉건 사회를 이상 사회로 믿는 유교적 세계관을 고수했다. 동학이 내건 요구가 그렇게 급진적이지도 않았다. 왕정 타파를 주장한 적은 없는데다가 노비제 폐지 등을 주장하지만 신분제를 완전히 없애자는 말이 아니라 불량한 유림과 양반들의 행실을 '교정'해야 한다는 수준인데, 유림은 그런 정도도 수용하지 못했다. 따라서 위정척사는 자주적일 수는 있어도 내용은 '퇴행적'이었고, 어쩌면 '반역사적'이었다. 다만 유림 출신 의병은 민보군처럼 나라를 팔아먹는 데 앞장서지 않고 일본군에 맞서 싸우다가 목숨을 바친 점에서 그나마 나았다.

이런 봉건주의 때문에 의병 투쟁은 뚜렷한 성과를 거두지 못했다. 비운의 의병장 김백선이 대표 사례다. 평민 출신 산포수 김백선은 동학농민혁명 때 동료들을 모아 약탈자를 소탕한 공로로 정삼품 절충장군이라는 첩지를 받았다. 을미사변 뒤 다시 의병을 일으켜 충주성을 점령하는 데 큰 공을 세우지만, 경상북도 영주에서 선봉장으로 나서서 일본군을 공격하던 중 본진이 오지 않아 패퇴했다. 되돌아온 김백선이 양반 출신 장군에게 항의하는 모습을 본 의병대장 유인석은

99

크게 화를 냈다. "본시 한낱 포수에 불과한 상민이었거늘, 어찌 분수를 모르는가! 저 자를 군령 위반죄로 다스려서 포살하라!" 큰 공을 세운 장수를 말 한마디 때문에 총살할 정도로 의병 운동까지 봉건제에 깊이 물들어 있었으니, 나라가 망하는 비극은 당연한 이치였다(후손들을 중심으로 김백선이 상민이 아니라 양반이라는 주장도 나온다).

사라진 공화국의 꿈

일제 강점기 지식인을 다룬 《관부연락선》과 빨치산 이야기를 다룬 《지리산》 등을 써서 한국 근현대사에 비판적으로 문제를 제기한 이병주는 한말을 배경으로 한 대하 소설 《바람과 구름과 비雨》(1977~1980)에 붙인 후기에서 이런 질문을 던졌다.

> 한말의 역사는 우리 민족의 회한이다. …… 서울의 지식인들과 일부 지배층이 동학당과 합세하여 청국과 일본의 개입을 막고 혁명의 과정을 밟았으면 어떻게 되었을까? 만일 국왕과 동학도가 일치해 버렸다면, 그 결과가 어떻게 되었을까? 나는 이러한 가상 아래 있을 수도 있었던 찬란한 왕국, 기막힌 공화국에의 꿈을 곁들여 민족사의 의미를 생각해보고 싶은 것이다.

임병찬을 비롯한 양반과 유림이 동학 지도자라는 이유로 친구를 밀고하거나 민보군을 조직해 동학군을 괴멸하려 하지 않았다면, 시대 변화를 받아들여 밖으로 제국주의에 맞서 함께 싸우고 안으로 낡은 신분제와 봉건적 질서를 스스로 혁파했다면, 역사는 어떻게 됐을까?

유림들이 목숨 걸고 벌인 의병 항쟁은 존경받아 마땅하다. 그러나 시대착오적이고 봉건적인 유교적 세계관에 사로잡힌 채 외세에 맞서 함께 싸워야 할 진정한 동맹 세력인 동학 농민군을 척결한 뒤 시작한 때늦은 애국은 비극적이다 못해 희극적이었다.

비극이자 희극은 아직 끝나지 않았다. 낡은 반공주의에 사로잡힌 채 잘못된 방향으로 '숭고한 애국심'을 발휘하는 사람들에게서 나는 동학군을 때려잡는 민보군을 본다. 갖가지 위선이라는 위선은 다 떨면서 자기만 절대선이라 착각하는 몇몇 '개혁' 세력도 마찬가지다.

찾을 곳 ▶

무성서원 전라북도 정읍시 칠보면 원촌1길 44-12. **임병찬 창의 유적지** 전라북도 정읍시 산내면 종성리 산 276-1. **김개남 피체지** 임병찬 창의 유적지로 올라가는 언덕길 왼쪽. **서림공원** 전라북도 남원시 운봉읍 서천리 350-1. **모덕사** 충청남도 청양군 목면 나분동길 12. **항일 의병장 김백선 장군 묘** 경기도 양평군 창운면 아실길 46-12.

'색맹' 뉴라이트의 환상과 착취 유산

울산의 발전과 디트로이트의 슬럼화. 아무 관계 없는 듯하지만 그렇지 않다. 울산에서 발전한 자동차 산업은 미국 자동차 산업의 메카 디트로이트가 몰락하는 데 기여했다. 도시의 흥망성쇠는 세계 경제의 흥망성쇠에 밀접히 연관된다.

근대 시간 여행의 정치경제학

이렇게 에두르고 휘돌아 멀리 흘러온 물이, 마침내 황해 바다에다가 깨어진 꿈이고 무엇이고 탁류째 얼러 쫘르르 쏟아져 버리면서 강은 다하고, 강이 다하는 남쪽으로 대처 하나가 올라앉았다. 이것이 군산이라는 항구요.

— 채만식, 《탁류》, 1937~1938

사공의 뱃노래 가물거리면/ 삼학도 파도 깊이 스며드는데/ 부두의 새악시 아롱 젖은 옷자락/ 이별의 눈물이냐 목포의 설움

— 〈목포의 눈물〉(문일석 작사, 손목인 작곡, 이난영 노래)

일제가 빼앗아 갈 쌀을 쌓아둔 군산항
(군산근대역사박물관 전시 자료).

쌀 등을 보관한 군산항의 한 창고.
안중근 의사 손바닥 벽화가 눈에 띈다.

요즘 '근대 시간 여행'으로 인기를 끄는 두 곳이 있다. 군산과 목포다. 소설 《탁류》와 대중가요 〈목포의 눈물〉의 배경인 두 도시는 곡창지대 호남을 대표하는 항구로, 원래 한양으로 쌀을 실어 나르는 작은 포구였다. 일제가 한반도를 강점하고 쌀을 수탈하려 개발하면서 번창하지만, 해방 뒤에는 냉전에 막혀 대중국 교역항이라는 의미를 잃고 낙후했다. 한-중 국교 정상화로 '서해안 시대'가 열리면서 목포에 대형 조선소가 자리잡고 군산에 자동차 공장이 들어서는 등 활기를 찾는 듯했지만, 지금은 다시 어려움에 빠졌다.

국제 분업에 따라 강제된 변화가 두 도시의 흥망성쇠를 좌우했다. 그 덕분에 두 도시는 개발되지 않은 채 일제 강점기 유적을 간직한 근대 시간 여행지로 각광받고 있다. 우리가 일본 식민지가 된 덕분에 발전하고 일제하 조선인이 특별한 차별을 받지 않은데다가 '위안부'도 자발적 행위라는 극우적 주장들이 기승을 부리는 현실을 고려하면, 두 도시로 떠나는 시간 여행은 특별한 의미를 지닌다.

뜬다리부두에 서린 농민들의 한

군산과 목포는 근대적 건물과 제도가 이식되는 한편 식민지 수탈이

군산근대역사박물관에 재현해놓은
쌀 선물 시장이던 군산 미곡취인소.

일제 화물선에 쌀을 옮겨 실으려 만든
군산항 부잔교.

라는 이중 과정을 겪었다. 자본주의적 성장 자체가 어느 정도 수탈을 동반하지만 식민지적 특수성이 반영되면서 수탈은 더욱 잔인해졌다. 식민지 경제 지배의 전형적 특징은 식민지에서 생산하는 식량과 광물 등 1차 상품을 싼값에 수입하고 공산품을 수출하는 방식이다. 이런 국제 분업 구조에서는 '민족 자본'이 중심이 된 '민족적 산업화'가 어려워지고 식민 제국주의와 현지 지주 계급의 지배 동맹이 자리잡는다.

군산은 식민지 경제 분업의 중심에 자리한 만큼 쌀에 관련된 흔적이 많다. 군산 근대 거리에서 가장 먼저 만나는 곳은 전통 쌀 시장을 금지하고 만든 일종의 선물 거래형 쌀 시장인 미두장이다. 일제는 쌀을 통제해 곡물 시장을 독점하는 데 그치지 않고 농지 자체를 통제했다. 군산부 전체 토지의 80퍼센트를 소유한 일본인들은 동양척식회사 등을 통해 농지를 기업식으로 경영했다. 군산근대역사박물관에 걸린 도표들을 보면 일제가 저지른 수탈의 강도와 수탈 과정에서 군산이 차지한 위치를 알 수 있다. 1920년 한반도의 쌀 총생산량은 1270만 석인데, 일제는 그중 14.5퍼센트인 185만 석을 빼앗았다. 1934년에는 1640만 석을 생산해 그중 50퍼센트 넘는 870만 석을 수탈했다. 수탈 규모가 4배 넘게 늘어난 셈인데, 지역별로 보면 1914년 기준으로 목포는 0.7퍼센트인 데 견줘 군산은 40퍼센트였다. 1926년부터 1933년까지 전체 쌀 반출량의 평균 22퍼센트를 군산에서 실어 갔다.

빼앗은 쌀 등을 보관한 일본식 쌀 창고, 금융으로 조선을 수탈한 조선은행, 쌀 수탈을 관장한 군산세관까지 이어지는 근대 거리에서 하이라이트는 부잔교浮棧橋다. 뜬다리부두라 부르기도 하는 부잔교는 쌀을 배에 더 빨리 실으려 만든 이동식 부두다. 일제 강점기를 생생하게 느낄 수 있게 재현한 부잔교를 보니 군산과 정읍이 겨우 70킬로미터 떨어진 곳이라는 점이 생각났다. 일제가 군산을 쌀 수탈의 현장으로 변모시키기 얼마 전, 오랜 수탈과 신분 차별에 시달린 농민들이 정읍에서 동학농민혁명을 일으키자 진압하려는 장위영 병사 800명이 배를 타고 도착한 곳이 바로 군산이다. 동학군은 진압군을 물리치지만, 일본이 개입하면서 일본군, 관군, 민보군에 패배했다. 그 뒤 농민들이 피와 땀과 눈물을 흘려 가꾼 쌀은 철로를 달려 군산항에 모인 뒤 저 부잔교를 건너 일본으로 가는 배에 실렸다. 조선을 수탈해 군국주의의 몸통을 살찌운 일본의 야욕과 조선 민중의 설움이 흔들리는 다리 위에서 만났다.

항구 목포의 피, 땀, 눈물

군산에서 서해안을 따라 두 시간쯤 달리면 목포다. 목포도 군산만큼 일제 강점기 때 건물이 잘 보존돼 있다. 목포근대역사관은 악명 높은 동양척식회사였다. 줄여서 동척이라 부르는 이 회사는 1908년에 일본 자영농을 조선에 이주시키려 설립됐는데, 이주 희망자가 모자라자 농업 경영 회사로 변신해 조선 농민을 수탈했다. 이런 만행에 분노한 나석주 의사가 동척 건물에 폭탄을 던지기도 했다. 동척은 전국에 9개 지점을 두는데, 1921년에 지은 목포근대역사관 2관도 그중 하나다.

악명 높던 동양척식회사 건물은 목포근대역사관 2관으로 변신해 수탈의 역사를 증언한다.
드라마 〈호텔 델루나〉 촬영지로 알려진 목포근대역사관 1관. 옛 일본 영사관 건물이다

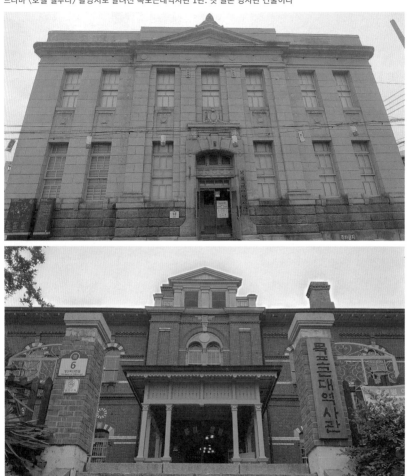

　목포는 1897년 10월 개항을 해 여러 나라에 공동 조계를 배분하고 근대적 국제항으로 변신했다. 일본흥업주식회사가 목포 근교 농지를 사들이기 시작했고, 한꺼번에 몰려든 일본인은 '남촌'에 살고 조선인은 '북촌'에 사는 '식민지 도시'이자 '이중 도시'가 됐다. 1914년에는 호남선 철도를 완공해 수탈할 수 있는 인프라를 갖췄다. 1911년에 견줘 1929년에는 목포를 거쳐 나간 쌀이 9배나 증가했고, 헌병까지 동원

한국 노동운동의 선구자인 목포제유 노동자들(목포근대역사관 전시 자료).

해 면화를 비롯한 여러 작물을 강제로 재배하게 했다. 헌병과 징용을
피해 많은 젊은이가 지리산으로 들어갔지만, 몇몇 뉴라이트 학자들은
징용이 '자발적 취직'이며 특별한 수탈도 없었다고 억지를 부렸다.

　수탈이 있는 곳에는 저항이 있기 마련이었다. 목포는 한국 근현대
사에서 노동자 파업이 처음 일어난 곳이기도 했다. 초기 노동운동의
메카이자 '일제 강점기의 울산'이라 할 수 있겠다. 목포항을 개항한 지
석 달밖에 안 된 1898년 2월에 부두 노동자들이 파업을 벌였다. 일본
인 선주들이 임금을 낮추려 한 때문이었다. 1901년에도 임금 인하 반
대를 내걸고 투쟁했고, 1903년에는 일본이 허가한 낙패^{絡牌}가 없으면
부두 노동을 못 하게 하자 반일패^{反日牌} 운동을 벌였다. 1925년에는 노
동자 1700여 명이 목포노동총동맹을 결성했고, 1926년에는 석유 화
학 공장인 목포제유^{木浦製油} 노동자들이 파업 투쟁을 벌였다.

　동척 주차장에 가니 작은 표지석이 눈길을 끌었다. 이 건물이 5·
18항쟁 유적지라고 적혀 있었다. 사연은 엉뚱했다. 일제가 패망한 뒤
정부는 이 건물을 목포 제3해역사령부 헌병대로 썼는데, 1980년 5·

조선 민중의 피땀을 착취한 동양척식회사의 거대한 금고.

동양척식주식회사가 사용했던 금고

朝鮮陸地掉發祥之地

18 항쟁 때는 목포 지역 민주 인사들을 체포해 이곳에서 조사하고 고문했다. 조선 민중을 수탈한 동양척식회사가 민주 인사들을 고문하는 장소로 변신했으니, 뭔가 나쁜 기운이 흐르는 곳이 확실했다.

근대역사박물관으로 변신한 동척 안에서 반드시 보고 와야 하는 장소가 있다. 아주 커다란 금고다. 해방 뒤 건물 전체가 경찰서로 바뀌면서 유치장으로 쓰인 적도 있는 금고는 일본이 수탈한 조선 민중의 피와 땀을 상징한다. 애덤 스미스를 따라서 일제가 벌인 수탈을 '자유로운 개인들 사이의 자유 의지에 따른 경제적 거래'라고 주장하는 뉴라이트 색맹 경제학자들은 이 두터운 벽에 새겨진 조선 민중의 피눈물을 애써 보려 하지 않는다.

찾을 곳

군산근대역사박물관 전라북도 군산시 해망로 240. **조선은행 군산 지점, 부잔교, 미두장** 전라북도 군산시 해망로 214 근처 군산 근대 거리. **목포근대역사관 1** 전라남도 목포시 영산로29번길 6. **목포근대역사관 2** 전라남도 목포시 번화로 18.

한 자루의 감자들,
뭉쳐서 승리하다

바다는 따가운 가을 햇살을 재재발기며 팽팽하게 힘이 꼬이고 있었다.
하늘도 째지게 여물어 탕탕 마른 장구 소리가 날 듯했다. 푸른 바다와
푸른 하늘이 맞닿는 수평선 위로는 뭉게구름이 한 무더기 탐스럽게 피
어오르고 있었다.

암태도로 가려면 배를 탈 필요가 없다. 육지와 암태도를 잇는 천사대   **109**

한 자루의 감자들이 삶을 이어온 암태도 들녘.

교(전라남도 신안군에 섬이 1004개 있어서 붙은 이름)를 건너면 된다. 천사대교 위에서 푸른 바다를 보다가 송기숙 교수가 쓴 《암태도》에 나오는 한 구절을 떠올렸다. 1980년 5월에 나는 기자로 일하고 있었다. 신군부는 5·18 광주민중항쟁을 불순 세력이 사주한 폭동으로 규정하라는 보도 지침을 내렸고, 나는 언론 통제에 저항해 제작 거부 운동을 벌이다가 유학을 떠나야 했다. 공부를 끝내고 귀국해 처음 정규직 교수로 자리를 잡은 곳이 전남대학교였다. 그곳에서 만난 송기숙 교수는 내 사표가 됐다. 문학가로 이름을 떨친 송기숙은 실천적 지성이기도 했다. 민주화 운동을 하다 여러 차례 감옥을 다녀온 뒤 1988년에 안종철, 김철홍, 최정기 등 젊은 사회과학자들을 모아 한국현대사사료연구소를 만들어 5·18 관련 자료를 모았다. 민주화가 된 뒤 광주시 등에서 재정적으로 보상하려 하자 단칼에 거절해 존경을 받았다. "5·18로 존경받고 했으면 됐지, 무슨 돈이냐!"

굶어 죽을 각오를 한 600명

송기숙을 생각하는 사이 암태도에 도착했다. 서해안인 만큼 염전도 보였지만, 섬치고는 논이 많이 눈에 띄었다. 조금 달리자 작은 공원이 나타났다. '암태도소작인항쟁기념탑공원'이다. 계단을 올라가자 '암태도소작인항쟁기념탑'이 나왔다. 1997년에 만든 이 탑에는 송기숙이 쓴 글을 새겨놓았다. 여러 곳을 다니며 기념물을 봐도 대부분 학살과 패배의 기록이라 우울하고 답답했는데, 흔치 않은 승리의 기록을 마주하니 마음이 가볍고 즐거웠다.

　암태도는 조선 시대에는 왕실 관계자들이 보유한 사유지였고, 일제 강점기에는 일본인 1명과 한국인 2명이 농지를 삼분했다. 최대 지주인 문재철은 친일 행위를 저질러 재산을 늘린 자산가로, 중추원 직책까지 맡고 있었다. 암태도뿐 아니라 전라도 일대에 토지가 많은 대지주였다. 1920년대 일제는 본토 노동자들에게 값싼 식량을 공급하려고 저미가 정책을 폈는데, 문재철 같은 지주들은 손해를 메우려고 소작료를 5할에서 7~8할로 올렸다. 1923년 농민들은 3·1 운동 때 감옥에 다녀온 전직 면장 서태석을 중심으로 암태소작인회를 조직한 뒤 소작료를 4할 이하로 낮추라며 추수를 거부한 채 소작료 불납 운동을 벌였다.

다른 지주 두 명은 소작료 인하에 동의하지만 악덕 지주 문재철은 일본 경찰을 동원해 소작료 징수에 나섰다. 자체 순찰대를 꾸린 소작인들은 1924년 3월에 면민대회를 열어 5월 15일까지 요구를 들어주지 않으면 문재철의 부친을 기리는 송덕비를 부수자고 결의했다. 공권력으로 문제를 해결할 수 없다고 생각한 문재철은 깡패를 동원해 집에 돌아가는 농민들을 폭행했다. 농민들은 언론과 노동 단체 등에 지원을 호소하는 한편 송덕비를 파괴하는데, 그 과정에서 충돌이 벌어져 50여 명이 잡혀갔다. 이 소식을 들은 암태청년회와 암태부녀회가 참여하면서 소작인만 하던 외로운 싸움은 암태도 주민 전체가 함께하는 투쟁으로 발전했다.

고향에 돌아와 1921년부터 야학을 시작한 박복영 암태청년회 회장을 중심으로 다시 면민대회를 연 주민들은 농민들이 갇혀 있는 목포로 원정 투쟁을 가기로 결의했고, 400여 명이 목포로 나가 경찰서와 법원 앞에서 시위를 벌였다. 송기숙은 이때를 다음처럼 묘사했다.

> 칠흙같이 어두웠던 선창이 대낮처럼 밝아졌다. 며칠 전 소작 쟁의를 주도한 서태석을 잡아가기 위해 경비정이 도착했기 때문이다. 날이 밝자 소문은 섬 전체로 퍼졌다. 섬사람들은 구름처럼 몰려들었다. 남강 나루터를 가득 메운 섬사람들의 시위가 시작되었다. 소작 쟁의의 지도자가 잡혀가자 섬사람들은 삼삼오오 배를 저어 목포로 원정 시위에 올랐다. 암태도에서 목포까지 여섯 시간이 걸렸다.

한 달 뒤인 7월에는 600여 명이 법원 앞에서 모두 굶어 죽겠다는 아사 동맹을 결의해 단식 투쟁을 벌이고 문재철의 집으로 몰려가 시위를 했다. 투쟁이 길어지고 소작인들이 물러설 기미를 보이지 않으면

암태도 주민들이 삼삼오오 배 타고 목포 원정 시위를 떠난 남강 나루터.

서 암태도 소작 쟁의가 전국에 알려지기 시작했다. 송기숙은 탑에 새긴 글에서 '일제 통치기구에 대한 투쟁으로 변한 싸움이 날마다 크게 보도되자 전 국민은 땀에 손을 쥐고 지켜보았다'고 말했다. 놀란 일제는 문재철을 압박해 타협하게 했다. 8월 30일 목포경찰서 서장실에서 문재철과 소작인을 대표하는 박복영이 만났다. 두 사람은 네 가지 사항을 합의했다. 첫째, 소작료는 4할로 하고 지주는 소작회에 2000원을 기부한다, 둘째, 미납 소작료는 3년 분할 상환한다, 셋째, 구금 중인 사람들은 쌍방이 고소를 취하한다, 넷째, 파괴한 송덕비는 소작인회가 복구한다.

승리의 명과 암, 문재철과 서태석

소작 쟁의, 게다가 일제가 지원한 친일 대지주에 맞선 투쟁에서 암태도 농민들은 스스로 단결하고 주민들에게서 도움을 끌어내 승리했다. 서태석과 박복영 같은 지도자 덕분이기도 했다. 4할은 일제 강점기는 말할 것도 없고 조선 시대에 견줘도 낮을 정도로 대승리였다. 암태도에서 거둔 승리는 주변으로 번져 먼저 1925년 도초도, 1926년 자은도, 1927년 지도에서 소작 쟁의가 벌어지고 4할 소작료도 널리 확대됐다.

　승리의 역사는 오래가지 못했다. 문재철은 1993년 국민훈장 동백장을 받았다. 친일 행각과 악랄한 착취 행위라는 흠결이 크기는 해도 1941년 목포에 고등학교를 만든 일이 민족교육 운동으로 받아들여진 덕분이었다. 1999년 민족문제연구소의 전신인 반민족문제연구소가 문재철을 '친일파 99인'에 선정하지만 2009년 발간된 《친일인명사전》에서는 빠졌다. 1929년에 박복영을 통해 임시 정부에 독립운동 자금을 몰래 제공한 사실을 인정받은 뒤였다. 문재철이 세운 학교를 졸업한 뒤 오랫동안 민주화 운동을 해온 어느 교수는 문재철이 독립운동

오산마을 언덕에 세운
암태도농민항쟁사적비와 서태석선생추모비.

자금을 준 물증은 없으며, 설사 사실이라 해도 대기업이 야당 정치인에게 정치자금을 건네듯 '보험'을 든 행위일 뿐이므로 이런 이유를 들어 친일 인사에서 제외한 조치는 문제가 많다고 비판했다. 어쨌든 문재철이 독립운동 자금을 댄 적이 있다면 박복영 때문이니, 역설적으로 소작 쟁의 덕분에 친일 명단에서 빠지게 된 셈이다. 참으로 역사란 묘하다.

서태석의 삶은 대조적이다. 고소를 취하하기로 합의한 뒤에도 괘씸죄로 3년 동안 감옥에 갇혔다. 풀려난 뒤에도 고문 후유증 때문에 조현병을 얻어 고향에서 폐인 같은 삶을 살다가 해방을 보지 못하고 사랑하던 농민들이 일하는 논에서 벼를 움켜쥔 채 시신으로 발견됐다. 집안도 풍비박산이 났다. 식민지 치하에서는 자본주의가 일본이 강제한 체제로 받아들여져 독립운동이 대부분 사회주의로 흐를 수밖에 없었는데, 서태석이 사회주의 계열이라는 이유로 가족들까지 고통을 받았다. 다행히 1998년 마을 사람들이 드넓은 논이 내려다보이는 마을 입구 언덕에 암태도농민항쟁사적비를 세우면서 그 옆에 자그만 추모비를 세웠고, 2003년에 뒤늦게 독립유공자로 인정받아 건국훈장 애국장에 추서되고 대전 국립현충원에 이장됐다.

'한 자루의 감자들'과 암태도 정신

'한 자루의 감자들a sack of potatoes.' 카를 마르크스가 농민을 가리켜 한 말이다. 똑같이 땀 흘려 일하는 기층 민중이지만, 많은 사람이 공장에서 함께 협업하며 일하는 노동자에 견줘 농민은 노동 과정 자체가 개별적으로 분리돼 있어서 같은 자루에 넣어도 각각 분리되는 감자들 같다는 이야기다. 마르크스가 농민을 부정적으로 본 이유는 프랑스 혁명 시기에 보수적 농민들이 나폴레옹 보나파르트와 나폴레옹의 조카 루이 보나파르트가 일으킨 쿠데타를 지지한 때문이었다. 한 연구자가 잘 지적한 대로 멕시코 혁명이나 중국 혁명 같은 20세기의 중요한 혁명에서는 농민이 중요한 구실을 했다. 암태도 투쟁에서도 농민은 마르크스의 비판적 견해하고 다르게 한 자루의 감자들이 아니라 하나로 뭉쳐 승리했다.

요즘 '뭉치면 죽고 흩어지면 산다'는 패러디가 유행한다. 이승만이 1948년 초대 대통령 취임사에서 말한 '뭉치면 살고 흩어지면 죽는다'를 코로나19 시대에 맞게 바꾼 문구다. 원래 미국 건국의 아버지 중 한 명인 벤저민 프랭클린이 영국 식민지 주들이 분열된 현실을 비판하려 만든 말이다. 독립운동가 시절에 분열주의 행태로 비판받은 이

민초들이 함께 줄을 당기는 방파제 벽화. 어려운 싸움을 승리로 이끈 암태도 주민들의 연대 의식을 상징한다.

승만이 이런 말을 인용한 사실이 우습지만, 암태도 투쟁은 아무리 힘 없는 민초들도 뭉치면 산다는, 단결하면 승리할 수 있다는 역사의 진리를 잘 보여준다. 많은 사람이 만인의 만인을 향한 무한 경쟁 속에 각자도생만이 살 길이라고 믿는 시장 만능 신자유주의 시대에 암태도 정신을 다시 한 번 떠올린다. "송기숙 선생님, 어려운 병이지만 빨리 회복하세요. 그렇게 즐기던 약주 한잔 하셔야죠."

덧글

송기숙 교수를 기리며

2021년 12월 5일에 송기숙 교수가 친구인 원경 스님보다 하루 일찍 세상을 떠났다. 고인의 명복을 빈다.

> **찾을 곳**

암태도소작인항쟁기념탑 전라남도 신안군 암태면 단고리 장고마을. **암태도농민항쟁사적비와 의사서태석선생추모비** 내비게이션에 나오지 않는다. 천사대교에서 들어가는 입구 오른쪽 오산마을 언덕. **남강 나루터** 전라남도 신안군 암태면 중부로 1502-26. 암태도 남강항 여객선터미널 근처.

고어

"조선의 학생 대중이여 궐기하라!"

11월 3일은 무슨 날일까? 모르는 사람이 더 많겠지만, '학생의 날'이다. 체코에서 2차 대전 때 나치 때문에 목숨을 잃은 프라하 대학교 학생 1200명을 기념하는 '세계 학생의 날'(11월17일)이 있을 뿐, 따로 '학생의 날'을 기념하는 나라는 내가 아는 한 없다. 11월 3일이 무슨 날인데 우리는 이날 '학생'을 기념하는 걸까?

117

패싸움에서 시작된 항일 투쟁

"(조)센징!"

1929년 10월 30일, 광주를 떠나 나주역에 도착한 통학 열차에서 학생들이 우르르 내렸다. 광주중학교에 다니는 일본인 학생들이 광주여자고등보통학교 학생인 박기옥 등의 댕기 머리를 잡아당기며 희롱하면서 소란이 벌어졌다.

"이 자식들이!"

한국인 남학생들이 항의하지만 일본 학생들이 무시하면서 패싸움이 벌어졌다. 광주학생독립운동이 시작됐다.

대학에서 한국 정치를 가르친 나도 광주학생독립운동을 한국인 학생과 일본인 학생 사이에 벌어진 패싸움에서 우연히 시작된 일회적인

광주학생독립운동 때 거리로 쏟아져 나오는 광주 학생들
(광주학생독립운동기념관 전시 자료).

사건으로 알고 있었다. 5개월 동안 320개 학교 5만 4000여 명이 참여한 지속적이고 전국적인 항일 독립 투쟁, 간도부터 상하이, 베이징, 일본, 미국까지 번진 국제적 투쟁이라는 사실은 이번에 처음 들었다. 부끄러운 일이다.

광주제일고등학교(광주일고)에 가면 오래된 탑이 하나 있다. 1953년에 세운 '광주학생독립운동 기념탑'이다. 1990년대 초반 전남대학교에 근무한 시절에 한 번 찾아간 적이 있는데, 다시 보니 감개무량했다. 2004년에 지은 광주학생독립운동기념관에는 관련 자료들이 잘 정리돼 있었다.

우발적 충돌로 끝날 수도 있는 사건이 역사적 항일 투쟁으로 발전된 과정에서 장재성과 장석천이라는 지도자가 큰 구실을 했다. 장재

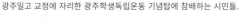

광주일고 교정에 자리한 광주학생독립운동 기념탑에 참배하는 시민들.

성은 광주일고 전신인 광주고등보통학교에 다니던 1926년에 사회과학 모임인 성진회를 만들어 민족 해방과 계급 문제 등을 토론했다. 일본 주오 대학교 예과로 유학을 떠나지만 1929년에 학업을 멈추고 귀국한 뒤 여러 학교에서 독서회를 조직해 지도하고 있었다. 나주역 사건을 전해 들은 장재성은 독서회를 통로로 삼아 광주 지역 주요 학교 지도자들하고 함께 11월 3일에 항의 시위를 열 준비를 했다.

시위일로 11월 3일로 결정한 이유는 이날이 음력으로 개천절이고, 성진회 결성 3주년인 날이자, 일본이 기념하는 명치절이기 때문이었다. 명치절 기념식에서 학생들이 일본 국가인 〈기마가요〉를 부르지 않고 침묵으로 저항하자 이상한 낌새를 챈 학교 당국은 모든 학생을 귀가시켰다. 거리로 나간 학생들은 광주역에서 마주친 일본 학생들을 두들겨 팬 뒤 시위에 들어갔다. 장재성은 흥분한 학생들을 만나 우리들이 투쟁하는 대상은 눈앞에 보이는 일본인 중학생이 아니라 일본 제국주의라는 행동 지침을 결의했다. 사람들이 여기저기서 몽둥이를 가져다주고 호떡 장수는 호떡을 나눠줬다. 놀란 총독부는 광주 지역 학교에 일주일 동안 휴교령을 내리고 72명을 검거했다.

박정희가 폐지하고 전두환이 부활한 학생의 날

11월 12일 수업 시작종이 울렸다. 학생들은 거리로 뛰쳐나와 친구들이 잡혀 있는 광주형무소로 쳐들어갔다. 2차 시위였다. 이런 소식이 신문에 실리고 입소문을 타면서 12월에는 시위가 전국으로 확대됐다.

조선 청년 대중이여 궐기하라! 제국주의적 침략에 대한 반항적 투쟁으로서 광주 학생 사건을 지지하고 성원하라. …… 저들은 소위 사법 경찰을 총동원하여 광주 조선 학생 동지 400여 명을 참혹한 철쇄에 묶어

넣었다. 여러분! 궐기하라! 우리들이 흘리는 선혈의 마지막 한 방울까지 조선 학생의 이익과 약소민족의 승리를 위하여 항쟁적 전투에 공헌하라!

12월 2일 경성제국대학 등에는 이런 격문이 배포됐다. 변장한 채 철통같은 봉쇄를 뚫고 서울로 잠입한 전남청년동맹 위원장 장석천은 신간회 사무실에 들러 투쟁 방향을 논의했다. 신간회와 좌파 여성 단체 근우회 등이 지원하면서 시위는 전국으로 번졌고, 해외에서도 동조 시위와 지지가 이어졌다. 1930년 1월 개학 날에 전 학기 기말고사를 치른 광주고보 학생들은 이기홍 선생을 중심으로 감옥에 간 학우들하고 함께한다며 시험을 거부한 뒤 퇴교하는 투쟁을 벌였다. 5개월, 320개 학교, 5만 4000여 명 참여, 280명 구속 기소라는 기록을 남긴 광주학생독립운동. 3·1 운동이 끝난 뒤 침체된 국내 항일 독립운동이 학생들 덕분에 다시 한 번 타올랐다.

광주학생독립운동기념관으로 올라가는데 60미터짜리 담장 벽화가 눈에 띄었다. 1926년에 결성해 광주학생독립운동 때 활약한 학생 비밀 결사대 '성진회'에서 이름을 딴 성진초등학교였다. 벽화에 새겨진 '소녀회'라는 문구가 궁금해 차에서 내렸다. 십대 소녀들이 모인 문학 동아리처럼 들리지만, 아니었다. 광주학생독립운동의 중심인물인 장재성의 여동생 장매성을 비롯한 광주여자고등보통학교 학생들이 일주일에 한 번씩 광주사범학교 뒷산에 모여 사회과학 책을 읽고 토론한 비밀 독서회 이름이었다. 소녀회는 광주학생독립운동에 여학생들이 적극 참여하는 데 중요한 구실을 했다.

여학생들은 전국 차원에서도 투쟁의 큰 축을 떠맡았다. 중심에는 허정숙 같은 여성들이 있었다. 허정숙은 페미니스트이자 자유연애주의자이며 사회주의자였다. 학생들이 시위를 벌인 소식을 듣고 1929년

11월 3일에 광주로 내려와 현장을 지켜
본 뒤 경성으로 올라온 허정숙은 이화
여고보나 배화여고보 같은 여학교 학생
들을 조직해 대규모 시위를 준비했다.

1930년 1월 15일에 결행하기로 한 시
위는 정보가 새어 나가면서 불발로 끝
났다. 대신 경성에 있는 13개 여학교가
수업을 시작하면 함께 만세를 부르는
만세 운동을 벌여 34명이 구속되고 55
명이 불구속 기소됐는데, 이 89명이 모
두 여성이어서 사회적으로 큰 반향을
불러일으켰다. 허정숙도 1년 형을 선고
받고 서대문형무소에 갇혔는데, 석방된
뒤에도 일제 경찰이 계속 괴롭히자 1930

년대 중반 중국으로 망명해 조선의용군에 참여했다. 해방된 조국에서
친일파가 설치는 현실에 좌절한 허정숙은 월북해 북한에서 고위직을
지냈다. 조선희가 쓴 소설 《세 여자》는 일제 강점기 사회주의 독립운
동과 조선공산당의 중심인물인 박헌영, 임원근, 김단야의 동지이자 파
트너인 주세죽, 허정숙, 고명자가 겪은 이런 극적인 삶을 잘 그렸다.

1953년 정부가 광주학생독립운동을 기념해 11월 3일을 법정 기념
일인 학생의 날로 제정하지만, 유신을 선포한 박정희는 1973년에 학
생의 날을 폐지했다. 자기를 반대하는 학생운동에 보복한 셈이다. 전
두환 정권이 들어선 뒤 1984년에 야당이 발의해 학생의 날을 법정 기
념일로 부활시켰다. 학생의 날에 관한 한 전두환이 박정희보다 훨씬
나은 셈이다.

2명의 '지도자'와 8명의 '모범생'

역사에서 한 개인의 구실을 강조하는 영웅 사관에 나는 매우 비판적이다. 그러나 어린 학생들이 우발적으로 벌인 패싸움으로 끝나버릴 수 있는 작은 사건을 거대한 항일 독립 투쟁으로 발전시킨 계기가 장재성과 장석천이 발휘한 뛰어난 지도력이라는 사실을 알게 된 뒤, 운동에서 지도자가 얼마나 중요한지를 또 한 번 느꼈다. 장재성을 만나러 광주학생독립운동기념관을 떠나 동림동에 있는 광주광역시 장애인종합복지관 뒤 야산으로 향했다.

장재성은 사건 관련자 중 가장 무거운 징역 4년을 선고받고 1934년에 출감했다. 일본에 다시 유학을 가지만 1937년에 요시찰 인물로 분류돼 강제 송환됐고, 해방 뒤에는 광주청년동맹 의장이 돼 친일파가 지배하는 사회를 막아내려 투쟁했다. 분단을 영속화하는 단독 정부 수립에 반대해 1948년 황해도 해주에서 열린 남조선인민대표자대회에 참석한 뒤 일본을 거쳐 귀국하지만 체포돼 7년 형을 선고받은 장재성은 광주교도소에 다시 갇혔다.

한국전쟁이 일어나자 경찰은 장재성을 비롯한 정치범들을 이 야산에서 학살했다. 그때 장재성은 마흔세 살이었다. 장재성기념사업회(운영위원장 황광우)가 꾸려져 열심히 노력하고 있지만 좌익 경력을 빌미로 정부는 장재성에게 서훈을 해달라는 요구를 여전히 거부한다.

장석천은 1년 6개월 형을 살고 나온 뒤 경성방직 노동자들을 의

젊은 시절 장재성이 찍은 가족사진
(장재성기념사업회 제공).

식화하다가 2년 형을 더 선고받았다. 결핵에 걸려 옥사하기 직전에 실려 나오지만 며칠 뒤 숨을 거뒀다. 장재성처럼 좌파라는 이유로 서훈을 거부당하다가 그나마 일제 강점기에 세상을 떠난 '덕분에' 1982년에 뒤늦게 건국포장을, 1990년에 애국장을 받았다.

이른바 '좌파 독립운동가'는 해방된 나라에서 제대로 예우를 받지 못했다. 의열단장 김원봉이나 장재성처럼 해방 뒤까지 살아남은 사람은 노덕술 같은 친일 경찰에게 다시 고문당하거나 투옥됐고, 세상을 떠난 뒤에는 좌파 경력을 빌미로 서훈이 거부됐다. 일제 강점기 때 세상을 떠난 좌파 독립운동가가 차라리 축복받은 사람인지도 모르겠다. 1980년대까지 광주 지역 진보 운동의 큰어른으로 활약한 이기홍 선생은 광주학생독립운동 때 감옥에 끌려간 학우들을 구하려 시험 거부 투쟁이 벌어지는 상황에도 끝까지 학교에 남아 시험을 본 8명이 모두 잘돼 고위직에 앉더라고 회고했다.

덧글

장재성을 기리며

광주를 다녀온 지 한참 지난 2020년 10월 30일, 광주일고에서는 중요한 행사가 벌어졌다. 장재성기념사업회가 노력한 덕분에 광주일고 100주년과 장재성 서거 70주년을 맞아 광주일고 역사관에 장재성 선생 흉상을 설치하고 제막식을 열었다. 또한 국가보안법 위반 혐의로

장재성 선생에게 선고된 7년형도 국가보안법이 생기기 전에 일어난
행위를 소급 처벌한 사례라는 이유로 재심을 신청해놓았다.

찾을 곳 ▶

광주학생독립운동기념관 광주광역시 서구 학생독립로 30. **광주일고** 광주광역시 북구 독립로237번
길 33. **광주감옥 터** 광주광역시 동구 동계천로 111 민들레소극장 앞. **장재성 빵집 터** 광주광역시 동
구 금남로3가 20-2 금남공원 안. **장재성 학살지** 광주광역시 북구 북문대로 219 광주광역시장애인
종합복지관 야산. **전남여고** 광주광역시 동구 제봉로 158번길 8.

장재성은 이곳 광주감옥에 갇혀 있다가 한국전쟁이 일어나자 야산으로 끌려가 총살됐다.

너릿재에서 생각하는
산업 민주주의

탄핵된 박근혜가 한국 정치에 중요한 기여를 하기는 했다. '경제 민주화'를 대선 공약으로 내걸어서 민주주의가 단순히 '정치적 민주주의'의 문제라는 통념을 깼다. 그러나 민주주의는 사상과 표현의 자유 등에 관련된 '정치적 민주주의'와 생존권에 관련된 '(사회)경제적 민주주의'만으로 구성되지는 않는다. 젠더, 성 소수자 권리, 가정의 민주주의 같은 '일상성 민주주의'와 '작업장 민주주의'도 중요하다.

125

직장은 많은 사람이 하루 중 가장 긴 시간을 보내는 곳이지만 여전히 전근대적 상명하복이 지배하는 '민주주의 사각지대'다. 마르크스도 이런 상황을 가리켜 '공장 전제정'이라고 비판했다. 무엇을 생산하고 어떻게 노동할지 등 작업장에서 반드시 거쳐야 할 의사 결정에 관련된 민주주의가 작업장 민주주의다. 작업장의 주요 문제를 생산자인 노동자가 스스로 결정하는 방식을 '노동자 자주관리'라고 부르는데, 지난날 사회주의 체제 아래 유고슬라비아에서 실험했다. 소련과 동유럽 구 사회주의 국가들은 '노동자 국가'를 표방하면서도 이런 권리 면에서는 자본주의 국가들보다 뒤떨어졌고, 오히려 북유럽 등에서 '산업 민주주의'라는 이름 아래 노동자 경영 참여를 확대해왔다.

"노동조합에도 똑똑한 사람이 오지게 많은디"

화순에서 광주로 넘어가는 길목에 너릿재터널이 있다. 터널 옆 너릿재 공원에 가면 터널을 뚫으면서 없어진 옛 길이 있다. 너릿재는 동학군들이 죽은 동지의 '널'(관)을 끌고 온 곳이라는 뜻에서 붙은 '널재'가 바뀐 이름이다. 또한 1980년 5월 광주에서 일어난 비극을 전해 들은 화순 사람들이 화순광업소에서 쓰는 다이너마이트와 경찰서에서 빼낸 무기를 싣고 광주로 넘어간 곳이며, 이 터널을 봉쇄한 공수부대가 미니버스에 무차별 사격을 해 여럿이 목숨을 잃은 곳이기도 하다.

화순탄광은 또 다른 점에서 의미가 깊다. 바로 노동자 자주관리운동의 현장이었다. 화순탄광에서 벌어진 자주관리운동은 자본가의 소유를 강제로 국유화한 구사회주의권 사례하고 다르게 세계사적으로 독특하고 중요한 실험이었다. 1945년 해방 때 한국 기업의 90퍼센트 이상은 일본인 소유였다. 일제가 패망하자 이 생산 시설과 기업들은 경영자가 없어졌다. 소극적으로는 일본인들이 자재나 재고를 빼돌려

화순탄광 노동자들이 학살된 너릿재에 생긴 너릿재터널.

처분해서 일본으로 부를 유출하지 못하게 저지하는 한편 관리자가 없어 멈춘 생산 시설을 노동자들이 다시 움직인다는 의미에서 자주관리였다. 적극적인 의미에서는 이런 기업들이 노동자와 민중의 피땀을 수탈한 결과이며 실질적 운영자는 노동자라는 의미였다(중도 우파에 가까운 임시 정부도 일본인 기업이든 한국인 기업이든 대기업은 국유화한다는 방침이었다). 몇몇 한국인 기업도 친일 기업을 중심으로 자주관리운동이 벌어졌다. 1945년 11월 4일 기준 16개 산별 노조에 728개 공장관리위원회가 구성됐고, 여기에 관련된 노동자는 8만 8000명이었다. 그중 대표 기업이 화순탄광이었다.

규모로 따져 전국 3위인 화순탄광 노동자들은 잘 조직돼 있었고, 일본이 패망하자 자치위원회를 구성해 탄광을 운영했다. 자치위원회가 노동자와 지역 주민에게 절대적 지지를 받으면서 일제 강점기보다 생산량도 늘어났다. 일제 강점기에 2500명이 한 달 동안 7만 8000톤을 생산한 데 견줘 해방 뒤에는 1300명이 9만 1000톤을 생산했다.

미군정이 한 여론 조사에 따르면 전체 한국인의 80퍼센트가 사회주의와 공산주의를 지지하고 13퍼센트만 자본주의를 지지했다. 미군정이 세운 목표는 달랐다. 한국인들이 모은 뜻을 힘으로 억누르고 친미 자본주의 국가를 세우려 했고, 그러려면 조직된 노동자들을 분쇄해야 했다. 1945년 11월 초 화순탄광을 점령한 미군정은 서울에서 데려온 극우 인사를 소장으로 앉혔다. 노동조합 간부에게 24시간 안에 탄광을 떠나라 통보하고, 임금 투쟁이나 파업을 벌이면 징역 5년 형을 각오하라는 위협도 했다. 그러고도 마음이 놓이지 않아 노조 간부 3명을 포함해 노동자 100명을 해고했다.

1945년 12월 6일, 미군정은 일제가 남긴 국공유 재산뿐 아니라 사유 재산까지 접수한다고 선포하고 군정 법령 33호로 자주관리운동을 불법화했다. 엎친 데 덮친 격으로 조선노동당과 조선노동조합전국평의회(전평)는 미군정을 상대로 우호적 관계를 유지하려는 '우편향'에 빠져서 '공장관리운동'이 쓸데없이 마찰을 불러일으킨다며 투쟁을 자제시켰고, 어느 조선공산당 중앙 간부는 자주관리운동이 귀찮으니 자본가한테 넘기면 어떠냐고 떠보기도 했다.

노동자들은 저항했다. 1946년 2월에 전종업원 대회를 열어 '소장 독재 배격', '최저 생활임금 확보', '해직자 복직' 등을 내걸고 투쟁해 상당한 결과를 얻어냈다. 생존자는 그때 상황을 이렇게 전했다. "자치위원회나 노동조합 사람들 중에도 똑똑한 사람이 오지게 많은디 왜 해필이면 생판 모른 외지 사람을 소장이랍시고 앉히는지 미군 속판을 모르겠습디다"(오연호, 〈미군의 화순 탄광노동자 학살〉, 월간 《말》 1989년 1월호).

투쟁은 끝나지 않았다. 8월 15일에는 노동자 1000여 명이 광주에서 열린 '해방 1주년 기념식'에 참가해 미군정의 실패한 정책 때문에 벌어진 식량난에 항의했다. 이날 '더 많은 쌀 배급'과 '완전 독립'을 요구하다가 너릿재에서 미군이 쏜 총에 맞아 여럿이 죽고 다쳤다. 미군정이 이른바 정판사 사건 등을 핑계로 조선공산당을 탄압하기 시작하자 전평은 한 달 뒤인 9월에 전국적인 총파업에 들어갔고, 친일 경찰을 향한 불만이 깊어지고 식량난까지 심해지면서 대구 10월 항쟁이 시작됐다. 대구에서 시작된 저항은 10월부터 11월까지 '추수 봉기'라 부르는 전국적 항쟁으로 이어졌고, 화순탄광 노동자들도 파업에 들어갔다. 브루스 커밍스가 《한국전쟁의 기원》에서 자세히 쓴 11월 4일의 기습 검거 작전을 통해 파업 주모자들을 검거하고 증원 부대까지 동원해 화순탄광을 점령한 미군정은 우익 인사들로 관제 노조를 구성해 작업장을 장악했다. 많은 노동자가 검거를 피해 산으로 들어가 빨치산이 됐다.

자주 관리 선구자에서 산업 민주주의 후진국으로

해방 정국에서 펼쳐진 노동자 자주관리운동은 미군정이 지닌 물리력에 더해 조선공산당과 전평이 잘못 쓴 정책 때문에 1946년 말 완전히 좌초하고 말았다(보수 진영은 미군정 덕분에 북한과 소련이 간 길을 피할 수 있었으니 미국에 고마워해야 한다고 할지 모르겠다. 이런 주장이 지닌 문제점은 이 책 81장 참조). 미군정이 내세운 경영자는 대부분 이승만 정권이 들어선 뒤 귀속 재산 불하를 거쳐 기업을 헐값에 사들였다. 피땀 흘려 일한 노동자를 제치고 미군정과 이승만 정권에 가까운 사람들이 기업을 차지한 셈이었다. 재벌은 이렇게 탄생했다. 그리고 경제적 경쟁이 아니라 권력에 유착해 부를 축적하기 시작했다.

스웨덴, 덴마크, 핀란드, 네덜란드, 독일, 프랑스, 오스트리아, 슬로바키아, 크로아티아, 슬로베니아. 이 나라들은 산업 민주주의 선진국으로, 국영 기업뿐 아니라 민간 기업에도 노동자 대표가 이사회에 폭넓게 참여한다. 포르투갈, 스페인, 아일랜드, 폴란드, 체코, 그리스에서는 국영 기업과 몇몇 민간 기업을 경영하는 데 노동자 대표가 부분적으로 참여한다. 강경 좌파들은 노동자 경영 참여가 자본에 포섭되는 길이라며 비판적으로 평가하기도 하지만, 이런 형태의 산업 민주주의가 노동자의 주인 의식을 제고해 생산성을 높인다는 데는 의문의 여지가 없다.

자주관리운동의 선구자인 우리는 지금 산업 민주주의의 후진국이다. 김대중 대통령과 노무현 대통령은 노동자 경영 참여를 대선 공약으로 내걸지만 당선 뒤에는 오리발을 내밀었다. 1997년 경제 위기는 산업 민주주의를 앞당길 중요한 계기였다. 재벌의 전근대적 족벌 경영을 벗어나 현대적 지배 구조를 갖추는 방법은 두 가지다. 하나는 노동자 경영 참여를 수단으로 삼는 민중적 해법이고, 다른 하나는 미국식 주주 자본주의를 따라 소액 주주의 권한을 강화하는 방식이다. 김대중 정부, 나아가 이른바 진보적 시민단체라는 참여연대가 재산권으로 재산권 남용을 견제하는 주주 자본주의 방식을 택했다.

걸음마도 못 뗀 산업 민주주의

문재인 대통령도 대선 과정에서 노동자 경영 참여와 노동이사제를 도입하기로 약속했지만 주목할 만한 성과를 내지 못했다. 한국에서 '경영'은 자본의 고유 권한이고, 경영권을 둘러싼 파업은 불법이다. 노동자 자주 관리와 의사 결정 참여권을 위해 화순탄광 노동자를 비롯해 숱한 노동자가 목숨 걸고 투쟁했지만, 한국의 산업 민주주의는 간신히 군대식 '병영 공장제'를 벗어난 정도일 뿐 아직 걸음마도 못 뗐다.

사북탄광 등은 경쟁력을 이유로 문을 닫았지만 화순탄광은 아직 건재하다. 화순읍에서 동쪽으로 10여 분 달리면 대한석탄공사 화순광업소로 이름을 바꾼 화순탄광이 나타난다. 화순탄광 바로 앞에는 일하다가 목숨을 잃은 광부들을 기리는 광산 종사자 추모비가 서 있다. 추모비 앞에서 노동자 자주 관리를 외치며 싸우다 목숨을 잃은 화순탄광 노동자들에게 묵념을 했다. 화순탄광을 떠나 투쟁의 또 다른 현장인 너릿재를

화순탄광은 대한석탄공사 화순광업소로 바뀌어 아직도 영업 중이다.

넘어 광주에 도착할 때까지 부끄러움이 가시지 않았다.

화순탄광 근처에 세운 광산 종사자 추모비.

덧글

뮤지컬 〈화순 1946〉

"산에 산에 하얗게 눈이 내리면/ 들판에 붉게 붉게 꽃이 핀다네/ 님 마중 나갔던 계집아이가/ 타다 타다 붉은 꽃 되었다더라." 4·3을 노래한 〈애기동백꽃의 노래〉가 2016년 9월 8일 광화문광장에 울려 퍼졌다. 배우 100명이 노 개런티로 참여한 대규모 스탠딩 뮤지컬로, 화순탄광 투쟁을 그린 〈화순 1946〉이 야외 공연을 했다. 류성 씨가 연출한 이 작품은 해방 70주년을 맞아 2015년 대학로에서 처음 공연했는데, '한국의 〈레미제라블〉'이라는 소문이 나면서 입석까지 포함해 120퍼센트 매진이라는 진기록도 세웠다. 2016년에는 민주노총 광주본부가 초청해 노동자 3000명이 단체 관람하기도 했다. 2018년에는 '4·3 이전의 4·3을 보다'는 타이틀로 제주도에서 4·3 70주년 기념 공연을 가졌다.

찾을 곳

너릿재터널 전라남도 화순군 화순읍 이십곡리. **대한석탄공사 화순광업소** 전라남도 화순군 동면 충의로 1064. **광산 종사자 추모비** 내비게이션에 나오지 않는다. 화순광업소 정문 건너편 공원 안.

항쟁과 반란 사이,
'아, 여순이여!'

여수와 순천, 그리고 제주. 모두 한반도 남쪽에 자리한 대표적 관광지다. 남해를 사이에 두고 마주보고 있는 이곳들은 한국 현대사에서 아주 밀접히 연관돼 있다. 1948년 단독 정부 수립을 앞뒤로 벌어진 제주 4·3과 '여순 학살'은 떼려야 뗄 수 없기 때문이다.

1949년 10월 19일 밤, 제주도로 출동하려 대기하던 여수 제14연대 병사들은 갑작스런 비상 나팔 소리를 듣고 연병장으로 달려 나왔다. 연단에 선 지창수 상사가 기염을 토했다.

"애국 병사 여러분! 우리가 총부리를 같은 형제인 제주도민에게 겨눠서야 되겠습니까? 우리는 동족상잔과 제주도 출병을 결사반대해야 합니다."

"옳소!"

사방에서 찬동하는 소리가 들려왔다. '여순 사건'이 시작됐다.

4·3에서 비롯된 여순의 비극

여순 사건은 4·3항쟁에서 비롯됐다(이 책 2장 참조). 1948년 4월 3일 제주, 이승만 정부가 단독 정부를 수립하려는 단독 선거를 강행하려 하자 좌익이 들고일어났다. 이승만 정부는 14연대에 제주도로 출동하

라고 지시했다. 지창수 상사 등 14연대에 침투한 남로당 당원들은 학살 작전을 거부하고 무장 봉기에 나섰다. 반란군은 봉기에 가담하지 않으려는 지휘관들을 사살하고 시내로 나갔다. 지역 남로당 세력하고 힘을 합쳐 여수를 장악한 뒤 봉기를 일으킨 이유를 알렸다. 몇몇 좌익 청년은 친일파, 민족 반역자, 경찰관을 소탕한다며 인민재판을 열어 경찰, 부자, 목사와 기독교도 등 우익을 처단했다.

무장 봉기 소식을 접한 빨치산 사령관 이현상은 주력 부대에 입산을 지시했고, 순천까지 '해방'시킨 주력 부대는 지리산으로 들어갔다. 이 봉기 때 여수에서는 150여 명이 학살되고, 순천에서는 경찰서 앞마당에서 처형된 경찰관 70명 등 900여 명이 목숨을 잃었다. 이렇게 해서 빨치산의 원조인 '구빨치'의 주력군이 탄생했다(한국전쟁 때 북으로 돌아가지 못하고 지리산으로 들어간 세력은 '신빨치'라고 부른다). 이 봉기와 처형은 남로당 중앙하고는 무관한 돌출 행동이었다. 이현상은 '당적 오류이자 죄악'이라 비판했고, 그 뒤 교전 상황이 아닌 이상 포로로 잡은 군인이나 경찰을 절대 죽이지 못하게 했다.

무장 봉기 소식을 접한 이승만은 여순 지역에 비상계엄을 선포하고 대규모 진압군을 파견했다. '진짜 비극'이 시작됐다. 진압군, 그리고 살아남은 경찰과 서북청년단 같은 우익들이 시민을 모아놓고 부역자를 색출한다며 무차별 학살하는 등 잔인한 피의 복수를 펼쳤다.

스스로 '백두산 호랑이'라는 별명을 좋아하지만 군사 작전에 무능

여수 주민들을 초등학교에 모아놓고 부역자를 가려내는 국군.
오른쪽에 선 78명은 며칠 뒤 처형됐다(의신마을 지리산역사관 전시 자료).

하면서 양민 학살에는 잔인하기 이를 데 없어 '학살에는 귀신, 작전에는 등신'이라 불린 살인마 김종원 대위가 악명이 높았다(이 책 18장과 19장 참조). 일본군으로 동남아에서 싸운 경험이 있는 김종원은 진압군을 데리고 여수에 상륙하려다가 작전이 잘못돼 실패했으며, 2차 공격 때도 엉뚱한 곳을 포격해 부하를 여럿 죽이고 대화재까지 냈다. 자기가 무능한 탓인데도 연이은 실패에 화난 김종원은 초등학교에 젊은이들을 모아놓고 일본도로 마구 목을 베는 등 광란의 복수극을 벌였다. 민간인 학살자 수에 관련해 한 자료에 따르면 반란군이 500명을 학살하고 진압군이 6000명을 학살했다. 정확한 수치는 알 수 없지만 진압군이 반란군보다 훨씬 많은 민간인을 학살한 사실은 확실하다. 게다가 주민들은 군에서 일어난 '봉기'인데도 마치 자기들이 일으킨 '반란'인 양 수십 년을 빨갱이 누명을 쓴 채 살았다.

역사의 물줄기를 비틀어버린 여순의 유산

2009년에 진압군이 협력자를 색출한다는 핑계로 즉결 처분을 남용해 사실상 양민을 학살한 사실을 인정한 진실화해위는 정부에 공식 사과와 유족 명예 회복, 위령 사업 지원을 권고했고, 몇몇 피해자는 이 결과를 근거로 소송을 제기해 배상을 받았다. 그렇지만 추정하던 희생자 수에 견줘 턱없이 부족해서 유족과 관련 단체들은 2기 진실화해

여수 형제묘 근처에 세운 여순 사건 희생자 위령비.
그림 옆에 쓴 '아, 여순이여!'라는 글이 가슴을 친다.

위 조사에 희망을 걸고 있다. 또한 진상 규명과 명예 회복을 거쳐 국가 추념일로 제정된 4·3처럼 특별법을 제정하라고 요구하는 중이다.

여순 사건은 중요한 유산을 남겼다. 첫째, 국가보안법과 극단적 반공주의다. 여순 사건을 계기로 이승만 정부는 반공 체제를 강화하고 비상 계엄 상태의 비상조치로 국가보안법을 제정했고, 이 법은 70년 넘게 지난 지금도 우리를 옥죄고 있다. 둘째, 박정희다. 관동군 장교로 복무하다가 해방 뒤 귀국해 국군에 입대한 박정희는 구미 지역 남로당 핵심 간부로 일하던 형 박상희가 1946년 대구 10월 항쟁을 주도하다 사살되자 남로당에 가담하는데, 여수 제14연대 '반란'이 터지자 군에 침투한 좌

익을 색출하는 과정에서 적발돼 사형을 당하게 됐다. 위기를 벗어나려 군에 침투한 남로당 당원 명단을 속속들이 자백한 박정희는 같은 일본군 출신인 백선엽 등이 구명 운동을 해준 덕분에 목숨을 구했다. 군복을 벗고 민간인 신분으로 군에 근무하다가 한국전쟁 때 복귀해 10년 뒤에 5·16 쿠데타를 일으켰다. 여순 사건 덕분에 박정희가 좌익에서 전향했고, 한국 현대사도 달라졌다.

비극의 현장에서 묻는 '항쟁'과 '반란'

여수엑스포를 지나 북쪽으로 가면 마래터널이 나온다. 1차선이라 한 쪽 방향 차가 지나갈 때 다른 쪽 방향 차는 대기해야 하는 이 터널을 지나면 오른쪽으로 푸른 바다가 나를 따라 달려온다. 여수 바다를 제 대로 즐기기도 전에 바로 왼쪽에 '형제묘'라는 표지판이 보인다. 계단 을 조금 올라가면 작은 무덤이 나오는데, 무려 형제 125명이 잠든 곳 이다. 김종원 부대는 초등학교에서 부역자로 분류해 구금하고 있던 125명을 이곳 옆 계곡에 끌고와 집단 학살했다. 시신을 찾을 수 없게 된 유족들은 죽어서 형제같이 지내라며 형제묘라는 이름을 붙였다.

여수 중앙초등학교 정문 앞에 세워놓은 여순 사건 표지판에는 이 곳 운동장에서 김종원이 저지른 만행이 자세히 기록돼 있다. 날마다 이 표지판을 보는 아이들은 무슨 생각을 할까? 여수 신항에는 김종원 이 진압군을 이끌고 상륙하려다 실패한 이야기를, 왼쪽으로 구부러져 인구부라고 부르는 언덕에는 송호상 진압군 총사령관이 총을 맞고 차에서 떨어지는 등 치열한 전투가 벌어진 사연을 설명해놓았다.

지리산으로 들어가는 반란군이 지나간 순천에도 곳곳에 비극의 흔

김종원 부대에 학살된 125명을 함께 묻은 뒤
형제처럼 잘 지내라며 '형제묘'라는 이름을 붙였다.

'살인마' 김종원 대위가 여수 주민들을 모아놓고
광란의 복수극을 벌인 중앙초등학교 앞에 설치된 안내판.

진압군이 주둔한 순천대학교.
민간인 학살지에 팻말을 세웠다.

순천 팔마실내체육관 뒤편에 있는 '여순항쟁탑.'
명칭 논란에 관련해 '항쟁'이라는 표현이 눈길을 끈다.

적이 남아 있다. 반란군이 기차를 타고 온 순천역은 이제 케이티엑스가 지나간다. 반란군과 진압군이 격렬한 전투를 벌인 순천교를 무심히 건너는 어느 할머니는 옛일을 알까 궁금했다. 여수처럼 순천도 넓은 운동장을 갖춘 초등학교가 학살 현장이었다. 사람을 모아놓고 부역자를 심사한 북초등학교는 아이들의 밝은 웃음이 가득했다. 여기에서 멀지 않은 순천대학교는 진압군이 주둔하며 많은 사람을 고문하고 취조한 곳으로, 대학본부 뒤편 '부역 의심자 학살지'에 안내판이 서 있다. 순천대학교는 여순연구소도 운영하는데, 기초과학관 1층에 자리한 연구소 앞에는 여순 사건 관련 사진들이 보인다. 여수하고 다르게 순천 팔마실내체육관 뒤편에 가면 2006년에 세운 학살 희생자 추모 위령탑이 있다. 탑 왼쪽에는 사건 개요를 새긴 표지석이, 오른쪽에는 명예 회복을 향한 역사적 과정과 과제를 새긴 표지석이 있었다.

이 탑이 눈길을 끄는 이유는 '여순항쟁탑'이라는 명칭 때문이다. '여순 항쟁'이라는 표현을 써야 한다는 쪽은 5·18 때 시민들에게 총을 쏘라는 지시에 항명하고 봉기한 일선 부대가 있다면 반란이 아니라 '정당한 항쟁'이듯 제주 양민에게 총을 겨누라는 부당한 명령을 거부한 여순 사건도 항쟁이라고 주장한다. 다른 한편 '여순 반란'은 말이 안 되기는 하지만 '시민'이 아니라 '주둔군'이 벌인 일인데다가 진압군에 견줘 적기는 해도 기독교인 등 무고한 민간인을 학살한 만큼 '여순 사건'으로 불러야 한다는 주장도 있다(이 책 19장 참조). 여순은 항쟁일까, 아니면 사건일까? 2020년 10월 24일, 사건 72년 만에 민-관-군-경 피해자 유가족들이 모두 한자리에 모여 합동 추모식을 열었다.

찾을 곳

형제묘 전라남도 여수시 만흥동 149-1. **중앙초등학교** 전라남도 여수시 하멜로 35. **여수신항** 전라남도 여수시 수정동. **순천역** 전라남도 순천시 팔마로 135. **여순항쟁탑** 팔마실내체육관(전라남도 순천시 팔마로333) 뒤. **순천대학교** 전라남도 순천시 중앙로 255. **순천북초등학교** 전라남도 순천시 북정2길 20. **순천교** 전라남도 순천시 조곡동.

'다름 알기'와
공존의 가르침

뱀사골 지리산충혼탑을 지나면 커다란 바위들이 겹쳐 천혜의 아지트를 만든 덕분에 빨치산이 인쇄소로 쓴 석실이 나타난다. 다시 한참 올라가면 말 그대로 구름이 누운 해발 800미터에서 와운^{臥雲}마을을 만난다. 이곳은 한국전쟁 동안 빨치산 세상이었다. 마을 수호신이자 지리산의 산 증인인 천년송 앞에서 사방으로 펼쳐진 지리산을 바라봤다.

쫓겨난 자들의 땅

3개 도, 5개 시와 군. 지리산은 전라북도, 전라남도, 경상남도, 남원시, 구례군, 함양군, 산청군, 하동군에 자리잡은 거대한 산이다. 해발 1000미터가 넘는 봉우리만 40개가 넘고 뱀사골, 피아골, 빗점골, 문수골 등 골짜기가 많아 '지리산 아흔아홉골'이라 불렀다. 등산 애호가라면 누구나 종주를 꿈꾸는 산이지만, 그 크기와 깊이 때문에 법을 피하는 사람들이 숨기 쉬워 '쫓겨난 자들의 땅'이 됐다. 동학혁명에 참여한 농민부터 일제 강점기 때 의병도 이곳으로 숨어들었다.

　지리산이 본격적으로 쫓겨난 자들의 땅이 된 때는 1946년 대구 항쟁, 나아가 1948년 10월 여순 사건 이후다. 대구 항쟁에 참여한 야산대가 지리산으로 들어왔고, 여순 사건 때 반란군이 진압군을 피해 지

커다란 바위가 겹친 천하의 은신처라 빨치산 인쇄소로 쓰인 석실.

리산으로 올라왔다. 1953년에 휴전이 선포되고 빨치산이 대부분 소멸할 때까지 '지리산'은 '빨치산'에 등치됐고, 해방 공간에서 한반도의 여러 모순이 응집된 현장이 됐다. '가장 넓은 해방구'였고, '대한민국 속의 또다른 공화국'이었다. 평등한 세상을 쟁취하려 얼어 죽고 맞아 죽고 굶어 죽을 각오로 올라와 처참히 짓밟힌 농민과 노동자와 지식인의 꿈을 대변하는 땅이었다.

지리산은 드넓은 산세도 산세이지만 소백산맥 끝자락에 자리해 사방으로 연결된 장점이 컸다. 남쪽으로 광양 백운산, 서쪽으로 순창 회문산, 동쪽으로 황매산을 거쳐 합천 가야산, 북으로 무주 덕유산을 지나 추풍령, 속리산, 문경새재를 넘어 월악산에 이르러 다시 소백산을 끼고 태백산맥에 다다라 북한까지 연결된다. 지리산 빨치산이라 부르지만, 빨치산은 지리산을 넘어 넓은 지역에 퍼져 있었다. 남로당 전북도당이 자리잡고 빨치산 투쟁을 지휘한 회문산은 자연 휴양림으로 바뀌었고, 빨치산 벙커도 역사기념관이 됐다.

빨치산 투쟁의 중심에는 남부군 사령관 이현상이 있었다. 1905년 충청남도 금산군 외부리 가마실에서 400석 부농의 아들로 태어난 이현상은 중앙고등보통학교에 다니던 1926년 6·10 만세 운동을 주도해 감옥을 다녀온 뒤 공산주의 운동에 뛰어들었다. 1930년대에는 경성트로이카의 한 명으로 노동운동을 주도했고, 일제 말기에는 공산당 재건하려는 경성콤 그룹을 주도하다가 여러 번 투옥돼 살인적인 고문을 당하고도 변절하지 않고 끝까지 투쟁했다. 해방 뒤 조선공산당과 남로당을 건설하는 과정에서 중요한 구실을 했고, 악명 높은 친일 경찰 노덕술에게 잡혀 심한 고문을 당했다. 1948년 남북 연석회의에 참석하러 월북한 이현상은 김일성을 비판하다가 40대인데도 강동정치학원으로 쫓겨 가 유격전 훈련을 받았다. 그러고는 지리산으로 내려와 여순 사건 뒤 입산자를 중심으로 빨치산 투쟁을 벌였다. 여순 사건 때 민간인은 물론 군경도 교전 상황이 아니면 처형하지 못하게 해서 유명세도 탔다.

여순 사건을 계기로 지리산에 들어온 구빨치는 1949년 동계 토벌 작전 때 추위에 시달리고 보급이 끊기면서 세력이 크게 줄었다. 한국전쟁이 터지면서 북한군이 남한을 대부분 장악하지만 인천 상륙 작전으로 전세가 역전되자 퇴로가 끊긴 1만 5000여 명이 지리산에 들어와 신빨치가 됐다. 최대 2만 명까지 늘어난 빨치산은 지리산 지역을 대부분 장악하고 해방구를 만들었다.

"한국 현대사에서 가장 고독한 사람"

"우리 젊은이들이 체 게바라는 알면서 이현상은 모른다." 소설가 김성동은 이렇게 개탄했다. 나는 쿠바 혁명의 본부인 시에라 마에스트라 게릴라 사령부를 답사했고, 중국 혁명 때 마오쩌둥이 걸은 대장정 루트도 다녀왔다. 피델 카스트로와 체 게바라는 정글 속 오지에 게릴라 본부를 차린 탓에 변변한 전투도 안 했고, 마오쩌둥 또한 오지를 다니느라 국민군을 몇 번 못 만났다. 이현상은 1948년 말부터 1953년까

토벌대에 잡힌 빨치산들(뱀사골 지리산역사관 전시 자료).

지 거의 5년 동안 빨치산 투쟁을 이끌었다. 지리산에서는 5년 동안 1만 717회 교전이 벌어져 군경 6333명과 1만 1000명이 넘는 빨치산이 목숨을 잃었다.

지리산 빨치산에 견주면 쿠바 혁명군은 '야영 캠프'이고 중국 대장정은 '피크닉 여행'일 뿐이라는 느낌이 든다. 베트남의 호치민 루트가 그나마 비슷하지만, 베트콩은 지리산처럼 고립된 지역이 아니라 정글로 이어진 국경을 넘나들었다. 남부군 종군 기자 출신 이태가 《남부군》에서 지적한 대로, 지리산은 1만 번 넘게 전투가 벌어지고 2만여 명이 목숨을 잃은 '세계 유격전 사상 유례가 드문 엄청난 사건'이었다.

빨치산 투쟁을 하려면 세 가지가 필요하다. 활동할 수 있는 '지리적 공간', 먹고살 수 있는 '보급 지원', 민중의 지지다. 그렇게 보면 한반도는, 지리산은 애당초 빨치산 투쟁을 할 수 없는 곳이다. 쿠바나 베트남처럼 숨을 만한 정글도 없고, 반도에 갇혀 있어 베트남처럼 이웃 나라로 도망갈 수도 없고, 중국처럼 땅덩이가 크지도 않다. 게다가 베트남이나 쿠바에 없는 혹독한 추위와 허기를 견뎌야 한다. 1970년대 박정희 정권이 유신을 정당화하려고 조작한 인혁당 재건위 사건 때문에 사형된 이수병은 평소 정글에서 벌이는 게릴라전이 아니라 도시 속에서 지지자를 끌어모아야 한다면서 이렇게 말했다. "베트남과 쿠바엔 자연의 정글이 있지만, 우리에게는 그런 것이 없었다. 그러면 우리는 무엇을 해야 하는가. 인의 정글을 만들어야 한다"(이수병선생기념사업회 편,《암장 — 인혁당 사형수 이수병 평전》, 지리산, 1992, 72쪽).

게릴라전이 불가능한 조건에서 5년을 버틴 '기적'은 초인적 의지가 가져온 결과다. 빨치산이 되면 먼저 '3금'을 배우고, '3대 각오'를 다짐했다. 위치를 노출시킬 수 있는 능선과 연기와 소리를 금하고, 굶어 죽을 각오와 총 맞아 죽을 각오와 얼어 죽을 각오를 하라는 말이었다.

와운마을에서 지리산을 한 바퀴 돌아 동남쪽으로 달리면 하동군 화개면 의신마을이라는 또 다른 오지가 나타난다. 한 시간 정도 산을 더 오르면 빗점골이 나온다. 휴전 뒤인 1953년 9월 17일 이현상이 사살된 계곡이다. 의신마을에 도착하자 이현상이 흘리는 눈물인가 싶게 양동이로 퍼붓는 듯한 폭우가 내렸다. 김일성이 박헌영을 비롯한 남로당 세력을 숙청하면서 모든 권한을 빼앗기고 하산하다가 사살됐으니, 지리산을 떠도는 이현상의 넋이 품은 한은 오죽했겠는가? **143**

지리산 뱀사골 초입에 세운 빨치산 토벌 충혼탑과 동상.

이현상. 왼쪽부터 1925년 6·10 만세 사건 때 사진, 1953년 지리산에서 사살된 사진(의신마을 지리산역사관), 북한 혁명박물관 전시 사진.

지리산에 바람과 구름이 일고 智異風雲當鴻動

칼을 품고 남쪽으로 천리를 달려왔네 伏劒千里南走越

한순간도 조국을 생각하지 않은 적이 없고 一念何時非祖國

가슴엔 굳은 각오 마음에는 뜨거운 피 흐르네 胸有萬甲心有血

사살된 이현상의 군복 주머니에서 발견된 한시다. 북한은 잔존 빨치산 문제를 휴전 협정에서 배제했고, 탄약 등 보급품을 보내달라는 요청도 거절했다. 북한은 남로당 세력이자 김일성에 매우 비판적인 이현상을 사실상 '적'으로 여겨 남한 정부가 빨리 토벌해주기를 바랐다. 이태 등은 북한에서 보낸 자객이 이현상을 처형했다는 주장도 했다. 방부 처리 해 서울로 온 시신은 동향 친구 유진산 등이 신분을 확인한 뒤 창경원에 일주일 동안 전시되는 수모를 겪었다. 이태는 이현상이 '한국 현대사에서 가장 고독한 사람'이며 '지구상의 모든 것으로부터 버림받은 채 이루지 못할 집념속에 죽어갔고 그 주검조차도 모든 것으로부터 버림받은 비극적인 인물'이라고 했다. 맞는 말이다.

조국을 위해 흘린 피는 붉은 잎 되어

거센 빗줄기 때문에 답사를 포기하고 장마가 그친 뒤 다시 찾아갔다. 골짜기를 따라 바위들이 이어지는 빗점골에는 이현상 아지트와 사살 현장을 알리는 표지판이 있었지만, 박근혜 정부 때 철거했다. 그러자 누군가 철거할 수 없게 큰 바위에 '이현상 바위'라는 글자를 새기고 그 앞에 작은 돌탑을 쌓았다. 지리산에서 죽어간 빨치산과 토벌대, 그 사이에 끼여 쓰러진 민초들을 추모하며 묵념했다. 임진왜란 때 왜군이, 한말 의병 운동 때 일제가, 한국전쟁 때 토벌대가 불태운 피아골 연곡사에 지리산에서 숨진 모든 이들을 위로하려 세운 '순국위령비'의 한 구절이 가슴 아프게 다가왔다. '조국을 위해 흘렸던 그 많은 피들은 붉은 잎들이 되었는가? 피아골의 단풍은 해마다 붉기만 하다.'

 '지리智異'는 슬기 지에 다를 이, '다름의 지혜'라는 뜻이다. '차이'를

피아골 연곡사 순국위령비과 이현상 바위.

강조하는 포스트모더니즘을 품은 기막힌 이름이다. 지리산이 품은 뜻처럼 빨치산과 토벌대가 저 세상에서 다름의 지혜를 발휘해 상대방을 인정하고 평화롭게 공존하기를 빌었다. 지리산은, 빨치산과 토벌대를 아우르는 죽음의 역사는, 우리에게 서로 다름을 받아들이고 평화롭게 공존하라 가르친다.

덧글

이현상과 박헌영

북한은 이현상이 세상을 떠난 뒤 명예를 회복시켰다. 박헌영(이 책 2권 53장 참조)하고 다르게 대접한 셈이다. 이승만에게 사살됐고, 김일성에게 정치적 위협이 되지 않은 덕분이었다. 1954년 제1호 열사증을 수여했고, 애국열사릉에 가묘를 만들어 제1호로 묻었다. 한국전쟁 중 북한에 넘어간 부인과 자녀들도 혁명 유가족으로 잘 대접받았다.

찾을 곳

지리산전적기념비와 역사관 전라북도 남원시 산내면 부운리. **와운생태마을** 전라북도 남원시 산내면 부운리 355. 석실은 올라가는 등산길 왼쪽. **지리산역사관** 경상남도 하동군 화개면 화개로 1438. **빗점골** 화개면 대성리 삼정마을에서 지리산으로 2킬로미터 정도 올라가다가 왼쪽 계곡에 돌탑 있는 곳. **연곡사** 전라남도 구례군 토지면 피아골로 774. **벽송사** 경상남도 함양군 마천면 광점길 27-177.(빨치산 야전 병원)

토벌대의 두 얼굴,
차일혁과 김종원

지리산에 절이 많지만, 지리산을 대표하는 절은 화엄사다. 폭우를 뚫고 지리산 남쪽으로 들어서자 《화엄경》의 원력인 듯 날씨가 맑아졌다. 일주문을 지나자 천년 고찰에 어울리지 않는 추모비가 나를 맞았다. '차일혁경무관 추모비'다.

화엄사를 지켜낸 토벌대장

차일혁이 누구인데 화엄사 경내에 추모비를 세운 걸까? 차일혁은 지리산 빨치산 토벌대장이었다. 빨치산이 절을 은신처로 사용하니 불태우라는 명령을 받은 차일혁은 부하들에게 문짝만 떼어 태우라고 지시했다. 부하들에게는 이렇게 말했다.

"절을 태우는 데는 반나절이면 충분하지만, 절을 세우는 데는 천년 이상의 세월도 부족하다. 문을 다 없애면, 빨치산들이 숨지 못한다."

그렇게 해서 천년 고찰 화엄사는 살아남을 수 있었다. 이 일화는 드라마 〈여명의 눈동자〉에서 박상원이 연기한 장하림 덕분에 널리 알려졌고, 그런 공적을 기려 얼마 전 추모비를 세웠다.

차일혁을 처음 만난 곳은 뱀사골 지리산역사관이었다. 뱀사골 탐방안내소에는 빨치산을 토벌하다가 목숨을 잃은 희생자 7283명을 기리는 충혼탑과 역사관이 있었다. 역사관은 반공주의로 떡칠하지 않고 인간적인 분위기가 물씬 났다. 전시 자료 중에 짧은 글이 눈에 띄었다.

5천년 이어져온 우리 민족사라는 거시적인 안목에서 볼 때, 지리산 빨 치산과 토벌대의 대결은 극히 짧막한 순간에 불과한 것이다. 이 짧은 시간에 부상한 두 개의 조국! 그 조국을 위해 이 땅에 뜨거운 피를 흘 렸던 이 땅의 젊은이들! 그들에게 있어 조국은 둘인가? 하나인가? 시간 이 흐르고 흐르면 빨치산을 토벌하던 토벌대, 토벌대에 희생된 빨치산 도 같은 역사의 피해자라는 것이 밝혀지지 않을까? 새벽부터 들판에서 일하고 있는 농부들에게 물어보라! 공산주의가 무엇이고 민주주의가 무엇이냐고. 과연 몇 사람이 이를 알겠는가? 지리산에서 사라진 수많은 군경과 빨치산에게 물어보라! 너희들은 왜 죽었느냐고? 민주주의를 위 해서, 혹은 공산주의를 위해서 죽었다고 자신 있게 답할 자 몇이나 있 겠는가?

화엄사 경내에 자리한 차일혁경무관 추모비.

'토벌대 전투 경찰 제18대대장 차일혁'이 쓴 글이었다. 빨치산 토벌대장이 이런 글을 쓰다니, 온몸에 전율을 느꼈다.

차일혁은 백선엽과 박정희하고 다르게 항일 독립군 출신이었다. 고등학교 때 한국인 교사를 연행하는 일본인 형사를 폭행한 뒤 상하이로 망명해 중앙군관학교에 입학했다. 졸업하고는 조선의용대에 들어가 항일 유격전을 벌였다. 아들 차길진에 따르면, 차일혁은 의열단에 속한 아나키스트 그룹하고 가까워 일제 요인 암살 계획에 참여했다. 해방 뒤에는 미군정이 일제 강점기 시절 관리들을 중용하자 어렵게 권총을 구해 일본인 형사 등을 처단하는 바람에 수배됐다. 대동청년단 등 우익 단체에서 활동하다가 한국전쟁이 나자 전투 경찰 대대장으로 특별 임명돼 지리산 토벌대장으로 활약했다. 아나키스트가 우익 단체에서 활동하고 토벌대장이 된 이유가 궁금했다. 수배를 피할 방편이었을까? 사상이 아예 바뀐 걸까? 아나키스트로서 북한 같은 '공산 독재'에 견줘 남한을 '차악'이라 판단해 반공 전선에 나섰을까?

토벌대장 시절 차일혁은 빨치산을 잡으면 죽이지 않고 인간적으로 대접해 전향시켰다. 이런 전술 덕분에 남부군 대장 이현상을 사살하는 공을 세웠는데, 그때도 시신을 화장한 뒤 스님을 불러 독경을 하고 하늘을 향해 권총 세 방을 쏘면서 섬진강에 재를 뿌리는 예의를 갖췄다. 다른 지휘관들이 뭐라고 하자 한마디 쏘아줬다.

"죽은 뒤에도 빨치산이고 좌익이란 말입니까? 나 역시 많은 공비를 죽였지만 그 사람들도 같은 민족 아닙니까? 당신은 죽어서까지 공비 토벌 다니겠소?"

차일혁은 빨치산 토벌이 끝나면 깊은 산속 절에 들어가 이념 대결 속에 짓밟힌 무주고혼無主孤魂의 명복을 빌고 피비린내를 씻고 싶어했다.

화엄사 경내에 선 차일혁
(차일혁기념사업회 제공).

내장산 공원에 자리한 차일혁 동상.
이제 경찰 영웅으로 재평가된다.

150　　민간인 대량 학살한 살인자 토벌대장

차일혁은 극단적 '예외'다. 가장 대조되는 사람이 김종원이다. 일본군
에 자원입대해 하사관이 된 김종원은 남태평양에서 미군을 상대로 싸
웠는데, 나중에 이때 인육을 먹으며 버틴 일을 자랑했다. 해방 뒤 국방
경비대에 들어가는데 품행과 성적이 불량해 퇴교될 위기를 넘기고 간
신히 졸업했다. 여순 사건 때는 무리한 상륙 작전을 벌여 많은 부하를
잃었다. 여수를 탈환한 뒤에는 화풀이 삼아 민간인을 초등학교에 모
아놓고 일본도로 목을 자르는 등 만행을 저질렀다(이 책 16장 참조).
빨치산을 때려잡는다는 미명 아래 대량 학살을 저지른 김종원을 유
가족들은 '살인마 김종원'이라 불렀다. 김종원은 한국전쟁이 일어나자
물 만난 고기처럼 미쳐 날뛰기 시작했다. 영덕에서 수백 명을 학살했
고, 마산 부산형무소에 갇힌 정치범 3500명을 학살하는 데도 개입했

다. 한국전쟁 때 대표적인 민간인 학살 사건인 거창(정확히 말해 산청) 학살 사건에서도 여성과 어린이가 대부분인 피난민 500명을 집단 학살했다(이 책 37장 참조).

차일혁은 혁혁한 공로를 세운 뒤에도 정치 권력에 밉보여 한직을 전전하다 젊은 나이에 세상을 떠난 반면, 김종원은 이승만의 비호를 받으며 승승장구했다. 한국전쟁이 끝나고 새로운 사회를 건설하는 과정에서 '차일혁들'은 뒤편으로 밀려나고 숱한 '김종원들'이 득세했다. 그 결과 여러 비극이 벌어졌고, 제대로 된 보수가 아니라 한심한 극우가 보수 진영의 주도권을 잡았다.

151

차일혁은 경찰서장으로 부임하면 직업 학교를 세워 불우 청소년을 돌봤다. 주민들은 칭송했지만, 안에서는 미움을 샀다. 이현상을 사살한 공으로 목숨은 구했지만, 중국 공산당에 가까운 조선의용대 출신에다가 빨치산에 온정적이라는 이유로 조사도 받았다. 공주경찰서 서장으로 있던 1958년 여름에 금강으로 가족 피서를 가 세상을 떠났다. 아들에 따르면, 조선의용대 때 익힌 민중가요 〈볼가 강의 노래〉를 부르며 물에 들어간 차일혁은 19시간이 지난 뒤 곰나루를 건너다가 가라앉은 소련제 탱크를 안은 채 시신으로 발견됐다.

1951년, 국회 '거창사건 합동 진상규명 조사단'이 조사를 오자 김종원은 부하들을 빨치산으로 위장시킨 뒤 조사단을 기습했는데, 외신이 이 사건을 크게 보도하는 통에 진상이 드러나 징역 3년을 선고받

산청함양사건추모공원에 세운 최덕신 준장(오른쪽 끝),
김종원 대령(왼쪽 끝) 등 민간인 학살 주범 4인방 조각.

았다. 소식을 들은 이승만은 특별 사면을 추진하는데, 육군 참모총장이 반대하자 김종원 등 사건 관련자들이 '이순신에 견줄 만한 애국자'라는 특별 성명까지 발표하려 했다. 결국 육군 참모총장은 김종원을 사면했다(이 책 37장 참조).

김종원은 전북, 경남, 경북 경찰국장을 거치며 별별 사고를 다 치고도 1956년에 내무부 치안국장이 됐다. 요즘으로 하면 경찰청장 자리에 오른 셈인데, 경남 경찰국장 시절 인플레가 문제 되자 '당장 인플레 그 자식 잡아오라'고 지시한 일화는 유명했다. 1956년 야당인 민주당 소속 장면 부통령이 저격당하는데 김종원이 배후였다. 범인이 '조병옥 만세'라고 소리쳐 민주당 구파와 신파 사이의 내분으로 몰아가려 했지만, 배후 관련 진술이 나오면서 김종원도 조사와 재판을 받았다. 사건은 이승만이라는 뒷배 덕에 흐지부지되지만 치안국장에서는 물러났다. 4·19 혁명 뒤 4년 형을 선고받고 복역하다가 병보석으로 출감해 1964년에 세상을 떠났다.

우리 시대의 차일혁을 찾아서

차일혁과 김종원의 이야기는 과거가 아니라 현재다. 전두환, 노태우, 정호용 등 정치 군인들이 전방 부대까지 빼내 쿠데타를 저지른 1979년 12·12 사태 때도 반기를 든 장태완, 정병주, 김오랑 같은 '참 군인'들은 도태됐다. 민주화 뒤 차일혁은 '호국 영웅'이자 '경찰 영웅'으로 재평가를 받은 반면 김종원이 저지른 악행을 고발하는 시설이 곳곳에 들어섰지만, 현실은 별로 바뀌지 않았다.

'5·18 북한군 특수 부대 개입설'을 공공연하게 떠드는 소속 의원들을 징계하지 않는 냉전적 보수 정당, '꼴보수 정당'에서 나는 김종원의 얼굴을 읽는다. 한국의 보수를 '글로벌 스탠더드'에 맞는 제대로 된 보수로 바꾸려 투쟁하는 '우리 시대의 차일혁'은 없는 걸까? 차일혁이 패배하고 김종원이 승승장구하는 한국 보수의 비극은 언제 끝날까?

덧글

학살 명령 거부한 '의인' 경찰들

"지금부터 여러분들을 모두 방면합니다. 나는 반역으로 몰려 죽을지도 모르지만 내 혼이 480명의 가슴속에서 지킬 것이니 새 사람이 되어 주십시오. 선량한 대한민국의 국민으로 말입니다." "나에게 고마워할 필요 없습니다. 대신 사회에 이바지하는 사람이 되기를 바랍니다."

앞의 인용문은 1950년 7월 안종삼 전남 구례경찰서 서장이 보도연맹원 480명을 사살하라는 명령을 어기고 석방하면서 한 말이다. 뒤의 인용문도 1950년 8월 문형순 제주 성산포경찰서 서장이 보도연맹원 221명을 사살하지 않고 풀어주면서 한 말이다.

한국전쟁으로 많은 보도연맹원이 학살됐지만(이 책 3장 참조), 양심에 따라 명령에 불복종하고 여러 사람을 구한 경찰도 있었다. '한국판 쉰들러'라 부르기도 하는데, 유대인 1100명의 목숨을 구한 기업가 오스카 쉰들러에 견줘 '의인' 경찰들은 공직자로서 훨씬 더 큰 위험을 감수했다. 이런 선행 덕분인지 인민군이 점령한 때에도 구례에는 '피의

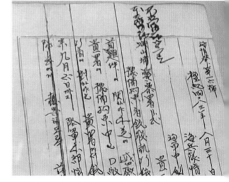

문형순 서장 예비 검속자 학살 거부 문건
(제주4·3평화기념관 전시 자료).

보복'이 없었다. 2012년 7월 24일, 안종삼 서장이 480명의 목숨을 살린 지 정확히 62년째 되는 날 구례경찰서 앞에 안 서장을 기리는 동상이 들어섰다. 제주경찰청에도 문형순 서장을 기리는 흉상이 서 있고, 제주4·3평화공원 기념관에는 문 서장이 '부당하므로 불이행'이라고 쓴 학살명령서가 전시돼 있다. 모슬포경찰서장이던 4·3 때도 좌익 100여 명을 살린 증거다. 평생 독신으로 살다가 세상을 떠난 문 서장은 제주시 평안도민 공동묘지에 묻혀 있다.

모든 의인이 해피엔딩을 맞지는 않았다. 충청북도 영동군 용화면 용화지서 이섭진 주임은 보도연맹원 40명을 풀어주고는 시설이 허술해 도망친 듯하다고 허위 보고했다(박만순, 〈총살 직전 보도연맹원 40명 목숨 구한 시골 지서 주임〉, 《오마이뉴스》 2018년 1월 22일). 사건이 알려진 뒤 이 주임은 변두리 보직만 떠돌다가 일찍 옷을 벗었다. 용화리 마을 입구에 들어서니 왼쪽에 낡은 비석이 보였다. 세월이 흘러 흐릿해진 글씨를 찬찬히 살피니 '지서주임 이섭진 영세불망비'였다. 이 주임 덕분에 목숨을 구한 가난한 농민들이 십시일반 곡식을 모아 세운 비석이었다. 충청북도 괴산군 증평면 증평지서장 안길룡은 더욱 비극적이다. 도경 보안과에 근무한 윤태훈이 한 증언에 따르면, 안 지서장은 몇몇 억울한 보도연맹원을 풀어준 뒤 헌병대에 끌려가 즉결 처분을 당해 세상을 떠났다. 증평지구대에는 안길룡을 기억하는 이가 아무도 없었다.

양심적 명령 거부의 전통을 이어받은 사람이 고 안병하 치안감이다. 1980년 광주에서 전두환 등 신군부가 학살을 자행할 때 안병하 전라남도 경찰국장은 경찰관들에게 무기 사용과 과잉 진압을 금지했다. 보안사에 끌려가 고문당하고 면직된 안 경무관은 병마에 시달리다가 세상을 떠났다. 2017년 정부는 시민 보호 정신을 높이 평가해 안 경무관을 치안감으로 특진 추서했고, 2020년에는 평전도 나왔다. **155**

찾을 곳 ▶

화엄사 전라남도 구례군 마산면 화엄사로 539. **지리산역사문화관** 전라남도 구례군 마산면 화엄사로 377-36. **뱀사골 지리산역사관** 전라북도 남원시 산내면 부운리 뱀사골 탐방안내소 2층. **차일혁 흉상** 전라북도 정읍시 쌍암동 내장산 워터파크 안. **산청함양사건추모공원** 경상남도 산청군 금서면 화계오봉로 530. **안종삼 동상** 전라남도 구례군 구례읍 봉성로 74 구례경찰서 안. **문형순 동상** 제주특별자치도 제주시 문연로 18 제주경찰청 안. **이섭진 영생불망비** 충청북도 영동군 영화면 봉화리 용화삼거리 근처.

우익이 홀린 피도
붉다

"너 빨갱이야? 하양이야?"

잠이 덜 깬 노부부는 갑자기 방문을 차고 들어와 전깃불을 얼굴에 비쳐대는 고압적인 목소리에 뭐라고 답해야 할지 몰라 당황했다. 국군인데 '빨갱이'라고 답하거나 인민군이나 빨치산인데 '하양이'라고 답하면 그 자리에서 목숨을 잃을 수도 있었다. 전깃불 뒤에 숨은 목소리의 정체를 도저히 알 수 없다는 현실이 그래서 무서웠다.

이청준이 쓴 소설 《소문의 벽》에 나오는 '전깃불 공포' 이야기다. 작가가 어린 시절 고향인 전라남도 장흥에서 겪은 좌우 교차 지배 경험에 연관된 이 트라우마는 삶과 죽음을 좌우한 선택을 상징한다. 이념이 뭔지 모르고 살던 민초들에게 전쟁이 불러온 처절한 결과를 잘 보여주기 때문이다.

직접 가본 우익 학살 현장들

'손동신, 18살'과 '손동인, 23살.' 여수공항 옆에 자리한 손양원목사순교기념관 앞에는 아버지에 앞서 순교한 두 아들을 기리는 기념비가 세워져 있다. 두 사람은 여순 사건 때 좌익 학생들이 연 인민재판에서 '친미 예수쟁이'라는 이유로 총살형을 당했다. 순천사범학교 기독교 학생회 회장으로 선교 활동을 열심히 하던 손동인이 좌익 학생들에게 납치되자 순천중학교에 다니던 손동신은 형을 찾아다녔다. 손동신은 형 대신 자기가 죽겠다며 애원했지만, 좌익 학생들은 예수를 부정하고 성경을 밟고 가면 살려주겠다고 했다.

일제 강점기에 신사 참배에 저항하다가 감옥을 다녀오고 한센병 환자를 돌보는 애향병원을 운영하던 손양원 목사는 두 아들의 죽음을 미움이 아니라 사랑으로 갚았다. 진압군이 들어와 아들 살해범을 처형하려 하자 간곡히 부탁해 살려낸 뒤 양아들로 삼았다. 곧이어 한국전쟁이 터지고 북한군이 내려왔다. 환자들을 버릴 수 없다며 버티다가 체포된 손양원은 북한군이 퇴각할 때 처형됐다.

여수에서 목포를 향해 서쪽으로 가다보면 목포 바로 못 미쳐서 왕인 박사 유적지가 나온다. 그 앞에는 한국전쟁 초기에 북한군과 좌익에 학살된 기독교인 80명을 기리는 순교비가 있다. 거기에서 다시 북쪽으로 한 시간 정도 달리면 영광 바닷가에 염산제일교회가 나온

영광 염산제일교회에 있는 77인순교기념비.

다. '기독교인순교탑'과 '77인 순교기념비'가 눈길을 끈다. 한국전쟁 중 북한군이 담임 목사 가족 7명을 비롯해 신도 77명을 학살한 현장이었다. 잠깐 눈길을 돌려보자. 강원도 강릉시 노암동 야산에는 아무도 찾지 않아 버려진 비석이 있다. '6·25전쟁 민간인 학살 위령비'다. 1950년 10월 인천 상륙 작전으로 전세가 역전되자 북한군은 강릉에서 주문진 쪽으로 후퇴하면서 우익 인사 100여 명을 위령비 아래 기찻길 터널 속에 몰아놓고 집단 학살했다. 전쟁 초기 북한군이 내려오자 국군이 후퇴하면서 좌익 협조 예상자들을 대량 학살한 일을 그대로 빼어 닮았다.

　나는 어릴 때부터 북한군과 빨치산 등 좌익이 저지른 학살에 관해 귀에 못이 박히도록 들었지만, 우파 독재 정권이 해온 거짓말을 알게 된 뒤에는 이런 주장을 회의적으로 보기 시작했다. '거짓말쟁이 양치기 소년 효과'인 셈이었다. 극우 정권이 훨씬 더 많은 학살을 저지른 사실을 알게 되면서 좌익이 저지른 우익 학살은 관심 밖으로 밀려났

여수 손양원목사순교기념관에 있는 손양원목사상과 기념비.

다. 그러나 생생한 실체를 직접 확인한 뒤에는 우익이 흘린 피도 붉다는 사실을 새삼 깨달았다.

마오쩌둥이 말했다. "혁명은 만찬이 아니고, …… 한 계급이 다른 계급을 전복하는 폭력적 행위다." 먹물들이 커피 앞에서 거품 물고 열 올리는 '카페 혁명'에 견줘 진짜 혁명은 피를 흘릴 수밖에 없다. 좌익의 표적이 된 우익에는 독립운동가들에게 끔찍한 악행을 저지른 친일 경찰이나 민초들을 수탈한 악덕 지주 등 천벌 받아 마땅한 이들도 많았다. 여순 사건을 보면 알 수 있다. 여수는 원래 우익이 강했다. 해방 뒤 우익이 좌익에 그다지 악랄하게 굴지 않았고, 그래서 여순 사건 때 우익은 별로 학살되지 않았다. 순천은 달랐다. 해방 뒤 친일 경찰과 우익이 심한 폭력을 휘두른 탓에 경찰관 70명을 비롯해 900여 명이 학살됐다(이 책 16장 참조).

좌익이든 우익이든, 학살은 학살

우익이 저지른 학살과 좌익이 저지른 학살을 비교하면 전자가 압도적으로 많고 질적으로 악독하다. 얼마 전 정부가 한 정식 조사를 보면, 제주 4·3은 토벌대가 저지른 학살이 좌익 무장대가 저지른 학살보다 6배에 이르렀다(이 책 2장 참조). 여수와 영광에서도 우익이 훨씬 많은 사람을 학살했다. 영광군 영광읍 입석리 등에서 보도연맹원들을 학살했고, 불갑산 빨치산 토벌 작전을 벌이다가 빨치산이 다 빠져 나가자 용천사 근처에 피란 온 민간인을 학살한 뒤 빨치산 1000여 명을 토벌한 양 허위 보고를 했다.

용천사 바로 뒤편 산책길에서 마주친 총알바위는 국군이 민간인을 대량 학살한 곳이었다. 아직도 남은 총알 자국이 그날의 아픔을 증언했다. 한국전쟁 직후인 1954년에 정부가 조사해 발표한 〈6·25사변

빨치산이 모두 도주하자 국군이 피란 온
주민들을 대량 학살한 용천사 총알바위.

피살자 명부〉에 적힌 민간인 희생자 수는 5만 9964명이었다. 생각보다 적은 숫자다. 이승만 정부가 국군 등 우익이 저지른 민간인 학살을 조사할 리 없으니 좌익이 저지른 학살이리라는 점에서 중요한 비교 기준이 될 수 있다.

그러나, 그러나, 어떤 상황도 좌파가 저지른 우익 학살을 정당화할 수는 없다. 남부군 사령관 이현상이 남긴 자기 비판적 표현을 빌리면, 이런 행위는 '당적 죄악'이었다. 민간인을, 그리고 비전투 상황에서 포로로 잡힌 군경을 인민재판을 거쳐 처형한 행동은 옳지 않았다. 친일 경찰이나 악덕 지주라면 몰라도 단지 기독교도라는 이유로 학살한 행위는 결코 정당화될 수 없다. 종교와 신념 때문에 사람을 죽인다면, 공산주의를 믿는다는 이유로 숱한 좌파를 죽인 우파하고 무엇이 다를까? 우익이 저지른 잔인한 고문이 좌익들의 복수 학살을 불러오고, 좌익이 철수하자 우익이 부역자를 청소한다며 민간인을 학살하는 '학살의 악순환'이 반복된 불행이 안타까울 뿐이다.

우리는 좌익이 저지른 학살을 잊지 말아야 하지만 우익이 저지른 민간인 학살에 관한 진상 조사와 반성 또한 더 많이 해야 한다. 우익이 저지른 민간인 학살이 훨씬 규모가 크고 악랄하며, 반공주의 등에 힘입어 은폐되거나 제대로 밝혀지지 않은 때문이다.

목적이 옳다면 수단도 옳아야

좌익이 저지른 우익 학살은 우리에게도 교훈을 준다. 더불어민주당 등 자유주의 진영은 목적이 옳으면 수단은 중요하지 않다는 '개혁 독재'의 유혹을 버려야 한다. 정의당이나 민주노총 같은 진보 진영도 마찬가지다. 과정보다 결과를 중시하는 '결과제일주의'와 빨리 성과를 내야 한다는 '조급증'이 우익 학살이라는 비극을 가져왔고, 이런 학살에 대응한 보복으로 우익이 민간인을 학살하는 또 다른 비극이 반복됐다. '5·18 북한 특수 부대 개입설' 같은 허황된 주장을 하는가 하면 다른 의견은 모두 빨갱이로 몰아가는 극우 세력을 보면 울화통 터지지만, 그렇다고 그런 사람들을 킬링 필드로 보낼 수는 없지 않을까?

덧글

증오와 화해 사이

충청남도 금산군 외부리는 이현상이 태어난 고향이다. '금산의 모스

한국전쟁 전후 좌우익이 저지른 민간인 학살 희생자를 함께 추모하는 '용서와 화해의 위령탑.'

크바'로 불리는 이 마을에서는 해방 정국에 많은 젊은이가 죽었고, 그 뒤에도 이현상이 계속 존경받았다. 반면 옆에 붙은 내부리는 '우익 마을'이라 갈등을 겪었다. 살해 위협에 시달리던 이현상 가족들은 후퇴하는 인민군을 따라 북으로 갔지만, 어머니는 아들이 혹시 살아올까 기다리다 1975년에 세상을 떠났다. 며칠 뒤 주민들은 누군가 묘를 파헤치고 시신의 목과 사지를 잘라낸 사실을 알았다. 전쟁이 끝나고 20년이 지나도 증오를 버리지 못한 사람이 저지른 파렴치한 범죄였다.

전라남도 영광군 홍곡리 저수지 옆에 도의원을 지낸 박남도의 호를 딴 호당공원에 가면 고인을 기리는 공덕비가 눈에 띈다. 좌우 갈등이 심하던 영광은 학살도 많이 벌어졌다. 대한청년단에서 활동한 박남도 일가 27명이 반동분자로 몰려 1950년 9월 좌익에 학살됐다. 수복 뒤 경찰하고 함께 돌아온 박남도는 보복하는 대신에 자기 대에서 악연의 고리를 끊어야 한다며 좌익들을 구명하는 데 앞장섰다. 이런 모습에 감동한 주민들이 세운 공덕비였다.

영광군 홍곡리에 있는 박남도 공덕비.

화순과 영암도 주목할 만하다. 좌우 갈등이 심하던 두 지역에는 특이한 위령탑이 있다. 한국전쟁을 전후해 우익이 학살한 민간인은 물론 수는 적지만 좌익이 학살한 민간인 희생자를 모두 기리는 합동 추모탑이다. 영암에 세운 탑은 이름부터 '용서와 화해의 위령탑'인데, 좌우가 모두 역사의 피해자라는 뜻이다. 증오가 아니라 진상 규명과 화해가 해법이다.

찾을 곳 ▶

손양원목사순교기념관 전라남도 여수시 율촌면 산돌길 70-62. **순교비, 용서와 화해의 위령탑** 왕인 박사 유적지(전라남도 영암군 군서면 왕인로 440) 앞. **염산제일교회** 전라남도 영광군 염산면 향화로 4길 70-9. **호당공원** 내비게이션에 나오지 않는다. 영광군 홍곡저수지 옆. **총알바위** 내비게이션에 나오지 않는다. 불갑산 용천사(전라남도 함평군 해보면 용천사길 209) 뒷길. **6·25전쟁 민간인학살 위령비** 강원도 강릉시 노암동 200-4.

유신을 뒤흔든
고구마 한 자루

"교수님 올해는 무엇을 심으면 좋겠습니까?"

김대중 정부에서 농림부 장관을 지낸 김성훈 교수에게 농민들이 가끔 찾아와 물었다.

"농협과 정부에서 뭐 심으라고 하지요?"

"고구마요."

"그러면 고구마 빼고 심으세요."

정부가 심으라는 작물은 과잉 생산될 가능성이 크기 때문이었다. 김 전 장관 말대로 한 사람들은 대부분 연말이 되면 동네에서 자기만 농사가 잘돼 고맙다면서 감사 인사 겸 농산물을 싣고 왔다.

고구마는 농민의 인권

"고구마 피해 보상하라! 고구마는 농민의 인권이다!"

삼엄한 유신 치하인 1977년 봄, 광주시 계림동성당에서는 농민 등 700여 명이 기도회를 끝내고 가두시위에 나섰다. 함평 고구마 항쟁이 시작되는 순간이었다. 1976년 농협은 7월부터 고구마를 좋은 가격(포당 1317원)에 전량 구매하겠다고 선전했다. 출하기인 11월에 중간 상인들이 포당 1100~1200원에 사겠다고 했지만, 농민들은 농협을 믿고

기다렸다. 농협은 농민들 발등을 찍었다. 약속을 어기고 조금만 사들였고, 고구마는 썩기 시작했다. 출하 시기를 놓친 농민들은 고구마를 포당 200~400원에 땡처리했다.

유일한 농민 단체인 가톨릭농민회(가농)가 중심이 돼 피해 보상 투쟁에 나섰다. 가농 전남연합회 서경원 총무 등이 피해보상대책위를 꾸려 농가별 피해 상황을 조사하고 보상 투쟁을 독려했다. 경찰은 관련자들을 연행해 조사 활동을 계속하면 긴급 조치 위반으로 잡아넣겠다고 협박했다. 경찰, 군청, 농협이 한 방해를 뚫고 20일 동안 이어진 조사 끝에 피해액은 159가구 300여 만 원으로 집계됐다. 1977년 1월 함평성당에 피해 농가와 가농 관계자들이 모여 피해 현황을 공표하고 피해 보상을 요구했다. 흐지부지되는 듯하던 보상 투쟁은 계림동성당 기도회를 계기로 다시 불붙었지만, 농협은 여전히 피해 보상에 미온적이었다. 1년 뒤인 1978년 장홍빈 신부, 서경원 총무, 윤한봉 민중운동가 등 44명이 단식 투쟁에 들어갔다. 단식 5일째 항복한 농협은 피해 보상을 약속했다. 뒤이은 감사에서 비리가 드러나 농협 관계자 678명이 해임되거나 징계를 받았다.

정부와 농협에 맞선 승리

일찍이 카를 마르크스는 농민을 '한 자루의 감자들'이라 불렀다. 노동자는 공장에서 모여 일하지만 농민은 감자처럼 자루에 넣어도 각각 분리된다는 뜻이다. 마르크스는 프랑스 혁명기에 보수적 농민들이 보인 태도 때문에 이런 생각을 하게 되는데, 시인 김수영의 절창을 빌리자면, 농민이야말로 '바람보다 더 빨리 눕'고 '바람보다 먼저 일어나'는 풀 같은 존재다. 언뜻 순종적이고 무기력해 보이지만 때가 되면 가장 반항적이고 격정적으로 바뀐다.

한국 농민들도 마찬가지다. 살인적 수탈과 억압에 굴종하고 살아온 농민들은 구한말 동학농민혁명을 일으켜 수백 년 계속된 봉건적

현대식 건물로 바뀐 함평농협. 농협은 농민의 이익을 대변한다는 소임을 다하고 있을까.

수탈과 제국주의에 저항했다(이 책 9장 참조). 처절한 패배 뒤 숨죽인 농민들은 일제하에서 암태도 소작 투쟁(이 책 13장 참조) 등을 거치며 저항을 이어오다가 해방 뒤 다시 한 번 폭발했다. 또다시 패배한 농민들은 이승만 정부가 농지 개혁을 단행하면서 소작농이 아니라 자기 땅을 가진 '자영농'으로 바뀌었다. 익명성이 어느 정도 보장되는 도시에 견줘 농촌은 강력한 국가 공권력이 지배하는 '통제 공간'이었다. 농촌은 여당이 지배하는 극우 독재 세력의 텃밭이 됐으며, 주요 선거에서 도시는 야당을 찍고 농촌은 여당을 찍는다는 '여촌야도' 현상이 자리를 잡았다.

미국이 원조라는 이름 아래 밀가루, 면화, 설탕 같은 잉여 농산물을 제공하자 정부도 싼 농산물 정책을 펴면서 농민들의 삶은 다시 어려워졌다. 많은 가난한 농민이 땅을 잃고 도시로 올라와 도시 빈민으로 전락했다. 5·16 쿠데타로 집권한 박정희 정부는 1970년대 들어 새마을운동이라는 '관제 농민운동'을 일으켜 농촌을 더욱더 통제하려 했다. 이런 상황에서 벌어진 함평 고구마 항쟁은 극우 분단 체제가 확정된 1953년 이후 처음 나타난 자주적 농민운동이며, 정부와 농협을 상대로 한 투쟁에서 농민이 처음 승리한 역사적 사건이다.

잊힌 투쟁의 현장에서 떠오르는 얼굴

광주 계림동성당을 찾았다. 성당 안으로 들어가자 마당에 서 있던 수녀가 알은체를 했다.

"무슨 일로 오셨어요?"

"함평 고구마 항쟁에 관한 글을 쓰려고 답사를 왔습니다."

"이 성당에서 그런 일이 있었어요?"

벌써 40년 넘는 시간이 흘러서 기억하는 사람이 별로 없는 모양이

장흥빈 신부, 서경원 가톨릭농민회 총무, 윤한봉 민중운동가 등이 피해 보상을 요구하며 단식 농성을 벌인 계림동 성당.

었다. 수녀는 자기가 태어나기 전이지만 그런 일이 이 성당에서 있었다니 자랑스럽다고 했다. 함평 고구마 항쟁의 중심인물인 윤한봉이 맑게 웃는 모습이 떠올랐다. 5·18의 마지막 수배자 윤한봉은 군부의 포위망을 뚫고 외항선에 올라 미국으로 망명했다. 광주에 두고 온 희생자들을 떠올리며 줄곧 맨바닥에서 옷을 입은 채 잤다. 민주화 뒤 귀국한 윤한봉은 '광주의 죽비'로서 '민주화 기득권 세력'을 향해 외롭게 바른 소리만 하다가 너무 일찍 우리 곁을 떠났다.

함평읍에 도착해 농협으로 향했다. 커다란 하나로마트 옆에 비료 등을 가지런히 쌓아놓은 현대식 자재 창고가 보였다. 농협은 경제적 약자인 농민이 상부상조 정신에 바탕해 만든 협동조합이다. 40년 전 함평 고구마 항쟁 때처럼 농협은 농민의 이익을 제대로 대변하지 못했다. '농민의, 농민을 위한, 농민에 의한 조직'은 정말 불가능할까.

덧글 **169**

함평 고구마 사건, 그 이후

'공중 부양.' 2004년 총선 때 농민을 대표해 민주노동당 비례대표로 국회에 입성한 뒤 2008년 총선 때 경상남도 사천시에 출마해 당선한 강기갑 의원이, 2009년 1월 한-미 자유무역협정 날치기에 항의하는 과정에서 국회 사무총장실 책상에 뛰어오르면서 유명해진 단어다.

1987년 민주화 이후 농민회 100여 곳이 모여 전국농민회총연맹(전농)을 결성했다. 농수산물 수입 개방에 맞서 식량 주권을 지키는 식량 자급형 농업, 농촌 환경을 보호하고 국민 건강권을 보장하는 친환경 농업을 목표로 내걸었다. 전농은 노동자 조직인 민주노총과 빈민 조직인 전국빈민연합(전빈련)하고 함께 자기들의 목소리를 내줄 대표를 국회에 진출시켜 제도적 변화를 시도했다.

한국 농업은 여전히 위기를 벗어나지 못하고 있다. 시장 만능 신자유주의 체제가 전면화하면서 빨라진 시장 개방에 저항하다가, 2014년 민중궐기대회에 참석한 전라남도 보성군 농민 백남기가 물대포에 맞아 세상을 떠났다. 한국 농업의 마지막 보루인 쌀 시장은 전면 개방하지 않는 대신 세계무역기구[WTO] 협약에 따라 해마다 44만 7800톤을 저율 관세(51.3%)로 의무 수입한다.

경쟁에 지친 사람들이 귀농하고 농업이 1차 산업을 벗어나 융복합을 통해 6차 산업이 된다는 주장도 나오지만, 농가 인구는 계속 줄고 있다. 2018년 말 현재 농가는 102만 가구로 전체 가구의 5.2퍼센트이고, 전체 인구에서 농가 인구의 비율은 4.5퍼센트다. 고령화도 심각해 70대 이상이 전체의 32퍼센트, 60대 이상이 58퍼센트다. 한반도에서 가장 오래된 직업의 하나인 농민은 이제 사라지는 걸까.

찾을 곳 ▶

계림동성당 광주광역시 동구 동계로 79-28. **함평농협** 전라남도 함평군 함평읍 내바람길 45.

유신의 심장을 쏘려
강도가 된 시인

나는 강진과 해남을 가장 좋아한다. 글 쓰다가 막히거나 세상 돌아가는 꼴이 답답하면 강진으로 달려가 '뿌리의 길'을 지나 다산초당으로 올라간다. 강진시장에서 귀리밥을 먹은 뒤 해남 땅끝 산꼭대기에 위태롭게 자리잡은 초미니 암자 도솔암에 올라 남해 바다를 바라본다. 다시 서쪽으로 틀어 명량대첩의 무대 울돌목으로 향한다. 진도대교 밑에서 울부짖는 회오리 바다를 보면서 눈을 감는다. 이순신의 고독이 온몸으로 느껴지고, 환희에 찬 고함 소리, 처절한 신음 소리, 분노에 찬함성 소리가 들려온다. 마지막으로 찾는 곳은 무장 강도가 태어난 생가다. 그 무장 강도의 이름은 김남주다.

171

착취와 억압이 있는 바로 그곳에

시인과 무장 강도. 도저히 어울릴 수 없는 조합이지만, 분단 체제가 최종 봉인된 1953년부터 이 땅의 시인 중에, 아니 예술가 중에 가장 '실천적'이라 할 만한 김남주는 무장 강도였다. 해남읍에서 5킬로미터 떨어진 삼선면 봉학리 마을회관 앞에 자리한 김남주 시인 생가에 들어서니 상징 같은 굵은 뿔테 안경을 쓴 시인의 동상과 시비들이 나타났다. 시비들 사이로 집에는 어울리지 않는 작고 하얀 건물이 보였다.

앞쪽에 난 작은 창에는 쇠창살이 몇 개 있었다. 김남주가 갇혀 살던 감옥을 재현한 시설이었다.

머슴의 아들로 태어나 호남 인재들이 다니던 광주일고에 들어간 김남주는 가족들의 기대를 잔뜩 받지만 획일적 입시 교육에 실망해 자퇴했다. 검정고시로 전남대학교에 들어간 뒤에도 운동권이 돼 유신에 저항하는 지하 신문을 만들어 뿌리다가 감옥살이를 했다. 해남으로 돌아와 농사를 지으면서 시인이 된 김남주는 〈그러나 나는〉에서 가족, 특히 부모의 기대를 저버린 심정을 노래했다.

그러나 나는
면서기가 되어
집안의 울타리가 되어 주지 못했다
황금을 갈퀴질하는 금(金)판사가 되어
문중의 자랑도 되어 주지 못했다

해남에 있는 김남주 시인 생가.

나는 항상 이런 곳에 있고자 했다
내 개인의 영달이 아니라
인간적인 의무가 있는 곳에
용기 있는 사람을 필요로 하는 곳
착취와 억압이 있는 곳 바로 그 곳에
(이하 생략)

유신 말기인 1978년 12월부터 강남 부유층들 집에 강도 사건이 연이어 발생했다. 1979년 4월 27일 아침 10시, 문란한 사생활로 문제가 된 재벌 2세 모임 '7공자'의 한 명으로 알려진 최원석 동아그룹 회장 집에 3인조 무장 강도가 침입했다. 신고를 받은 경찰이 출동해서 격투 끝에 주범은 잡히고 두 명은 도주했다. 이 두 명 중 한 사람이 김남주였다. 수사팀에는 김근태를 고문한 '남영동 저승사자' 이근안이 있었다. 강도들이 '혁명 군자금' 운운하더라는 진술을 들은 이근안은

생가 뒤편에 만들어놓은 감옥 모형과 흉상. 김남주는 이런 감방에서 10여 년을 보내다가 병을 얻었다.

단순 강도 사건이 아니라고 직감해 추적을 시작했고, 결국 비밀 조직인 남조선민족해방전선준비위원회(남민전)의 전위 조직인 한국민주투쟁국민위원회(민투)가 저지른 짓이라는 사실이 밝혀졌다.

남민전 동지들하고 함께 체포돼 모진 고문을 당하고 15년 형을 선고받은 김남주는 독방에서 9년 3개월을 살다가 민주화가 된 뒤 1988년에 형집행 정지로 석방됐다. 김남주는 시를 510편 남겼는데, 그중 360편을 감옥에서 썼다. 이탈리아는 파시즘 시대에도 감방에서 집필을 허용해 안토니오 그람시가 《옥중수고》를 남겼지만, 한국은 군사독재 시절은 말할 것도 없고 민주화된 김영삼 정부 초기에도 감방에서 펜과 종이를 쓰지 못했다. 김남주는 못을 갈아 우유갑 은박지에 글자를 새기거나 화장지에 연필심으로 끄적여 시를 썼고, 어렵게 쓴 시를 더 어렵게 밖으로 내보냈다. 그렇게 탄생한 김남주의 시에는 혁명적인 메시지들이 담겨 있다. 〈종과 주인〉은 충격적이다.

낫 놓고 ㄱ자도 모른다고
주인이 종을 깔보자
종이 주인의 목을 베어버리더라
바로 그 낫으로.

이토록 뜨거운 열혈 투사 김남주도 고문과 오랜 감옥살이에서 얻은 병을 이기지 못하고 마흔아홉 젊은 나이에 숨을 거뒀다.

남민전은 '코레콩'

남민전은 무엇이었고, 김남주는 왜 무장 강도에 나섰을까? 유신을 선포한 뒤에도 전국민주청년학생총연맹(민청학련) 등 저항이 이어지자 박정희 정권은 1960년대에 무리하게 기소해 문제가 된 인혁당 사건 관련자들이 인혁당 재건위를 만들었다고 조작했고, 핵심 인물들에게 사형을 선고한 대법원 판결 뒤 18시

남민전 재판 때 이재문이 발언을 하고 있다(의문사진상규명위원회 자료).

간 만에 사형을 집행했다. 국제법학자협회가 '사법 사상 암흑의 날'이라고 밝힌 이 사건은 민주화 뒤 재심에서 무죄 판결을 받았다. 박정희 정권은 고문 흔적을 감추려 가족에게 시신을 돌려주지 않고 화장해버리는 반인륜적 행태를 보였다(이 책 33장 참조).

"민주화를 위해 야수의 심정으로 유신의 심장을 쐈다."

박정희를 사살한 박정희의 오른팔 김재규 중앙정보부 부장이 최후 진술에서 한 말이다. 박정희 심복도 그랬으니, 민주화 운동 세력, 특히 인혁당의 동지들은 심정이 오죽했을까? 1차 사건 때 감옥을 다녀온 뒤 민청학련 때는 도주해 사형을 피한 이재문은 동지들이 사형당한 소식을 듣고 날로 심해지는 유신의 횡포에 맞서 특단의 조치가 필요하다고 생각했다. 이재문은 1976년 2월 또 다른 지하당인 통일혁명당(통혁당) 관계자 신향식과 남조선해방전략당 김병권을 만났다. 유신을 끝장내고 우리 사회를 제대로 민주화하려면 남베트남 해방과 베트남 통일의 기초가 된 남베트남민족해방전선 같은 조직이 필요하다고 판단한 세 사람은 남민전을 조직하기로 합의했다. 김남주 시인, 임헌영 민족문제연구소장, 《나는 빠리의 택시운전사》를 쓴 홍세화, 나중에 보수 정치인으로 탈바꿈해 이명박의 오른팔이 된 이재오 전 한나

라당 원내대표 등이 합류했다. 남민전은 유신이 붕괴하기 직전에 체포돼 10·26과 5·18을 거치는 격변 속에 제대로 주목받지 못하고 중형을 선고받았는데, 이재문은 1981년에 옥중에서 병사하고 신향식은 1982년에 사형이 집행됐다. 이근안은 자기한테 고문당한 이재문이 감옥에서 죽은 사실을 아느냐며 시국 사범들을 겁줬다.

검찰은 남민전이 김일성의 지시를 받은 대남 간첩 사건이라고 주장했지만, 신향식 공소장에 따르면 남민전 중앙위원회는 남민전이 '북괴에 지시에 의한 남한의 혁명 세력이 아니고 남한 출신 인사의 자주적 혁명 단체'이며 북한을 접촉할 때는 '대등한 입장'에서 만나자는데 합의했다. 통혁당 등 다른 지하 조직들에 견줘 독자적이었다. 보수 언론도 '자생적 공산주의 집단'인 '코레콩'(코리안 베트콩)이 등장한 사건으로 분석했다. 남민전 강령도 1980년대나 지금 기준으로 보면 '온건한' 수준이었다. 남민전 10대 강령은 '1. 국제 제국주의의 신식민지 체제와 그 앞잡이 박정희의 유신 독재를 타도하고 민족 자주적이고 민주적인 연합 정권 수립, 2. 폭넓은 진보적 민주 정치 실현, 3. 민족 자주적인 자립 경제 수립, 4. 경자유전 원칙에 의한 토지 개혁 단행, 5. 남녀평등 실현, 지방색 타파, 6. 민족 자주적 교육 실현과 민족 문화 계승 발전, 7. 국가와 인민을 보위하는 군대 건설, 8. 평화와 중립의 자주 외교 실현, 9. 7·4 남북공동선언의 원칙과 토대 위에 조국의 평화적 통일 촉진, 10. 일체의 침략 전쟁 반대, 세계 평화 옹호'였다.

따뜻한 목소리로 남은 투사

논쟁이 된다면 투쟁 방식이다. 남민전은 유신에 반대하는 유인물 〈민중의 소리〉를 만들어 여러 차례 배포했다. '상식'을 넘어선 유신에 맞서 싸우려면 이런 전통적 수단 말고 '비상한 방법'이 필요하다고 판단한 끝에 예비군 훈련장에서 소총을 빼돌려 비축하거나 혁명 군자금을 마련하려 무장 강도를 감행했다. 또한 인혁당 재건위 사형수 8인의 가족들에게서 사형수들이 입던 속옷을 받아 인공기를 닮은 깃발을 만들었다. 그렇지만 '민주화운동관련자 명예회복및보상 심의위원회'는 유신이라는 암울하고 폭압적인 상황을 고려할 때 불가피한 측면이 있다면서 이미 세상을 떠난 3명과 신청하지 않은 홍세화와 이재오 등은 빼고 김남주 등 29명을 민주화 운동 관련자로 인정했다.

정부가 공식적으로 인정하듯 남민전과 무장 강도는 양심적 지식인들을 극한으로 몰아간 유신의 실상을 다시 한 번 생각하게 한다. 게스트 하우스도 함께 운영하는 김남주 시인 생가를 나서며 〈함께 가자 우리 이 길을〉에 담긴 열혈 투사 김남주의 따뜻한 목소리를 떠올렸다.

함께 가자 우리 이 길을
셋이라면 더욱 좋고 둘이라도 함께 가자

전남대학교 인문대에 마련한 김남주기념홀.

앞서가며 나중에 오란 말일랑 하지 말자

뒤에 남아 먼저 가란 말일랑 하지 말자

둘이면 둘 셋이면 셋 어깨동무하고 가자

투쟁 속에 동지 모아 손을 맞잡고 가자

열이면 열 천이면 천 생사를 같이 하자

둘이라도 떨어져서 가지 말자

가로질러 들판 산이라면 어기어차 넘어주고

사나운 파도 바다라면 어기어차 건너주자

고개 너머 마을에서 목마르면 쉬었다 가자

서산낙일 해 떨어진다 어서 가자 이 길을

해 떨어져 어두운 길

네가 넘어지면 내가 가서 일으켜주고

내가 넘어지면 네가 와서 일으켜주고

산 넘고 물 건너 언젠가는 가아할 길 시련의 길 하얀 길

가로질러 들판 누군가는 이르러야 할 길

해방의 길 통일의 길 가시밭길 하얀 길

가다 못 가면 쉬었다 가자

아픈 다리 서로 기대며.

찾을 곳

김남주 시인 생가 전라남도 해남군 삼산면 봉학길 98. **전남대학교 김남주기념홀** 광주광역시 북구 용봉로 77 인문대1호관. **모란공원묘지** 경기도 남양주시 화도읍 경춘로2110번길 8-102(이재문, 신향식, 김병권 묘지).

'탈진실 시대'의
5월

사랑도 명예도 이름도 남김없이

한평생 나가자는 뜨거운 맹세

동지는 간데없고 깃발만 나부껴

새날이 올 때까지 흔들리지 말자

세월은 흘러가도 산천은 안다

깨어나서 외치는 뜨거운 함성

앞서서 나가니 산 자여 따르라

앞서서 나가니 산 자여 따르라

5·18 항쟁의 대변인으로 전남도청을 사수하다 목숨을 잃은 노동운동가 윤상원과 야학 동지 박기순을 맺어주는 영혼결혼식에 쓰려고 만들어 5·18의 상징이 된 〈임을 위한 행진곡〉의 노랫말이다. 망월동 윤상원 열사 무덤 앞에서 노래를 불렀다. 기자로 일하던 나는 5·18 항쟁을 폭도가 일으킨 난동으로 보도하라는 신군부에 저항해 제작 거부를 하다가 강제로 유학을 떠났다. 귀국해 가장 먼저 달려간 곳이 망월동이었다. 광주를 갈 때면 늘 여기를 들른다. 사람들이 으레 찾는 웅장한 국립5·18민주묘지가 아니라 그 옆 초라한 구 묘역 말이다. 항

쟁 중에는 손수레에, 도청이 진압된 뒤에는 청소차에 희생자들을 싣고
와 묻은 '성지'다. 나에게 진짜 5·18 묘지는 이 구 묘역이다.

짧은 민중 공동체의 기억

광주의 비극은 구조적으로 보면 박정희가 만들어놓은 '군의 정치화',
사건사적으로 보면 군 정치화의 산물인 전두환과 하나회 등 정치 군
인들이 부린 야욕이 원인이었다. 힘을 합치기보다는 개인적 욕심을 앞
세워 서로 싸운 양김(김대중과 김영삼)과 잘못된 결정을 한 학생운동
도 부차적인 책임이 있다. 1979년 10월 26일 김재규 중앙정보부 부장
은 '야수의 심정'으로 '유신의 심장'을 쐈다. 그런데 일이 꼬였다. 전두
환 보안사 사령관이 이 사태를 탐지해 김재규를 체포했다. 비상계엄
이 선포됐지만, 군의 탈정치화를 바란 정승화 계엄 사령관 등 많은 장
성들은 위험인물 전두환을 지방으로 보내려 했다. 낌새를 챈 전두환
은 12월 12일에 쿠데타를 일으켜 군을 장악했고, 단계적으로 권력을

180

5·18민주묘지에 견줘 초라하지만 역사성과 현장성을 지닌 5·18 구 묘역.
앞줄 가운데가 윤상원 열사가 묻혀 있던 곳이다.

신군부의 총칼에 맞서 광주 시민들은 목숨을 걸고 저항했다
(5·18자유공원 전시 자료).

손에 넣기 시작했다. 신군부는 유혈 쿠데타를 일으키며 루비콘 강을 건넜다.

신군부를 막을 수단은 '시민의 힘'밖에 없었지만, 정치권은 오판을 했다. 박정희가 사망한 뒤 찾아온 '서울의 봄'에 양김은 대권 경쟁에 바빴고, 군에 빌미를 준다며 시위를 자제시켰다. 학생운동도 오판을 했다. 1980년 5월 15일 서울역에 학생과 시민 10만 명이 모였지만, 심재철 서울대학교 총학생회장 등이 주도해 '회군'을 결정했다. 군부는 비상계엄을 전국으로 확대하고, 정치 활동 금지, 휴교, 언론 통제 강화를 시행했다. 김대중과 김종필을 각각 소요 조종과 부정 축재로 체포해 구속했고, 김영삼을 가택 연금했다. 루비콘 강을 건넌 신군부를 상대로 한 일전을 피할 수 없었고, 전장은 당연히 전세계의 이목이 집중돼 군이 행동에 제약을 받고 지역주의로 사태를 호도할 수 없는 서울이어야 했다. 잘못된 회군 결정 때문에 광주가 '희생양'이 됐다.

5월 18일, 주요 도시에 계엄군이 배치됐다. 반년 전 김영삼 국회의원 제명이 부마 항쟁을 불러일으켰듯(이 책 39장 참조), 김대중 구속은 광주를 자극했다. 학생들이 저항하기 시작했고, 신군부는 기다렸다는 듯 제11공수특전여단을 추가 파견해 잔인한 진압에 들어갔다.

금남로 전일빌딩 외벽에 붉은 페인트로 표시된 헬기 총탄 자국.
총탄 자국 245개를 기억하려고 건물 이름도 '전일빌딩245'로 바꿨다.

20일, 분노한 시민들이 합류하면서 택시와 버스 200대가 경적 시위를 벌이며 계엄군의 이동을 막았다. 이날 군이 시민을 향해 처음 총을 쐈다. 21일, 시민들은 최후의 자위책으로 나주경찰서와 화순경찰서 등에서 획득한 무기로 무장했다. 계엄군은 철수해 광주를 포위했다. '해방구 광주'가 탄생했다. 계엄군이 시민군 사령부인 도청에 진입해 최후의 사수대를 사살한 27일까지 유지된 해방구 광주는 범죄 하나 없는 '상부상조의 아름다운 공동체'였다(부자는 귀금속을 챙겨 탈출을 시도하고 보수 단체는 시민을 비판한 점에서 몇몇 주장처럼 '절대 공동체'가 아니라 '민중 공동체'였다). 사망자 163명, 부상 후 사망자 101명, 행방불명자 166명, 부상자 3139명, 구속 등 피해자 1589명까지 5000명 넘게 피해를 입었다. 신군부는 5·18 시위대를 폭도로 몰아 두 번 죽였다. 호남의 한은 깊어졌고, 지역주의가 본격 시작됐다.

역사의 후퇴에 저항하는 5·18

광주의 영웅적 투쟁은 처절한 패배로 끝났지만, 화려하게 부활했다. 1987월 6월 항쟁을 통해 민주주의의 승리를 이끌어냈다. 우리가 누리는 자유, 특히 몇몇 극우 세력이 5·18을 모욕하면서 누리는 자유도 광주에 빚지고 있다. 광주는 한국전쟁 뒤 사라진 진보를 부활시켜 반미 운동과 진보 운동이 성장한다. 5·18은 세계적으로 자랑할 만한 민주주의 투쟁의 금자탑이다.

옛 전남도청 옆에는 광주 중심가인 금남로를 상징하는 랜드마크가 있다. 바로 전일빌딩인데, 얼마 전 이름이 '전일빌딩245'로 바뀌었다. 군이 피신한 시민을 향해 헬기 사격을 한 현장으로, 여기서 '245'는 건물에서 발견된 탄흔의 수다. 붉은 페인트로 표시한 탄흔들은 신군부의 잔인함을 상징했다. 헬기 사격을 증언해온 고 조비오 신부를 전일빌딩 옥상에 서면 국립아시아문화전당으로 바뀐 전남도청과 분수대 등 5·18의 현장이 한눈에 내려다보인다(위).
1980년 5월 분수대 앞을 가득 메운 광주 시민들(아래, 5·18자유공원 전시 자료).

회고록에서 거짓말쟁이라고 비판한 전두환을 5·18 유가족들이 사자 명예 훼손으로 고발한 사건이 지루한 공방 끝에 1심에서 유죄가 선고됐다. 판사들이 여기에 와 탄흔을 보기만 해도 될 일을 왜 그토록 질질 끌었을까. 전일빌딩245는 헬기 사격의 물리적 증거일 뿐 아니라 옥상인 전일마루에 오르면 광주 시민들로 가득하던 금남로 사거리와 시민군 사령부 전남도청을 한눈에 내려다볼 수 있는 곳이었다.

5·18 해결에는 다섯 가지 원칙이 있다. 진상 규명, 책임자 처벌, 명예 회복, 손해 배상, 정신 계승이다. 명예 회복과 피해 보상은 대부분 실행됐고, 진상 규명과 책임자 처벌도 미진한 점이 많지만 전두환과 노태우 구속 등 어느 정도 실현됐다. 가장 중요한 발포 명령 책임자를 아직도 밝혀내지 못한 상태이고, 계엄군의 성폭력 등 숨겨진 피해 사실을 더 규명해야 한다. 2020년 여야 합의로 '5·18민주화운동 진상 규명조사위원회'가 출범해 의욕적으로 조사를 진행하고 있다. 5·18에 뜨뜻미지근한 태도를 보이던 냉전적 보수 정당도 5·18 묘역에 와서 무릎 꿇고 눈물 흘리며 사죄했다.

이 모든 변화 속에서도 나는 '역사의 후퇴'를 염려한다. 극우 포퓰리즘이 활개를 치면서 '5·18 북한 특수 부대 개입설'이 공공연히 유포되고 있기 때문이다. 제1야당은 소속 국회의원들이 황당한 가짜 뉴스를 주장해도 징계조차 안 한다. 이런 가짜 뉴스가 '한때의 바람'이 아니라는 점은 더 문제다. 무엇이 진실인지는 중요하지 않고 진영 논리만 난무한다. 세상은 아무리 가짜 뉴스라 하더라도 '내가 진실이라고 믿는 것이 바로 진실'이 되는 '탈진실Post-Truth 사회'로 바뀌고 있다.

새로 제정한 5·18 왜곡 처벌법이 가짜 뉴스를 어느 정도 제어하겠지만 근본적인 처방은 아니다. 통과된 최종 법안은 처벌 범위를 허위 사실로 한정해 독소 조항을 많이 없앤 상태지만 여전히 문제는 있다.

일본군 '위안부'가 자발적 취업이라는 허위 사실을 퍼트린 행위를 처벌할 위안부 왜곡 처벌법도 만들고, 마찬가지로 여순 처벌법, 4·3 처벌법도 만들어야 할까? 보수 정권이 '5·16 혁명' 왜곡 처벌법을 만들면 어쩌나? 오죽하면 이런 법까지 만들까 충분히 이해할 수 있지만, 길게 보면 민주주의의 상징인 5·18이 학문의 자유를 훼손하고 민주주의를 해친다는 오명을 쓰게 되는 '소탐대실'이 걱정된다.

아르헨티나 군부 독재에 희생된 실종자 어머니들이 꾸린 '5월 어머니회'는 시신 발굴, 기념물 건립, 배상에 반대하면서 이렇게 말한다. "우리 자식들은 현재의 운동 속에 살아 있다. 자식들의 정신을 돌 속에 가둬서는 안 되고, 생명을 금전화해서도 안 된다." 대신 매주 목요일 노구를 이끌고 그때그때 현안을 주제로 삼아 시위를 이어간다. 최고의 5·18 기념사업은 웅장한 기념물이 아니라 5월 정신을 계승하고 모든 반민주적 요소에 맞서는 지금 여기의 투쟁이다. 그렇게 해야 5·18이 영원히 살 수 있고, 그런 과정을 거쳐 진정한 민주화가 될 때 한국 사회를 갈라지게 만드는 가짜 뉴스도 사라진다.

찾을 곳

망월공원묘지(구 묘역) 광주광역시 북구 수곡동 산29-2. **국립5·18민주묘지** 광주광역시 북구 민주로 200. **전일빌딩245** 광주광역시 동구 금남로 245. **국립아시아문화전당(구 전남도청)** 광주광역시 동구 문화전당로 38. **5·18자유공원(구 상무대)** 광주광역시 서구 상무평화로 13.

굴비 말고
반핵

무더운 여름에 가장 입맛을 돌게 하는 음식이 무엇일까? 나는 얼음 띄운 차가운 찻물에 밥을 말아 보리굴비를 얹어 먹는다. 영광 하면 법성포 굴비가 떠오른다. 법성포는 백제에 불교가 처음 전래된 곳이라 해서 붙은 이름이다. 영광은 지리적 여건상 외래 문물이 들어오는 교두보여서 천주교도 순교지, 한국전쟁 때 기독교 순교지, 원불교 발생지인 영산 성지가 모여 있다. 아름다운 길로 손꼽히는 백수해안도로를 따라 법성포를 끼고 달려 북쪽으로 올라가 홍농읍 성산리 쪽으로 들어가면 조그마한 마을 정자가 나타난다.

187

원전 마을이 된 바닷가의 성지

정자에 오르면 거대한 회색 콘크리트 돔 여섯 개가 눈앞에 들어온다. 영광 1호기부터 6호기까지 이르는 원자로다. 영광은 굴비 동네를 넘어서 고리하고 함께 한국 핵 발전을 대표하는 원전 마을이다. 영광에 더 주목해야 할 이유는 한국 반핵운동 성지이기 때문이다. 반핵운동 불모지 한국에서 반핵운동을 처음 시작한 곳이 바로 영광이다.

한국 최초 원전은 미국 기술로 지어 1978년에 가동을 시작한 고리 1호기다. 이 시기가 1단계라면, 자체 기술을 축적한 2단계에는 영광 1,

2호기와 고리 3, 4호기를 1980년대 초에 함께 건설하기 시작해 1986년부터 상업 가동을 했다. 3단계는 1980년대 중반 영광 3, 4호기와 월성 2, 3, 4, 5호기 등을 함께 만든 시기로, 한국형 표준 원자로 설계를 확립한다. 4단계는 2000년대 초 한반도에너지개발기구KEDO 원전 건설 이후로 영광 5, 6호기와 울진 5, 6호기를 건설했다. 영광에는 2단계부터 4단계까지 모든 원전이 자리하고 있다.

영광에 핵발전소를 세우기로 결정한 때는 유신 말기인 1978년이었다. 유신 정부는 '전원개발특례법'까지 만들었고, 광주 학살을 저지르고 집권한 전두환 정부는 오랜 삶의 터전을 헐값에 강제 수용했다. 1981년 1월에 연 기공식에는 전두환도 참석했는데, 주민들은 핵발전소가 무엇인지 잘 모른데다가 경제가 좋아진다는 막연한 기대도 했다. 서슬 퍼런 독재에 반대는 엄두도 못 낼 상황이었다. 그런데 발전소에서 버린 온폐수 때문에 조개가 폐사하고 기형 물고기가 잡히는가 하면, 사산하거나 유산하는 소가 느는 등 피해가 생겼다. 1987년

원자로가 보이는 가마미 해수욕장. 이곳 주민들이 1987년에 피해 보상을 요구하며 처음으로 반핵 투쟁을 벌였다.

원전이 위험한 이유를 설명하는 한국 반핵운동의 산 증인 김용국 영광핵발전소주민대책위 위원장.

에 소련에서 체르노빌 핵발전소 사고가 터져 원전의 위험성이 알려지면서 반대 목소리도 커졌다.

가톨릭농민회에서 핵발전소 반대 운동을 시작해 34년간 반대 투쟁을 하고 있는 한국 반핵운동의 산 증인 김

용국 영광핵발전소주민대책위 위원장은 투쟁의 시작을 담담하게 설명했다. "한국에서 반핵운동은 체르노빌 이후에 시작됐지요. 당시 핵발전소 바로 옆에 붙은 가마미 해수욕장 주민들이 원전 측하고 보상 싸움을 하고 있었는데, 가농에서 지원해주라고 나를 파견한 것이 내 인생을 바꿔놓았습니다."

김 위원장은 영광을 중심으로 한 한국 반핵운동이 한국 원전의 진화에 맞춰 함께 진화했다고 이야기한다. 영광 반핵운동 1기는 체르노빌 사태가 터지고 1987년 민주화가 찾아오면서 시작됐다. 그동안 참고 있던 영광 주민들이 어업 피해 보상 투쟁을 벌였는데, 이 싸움이 한국 최초 반핵 투쟁이었다. 민주화 운동에 연결되면서 시민들도 많이 호응해 1988년 말에는 서울에서 '반핵평화시민대회'도 열었다.

2기는 영광 3, 4호기 건설에 관련해 부실 공사를 비판하면서 가동 저지 투쟁을 벌인 1990년대 초반이었다. 천주교영광핵발전소추방위원회, 원불교, 농민회, 영광사회운동협의회가 영광핵발전소추방협의회를 만들었다. "영광 3, 4호기는 한국형 원자로의 효시인데, 충분한 준비도 없이 만든 거지요. 원자로는 배관이 중요한데 처음 하다 보니 배관이 남거나 부족해 끊어서 붙여 도둑 용접을 한 것입니다. 그래

189

서 1991년부터 1994년까지 가동 저지 운동을 했습니다." 그 투쟁 덕에 그나마 심각한 문제가 있는 용접 지점을 찾아 수리를 했다. "그때 우리가 싸워 고치지 않았으면 어떤 사고가 났을지 모릅니다. 그 점에서 한전, 나아가 한국 국민 전부가 영광 사람들에게 고마워해야 합니다."

3기는 1994년부터 영광 5, 6호기 건설을 저지하려 싸운 시기였다. 영광은 해수 흐름이 빠르고 수심이 낮아 온배수 저감 시설을 설치할 수 없어 환경부도 문제를 제기한 상황에서 정부가 건설을 강행했고, 주민들은 투쟁으로 맞섰다.

후쿠시마 이후, 계속되는 논쟁

반핵운동은 초기에 공해추방운동연합이 주도하다가 그 뒤 환경운동 연합과 녹색연합 등이 앞장섰지만, 중심에는 언제나 영광이 있었다. 그동안 영광에서는 시위 1000여 번에 연인원 10만여 명이 참여했는데, 투쟁의 역사가 마냥 자랑스러울 수만은 없는 법이다. 김 위원장은 시위 때문에 구속될 때 경찰이 약속하고 다르게 아이들 보는 앞에서 체포하는 바람에 충격을 받은 작은딸이 오랫동안 고통을 겪은 일을 아직도 가슴 아파했다.

2011년 동일본 대지진 때 발생한 후쿠시마 원전 사고는 큰 전환점이 됐다. 안전한 원전이라는 말이 얼마나 허무한지를 생생하게 보여 준 때문이었다. 후쿠시마 사태 때문에 많은 나라가 탈원전으로 나아갔고, 한국도 그중 하나다. 원전이 '싼 에너지원'으로 경제 발전에 기여한 점은 어느 정도 맞는 말일지 모르지만, 우리는 후쿠시마 사태를 계기로 대형 사고 위험과 방사성 폐기물 처리 문제 등을 고려하면 중장기적으로 비용이 이득을 넘어선다는 사실을 알았다.

문재인 정부는 이런 문제의식에서 탈원전 정책을 추진했다. '원자

력 제로'를 목표로 신규 원전 건설을 백지화하고 노후 원전 수명 연장을 중단해 2030년까지 원전 비중을 30퍼센트에서 18퍼센트로 낮춘다는 계획이었다. 신고리 원전 5, 6호기 공사를 일시 중단하고 시민 배심원단으로 구성된 공론화위원회가 출범하기도 했다.

　탈원전이 순탄하게 진행되지는 않고 있다. 문재인 정부 때는 월성 원전 폐쇄를 둘러싸고 감사를 벌이며 논란이 일고 관련 공무원들이 구속됐다. 윤석열 정부가 출범하면서 탈원전 정책에 저항하는 보수 세력의 반발도 만만치 않다. 전력 원가가 높아져 한전 적자가 누적되고, 온실 가스가 증가하고, 경쟁력 갖춘 원전 산업이 붕괴하는 등 부작용이 심각하니 잘못된 탈원전 정책을 재고해야 한다는 주장이 강력하게 제기되고 있다. 탄소 중립 등에 관련해 원전 문제를 둘러싼 좀더 깊은 논쟁이 필요한 때다.

진정한 상생을 위해, 반핵을 넘어 탈핵

영광에서 반핵운동은 계속되고 있다. 주민들은 노후한 1호기와 2호기 출력 증가 반대, 사용 후 핵연료 대책 마련, 온배수 저감 장치 설치를 요구하며 오늘도 싸운다. 2025년에 수명이 다하는 1호기 문제도 해결해야 한다. 백전노장 반핵운동가 김용국은 말한다. "후쿠시마 사고를 근거로 시뮬레이션을 해 안전 대책을 세워야 합니다. 핵발전 사고는 사소한 실수부터 자연재해까지 위험 요소가 너무 많아 안전성이 불확실합니다. 원전에서 아무리 멀리 떨어져 있어도 영광에서 사고가 나면 한반도 전체에 영향을 미친다는 점에서 원전은 영광이나 고리, 월성 사람들만이 아니라 우리 전체의 문제라는 점을 잊지 말아야 합니다."

'성산리와 한빛원전은 상생합니다 ─ 성산리통합발전위원회'라는 펼침막이 보였다. 원전과 인류, 나아가 지구는 상생할 수 있을까?

덧글

원전은 화장실 없는 고급 맨션?

노무현 정부가 출범한 2003년 말, 6만 명이 사는 부안에 경찰 1만 명이 투입된 준전시 상황이 벌어졌다. 정부가 주민 의견을 모으지 않은

원전 발전에 우호적인 성산리 통합발전위원회가 내건 펼침막.

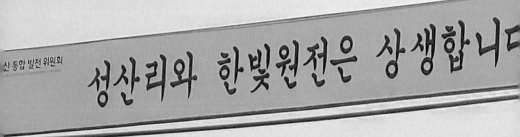

채 부안군 위도에 방폐장을 건설한다고 발표하면서 '부안 사태'가 시작됐다. '핵 없는 세상, 생명 평화의 부안'이라는 기념비가 지난 역사를 증언한다. 안면도 조각공원에 가면 안면도 모양에 방폐장 마크를 한 조각이 있다. 1990년 11월부터 2년 반 동안 핵폐기장 건설 반대 운동을 펼친 '안면도 항쟁'을 기념하는 조형물이다.

원전은 원전 자체는 물론 폐기물이라는 근본적인 문제를 안고 있다. 1988년 영덕과 울진, 1990년 안면도, 1994년 굴업도, 2003년 부안에서 정부는 방사능 폐기물을 보관하는 방폐장을 건설하려다가 실패한다. 결국 공개 경쟁을 거쳐 경주에 3000억 원을 지원하는 조건으로 중저준위 방폐장을 짓고 2010년부터 운영 중인데, 아직 사용 후 핵연료 같은 고준위 폐기물 문제가 남아 있다. 애초 경주에 고준위는 짓지 않겠다고 약속한 만큼 새 부지를 찾아야 한다. 임시방편으로 월성에 원전에서 발생한 사용 후 핵연료를 임시 보관할 건식 저장소(맥스터)를 증설하기로 하면서 지역 여론이 날카롭게 대립하고 있다. 환경운동가들은 폐기물 문제에 관련해 원전을 '화장실 없는 고급 맨션'이라고 비판한다.

찾을 곳

가마미 해수욕장 전라남도 영광군 홍농읍 계마리 799-1. **성산리 마을 정자** 전라남도 영광군 대마면 성산리 홍교로 마을 입구. **영광성당** 전라남도 영광군 영광읍 중앙로2길 40. **부안항쟁기념비** 전라북도 부안군 부안읍 석정로 224 KB국민은행 부안점 앞. **안면항쟁기념비** 충청남도 태안군 안면읍 안면대로 2877 안면조각공원 안. **한국원자력환경공단 코라드청정누리공원(경주 방폐장 홍보관)** 경상북도 경주시 문무대왕면 동해안로 1249.

193

우리들의 불안하고
위험한 미래, 세월호

'진실을 인양하라.' '진실은 침몰하지 않는다.'

세상사가 답답하면 울돌목을 찾아 울부짖는 바닷소리를 듣는다. 이름 없는 민초들의 신음, 환호, 함성을 듣는 듯 힘이 나기 때문이다. 오늘은 울돌목 위에 놓인 진도대교를 넘어 진도로 들어선다. 다시 40분을 달려 팽목항에 도착하자 새벽안개 속에 빛바랜 구호들이 보인다. 박근혜 시절 여러 비극적 사건이 벌어지지만, 으뜸은 2014년 4월 16일 인천항을 떠나 제주도로 수학여행을 가던 고등학생 등 304명이 목숨을 잃은 세월호 참사다.

침몰하는 세월호는 한국 사회의 축소판

새벽 팽목항은 아직도 밝히지 못한 세월호의 진실처럼 물안개에 잠겨 있었다. 안개가 걷히자 팽목항을 상징하는 노란 띠 두른 빨간 등대가 눈에 들어오고 임시 분향소와 기념관이 모습을 드러냈다. 녹슨 쇳조각이 달린 회색 콘크리트 덩어리에 검은 페인트로 쓴 '세월'이 보였다. '세월호'라는 의미일 테지만 나는 흘러가는 '세월'로 읽었다.

그동안 검찰 조사를 거쳐 세월호 선장과 해경 관계자 등이 처벌을 받았다. 검찰은 무리한 증축과 과적으로 복원성이 크게 떨어져 침몰한 듯하다고 결론지었지만, 세월호를 인양한 뒤 과적은 사실이 아니라고 밝혀졌다. 박근혜 정부 때 만든 '세월호 참사 특별조사위원회'(특조위)는 보수 세력이 사보타주하는 바람에 제대로 조사를 진행하지 못했다. 선체 인양 뒤 문재인 정부가 선체조사위원회를 구성해 재조사했지만, 복원성이 원래 낮은데 방향타 조절 장치인 솔레노이드 밸브까지 고장난 탓이라는 '내부 원인설'과 잠수함 충돌 같은 '외부 충격설'이 맞서 결론을 내지 못했다. 2019년 출범한 2기 특조위인 '사회적 참사 특별조사위원회'(사참위)는 해경이 현장 기록인 폐회로 텔레비전^{CCTV}을 조작한 가능성을 염두에 두고 조사하고 있지만 수사권이 없어 어려움을 겪는 중이다.

2020년, 학생 30여 명을 구하고 마지막으로 탈출한 '세월호 영웅' 김성묵 씨가 수사권을 가진 특수수사본부를 설치하라는 요구를 내걸고 청와대 앞에서 48일 동안 목숨을 건 단식 투쟁을 하다가 실려 갔다. 연말에 국회는 조사 기간을 늘리고 조사 기간 동안 공소 시효를 중지하는 한편 증거 조작을 조사 대상으로 삼는 세월호 특검법을 제정했다. 애초에 조사 대상이 시시티브이와 영상 저장 장치^{DVR} 조작에 제한되고 수사권 대신 영장 청구권을 부여한 한계가 컸다('4·16세월호참사 증거자료 조작·편집 의혹 사건 진상규명을 위한 특별검사'는 2021년 8월 10일 증거 조작과 범죄 혐의를 찾아내지 못했다는 수사 결과를 발표했다).

대한항공 괌 추락 사고부터 성수대교 붕괴, 대구 지하철 화재 등 대형 사고는 많이 일어났다. 292명의 목숨을 앗아간 서해훼리호 등 해상 사고도 여러 차례 있었지만, 세월호처럼 국민적 분노를 불러일으킨 적은 없었다. 많은 피해자가 내 아들딸 같은 아이들이라서 그렇지만, 우리가 충격에 빠진 진짜 이유는 따로 있었다. 세월호가 '한강의

새벽 물안개가
자욱이 내려앉은
팽목항.

팽목항의 상징인
붉은 등대가
외롭게 서 있다.

부서진 시멘트 구조물에
누군가 쓴 '세월.'

기적'이라는 성공 신화 뒤에 숨겨진 한국 사회의 치부를 잘 보여준 때문이었다. 세월호는 '교통사고'가 아니었다.

사고보다 구조 과정이 더욱 문제였다. 언제나 촌철살인의 논평을 한 고 노회찬 의원은 이렇게 요약했다. "위기를 벗어나는 두 가지 방식이 있다. 하나는 타이타닉 방식이고, 다른 하나는 세월호 방식이다. 타이타닉 방식은 여성과 노약자 우선 구제다. 세월호는 선장, 항해사 등 강자 우선이다. 한국 사회를 그대로 빼어 닮았다." 학생들을 방치하고 자기만 살려 한 선장과 간부 선원들, 구조 책임이 있는 해경과 청와대 등 정부의 무책임에 우리는 분노했다. 대한민국 헌법은 '국가는 재해를 예방하고 그 위험으로부터 국민을 보호하기 위하여 노력해야 한다'고 규정하고 있다. 해경도, '유신 공주'도 전혀 그렇게 하지 않았다. 해경은 현장에 도착한 뒤에도 세월호가 뱃머리만 남기고 완전히 가라앉을 때까지 퇴선 명령을 내리지 않았다. 최고 책임자인 대통령은 다른 일을 하고 있었다. 국민을 구해야 할 국가는 어디에도 없었다. 보수 언론도 '침몰하는 세월호는 한국 사회의 축소판'이라고 비판했다. 2년 뒤 전국 곳곳의 광장을 메운 시민들이 벌인 박근혜 탄핵 시위에서 '이게 나라냐'는 구호가 가장 많이 등장한 일은 당연하다.

'생산된 위험'과 '조직화된 무책임'

세월호의 상징인 빨간 등대 앞에서 울리히 벡이 쓴 《위험 사회》가 생각났다. 독일에서 1986년에 출간된 이 책은 1997년에 번역됐다. 몇몇 지식인만 알던 이 책은 세월호 덕분에 많은 관심을 끌었고, 벡은 세월호 관련 세미나에 초청되기도 했다. 세월호의 비극이 '위험 사회'를 실감하게 해준 셈이었다. 벡에 따르면, 21세기의 위험은 자연재해나 전쟁 같은 불가항력적 재난danger이 아니라 정치, 경제, 사회 환경하고 결합돼 나타나는 재난risk, 곧 사람이 만들어내는 '생산된 위험'이다.

　세월호가 정확히 그러하다. 세월호의 비극은 불가항력의 자연재해 탓이 아니라 '생산된 위험'이 가져온 결과다. 유가족과 국민들은 사고가 난 뒤 구하려 하지 않고 많은 승객을 내버려둔 사실 때문에 더욱 분노했다. 상식적인 한국인들은 대부분 세월호에 분노하고 적극적으로 반응했다. 한국 사회가 압축 근대화를 거치며 경제적으로 발전한 상태이지만, 그런 과정이 가져온 부작용 탓에 전대미문의 위험 사회에 살고 있으며, 위험 사회 체감도가 다른 나라에 견줘 높기 때문이었다.

　울리히 벡은 위험 사회를 만드는 주요 원인이 '조직화된 무책임'이라고 말했다. '의사 결정을 하는 사람들이 위험에 영향을 받는 사람들에게 책임을 지지 않고, 영향을 받는 사람들은 의사 결정 과정에 참여할 수 있는 구체적 방법이 없는 상태'가 조직화된 무책임이다. 제 의무를 수행하지 않은 선장과 선원, 퇴선 명령을 내리지 않은 해경, 해경을 지휘할 책임을 방기한 청와대의 조직화된 무책임이 세월호를 죽음으

이제는 찾는 이 없는 팽목항. 세월호 참사를 추모하는 노란 리본 아래 누군가 놓고 간 인형들이 애처롭다.

로 내몰았다. 게다가 해경은 이 무책임을 은폐하려 현장에 도착한 순간부터 승객들에게 퇴선 명령을 한 듯 서류를 조작했고, 김기춘 대통령 비서실장은 박근혜가 청와대에서 쉬고 있다는 이유로 사건을 늦게 보고하고도 시간을 속여 제때 보고한 양 조작했다.

안전 사회로 나아가는 해방적 파국

목포신항으로 옮긴 세월호의 낡은 선체 주변에는 세월호 참사를 잊지 않겠다는 메시지와 함께 노란 리본이 매달려 있다.

'왜 구하지 않았니?' 목포신항 부두 입구에는 쭉 이어지는 어린 학생들 사진 위에 이런 글자가 쓰여 있다. 부두 안에는 세월호 선체가 전시돼 있다. 선체는 단순한 금속 덩어리가 아니라 이윤과 결과만 중시하고 인명을 우습게 여겨온 '압축 근대화'와 '빨리빨리 문화'에 던지는 처절한 고발장이다. 선체에 난 상처들은 상처투성이인 우리 사회를 상징한다. 태안화력발전소에서 인건비를 아끼려는 회사 때문에 죽 **199**

목포신항으로 옮긴 새월호의 낡은 선체 주변에 노란 리본이 매달려 있다.

어간 김용균 노동자 사건 등 매일같이 일어나는 산업 재해와 세월호 참사는 하나다.

상처투성이 세월호 선체를 보면서 이 비극이 인명 경시 문화를 바꾸는 '해방적 파국'(벡이 쓴 표현으로 '파국이지만 해방의 계기로 작용하는 파국'을 뜻한다)으로 작동해 한국이 위험 사회에서 '안전 사회'로 탈바꿈하기를 빌었다. 몇몇 보수 세력이 교통사고일 뿐인 세월호는 그만 떠들라고 불만을 터트리지만, 우리는 세월호를 잊지 말아야 한다. 해마다 4월 16일에 여는 기념행사를 '기념식'이 아니라 '기억식'이라고 부르는 이유가, 그리고 '4·16생명안전공원'을 추진하는 이유가 여기에 있다. 벡은 경고한다. "세월호 참사 이후 사태가 조용해지면 정치인은 다시 과거의 관행을 답습하겠지만 여러분이 겪은 위험이 사라지지는 않습니다." 세월호는 남의 이야기가 아니다. 언제 어디서 다가올지 모르는 우리들의 불안하고 위험한 미래다.

찾을 곳

진도항(팽목항) 전라남도 진도군 임회면 남동리. **목포신항만** 전라남도 목포시 신항로294번길 45.

개발과 환경 사이
길 잃은 갯벌

강원도 정선군에서 영월군으로 가는 길은 작은 강을 따라 달린다. 한국에서 가장 아름다운 강, 동강이다. 설악산을 가면 많은 사람이 오색약수를 출발해 대청봉에 오른다. 동강은 한때 댐 때문에 몸살을 앓았고, 오색은 케이블카 문제로 아직도 시끄럽다. 얼마 전에는 경상남도 하동군이 지리산에 산악 열차를 설치하겠다고 해서 논쟁이 벌어지고 있다. 환경이냐 개발이냐 하는 문제는 지역 정치, 또는 지방 정치에서 자주 등장하는 뜨거운 감자다.

논쟁거리 된 '세계 최장 방조제'

30년 넘게 논쟁이 계속되는 뜨거운 감자가 있다. 간척 면적은 서울시의 3분의 2인 409제곱킬로미터이고 길이는 33.9킬로미터에 이르는 세계 최장 방조제로 기네스북에 오른 새만금이다. 새만금은 노태우 정권 때인 1991년에 첫 삽을 떴다. 15년 뒤인 2006년에 완공해 바다를 막았다. 물막이를 마치고 내부 공사를 시작한 지 다시 15년이 흐른 지금도 개발과 환경을 둘러싼 논쟁은 계속되고 있다.

새만금으로 들어가는 우리를 세계잼버리대회 광고판이 맨 처음 맞이한다. 그 앞에 내려 바다 쪽으로 걸어가니 전망대 밑으로 새만금에 남은 마지막 갯벌인 해창갯벌이 보인다. 다시 조금 달려가면 환경 단체들이 새만금 갯벌을 보호하려고 장승 등을 세운 곳이 나온다. '이물이 바다로 흘러 들어가면 죽은 물이 살아날 것이다'(에스겔서 47장 8절)는 성경 구절을 써놓은 펼침막과 장승 뒤로 2023년에 열릴 세계잼버리대회 부지를 만드는 매립 공사가 한창 진행 중이다. 환경 단체들은 청소년이 자연하고 교류하며 세계 평화에 기여한다는 '잼버리 정신'에 맞게 새만금 갯벌을 보존하고 매립 계획을 재검토하라며 세계스카우트연맹에 항의 서한을 보내는 등 반대 투쟁을 벌이고 있다.

새만금은 왜 30년이 지난 지금도 논쟁이 되고 있을까? 한국 정치의 빛과 그림자를 동시에 보여주기 때문이다. 빛은 개발에서 소외된 지방을 살리자는 지역 주민과 정부의 지역 균형 발전 의지다. 이런 점에서 보면 새만금은 세종시나 혁신 도시들처럼 '지역 균형 발전의 상징'이라 할 수 있다. 그렇지만 그림자도 있다. 바로 호남 표를 의식한 정치권이 정략적으로 정책을 추진하는 행태와 예산을 확보해 사업을

새만금에 남은 마지막 갯벌인 해창갯벌을 지키려고 여러 환경 단체들이 세운 장승 뒤로 잼버리 대회장 공사가 한창이다.

새만금방조제 기공식. 노태우는 광주 학살의 원죄를 씻으려 이 공사를 추진했다.

새만금 개발 청사진. 환경 단체 등은 수질 문제를 해결하지 않는다면 '녹차 라테 수변 도시'가 된다고 염려한다(새만금홍보관 전시 자료).

벌여야 일거리가 생기는 관련 기관의 조직 이기주의다. 식량 안보와 농지 확보를 내세워 노태우 정부가 처음 추진한 점부터 그러하다. 전두환하고 함께 광주 학살을 저지른 주범인 노태우가 호남 민심을 달래려 꺼낸 카드가 새만금이다.

김대중 정부 시절 노무현 전 대통령은 해양수산부 장관으로 일하면서 갯벌 복원이 세계적 추세라며 새만금 간척 사업을 유보하자고 건의했다. 그런데 막상 민주당 대통령 후보가 되자 호남 지역에서 지지를 받으려고 새만금 개발을 찬성한다며 태도를 바꿨다. 문규현 신부 등 4대 종단 성직자들이 삼보일배 행진을 하는 등 반대 운동이 거셌지만, 노무현 정부는 내부 토지의 72퍼센트를 농지로 하고 나머지 28퍼센트는 비농지로 개발하는 '새만금 내부토지개발 기본구상'을 발표했다. 시간이 흐른 뒤 쌀이 남아돌기 시작하자 이명박 정부는 개발 계획을 농지 30퍼센트와 비농지 70퍼센트로 다시 바꿔 사실상 농업 중심 개발 계획을 폐기했다.

정권이 바뀌면 개발 계획이 달라지고 개발 사업도 우왕좌왕하는 행태는 계속됐다. 박근혜 정부는 새로운 개발 모델을 세워 한-중 경제 협력 단지를 조성하는 데 중점을 뒀고, 토지를 산업 용지, 국제 협력 용지, 관광·레저 용지, 농생명 용지, 배후 도시 용지, 생태 환경 용지 등 6개 지구로 나눴다. 문재인 정부는 환황해권 경제 중심 개발을 앞세우다가 초대형 재생 에너지 단지 쪽으로 다시 한 번 방향을 틀었다. 한국수력원자력은 새만금 내수면 3.5제곱킬로미터에 1조 1600억 원을 들여 대규모 수상 태양광 시설과 송전선을 구축한다는 계획을 세워 2020년 말 입찰 공고를 내고 수변 도시 착공식도 열었다.

갯벌도 살리고 지역도 발전하고

몇몇 학자와 지역 인사들은 환경 문제를 제기하면서 새만금 사업을 반대하는 행위는 지역 발전을 바라는 주민들의 열망을 무시하는 '등 뜨신 먹물 지식인'들이 하는 배부른 투정이라고 비판한다. 낙후한 호남의 현실을 고려하면 언뜻 이해도 되지만, 곰곰이 생각하면 도통 납득할 수 없다. 처음에 내건 식량 안보와 농지 확대는 어느 정도 설득력이 있었지만, 그 뒤 쌀이 남아도는 상황에서는 명분이 약해졌다. 그런데도 구태여 갯벌을 파괴하고 시설을 만들고 건물을 올리려 한다. 새만금 인근 지역에 개발 프로그램을 적용하면 갯벌도 살리고 지역도 발전하지 않을까? 주민들은 넓은 새 땅보다는 진정한 지역 발전을 바라지 않았을까?

지난 30년 동안 우여곡절을 겪어온 새만금 개발에 얼마 전 중요한 변수가 등장했다. 새만금 개발의 핵심인 수질 문제에 관련된 정부 연구 용역 보고서다. 이 보고서는 지난 20년 동안 새만금 유역의 수질을 개선하는 데 무려 4조 원이 넘는 예산을 투입하지만 상황이 더 나빠진 사실을 확인했다. 이런 사실에 기초해 보고서는 농업용수와 생활용수로 쓰려면 수문을 열어 해수를 유통시켜야 한다는 결론을 내렸다. 긴말이 필요 없다. 환경운동가 최병성 목사가 얼마 전 드론을

갯벌과 바다를 갈라놓은 새만금방조제
(새만금홍보관 전시 자료).

띄워 방조제 안팎을 찍은 사진 한 장이면 된다. 방조제 밖 푸른 바다와 방조제 안 '녹차 라테' 사이의 대비가 너무나 뚜렷하다. 4대강 특산품인 '녹차 라테'를 새만금에서 보게 됐으니 좋아해야 할 일일까?

안산 시화호도 방조제를 설치한 뒤 수질이 심각하게 나빠지다가 해수를 유통시키자 말끔히 회복됐다. 시화호처럼 해수 유통을 하지 않는 한 새만금은 더 썩을 수밖에 없다고 많은 전문가가 말한다. 물 썩는 내가 진동하는 '녹차 라테 수변 도시'를 만들 수야 없지 않은가?

개발과 환경이라는 두 마리 토끼

새만금홍보관에 들어가니 기이한 전시물이 가장 먼저 눈에 띈다. 조선 중기에 나온 예언서 《정감록》이다. 한반도의 수도가 송악에서 한양, 계룡산, 가야산을 거쳐 서해 고군산군도로 옮겨져 그곳이 천년 도읍이 된다는 예언이 이 책에 담겨 있다고 했다. 설명은 이런 예언이 실현되고 있다며 흥분한다. "세종시까지 행정 수도가 이전되었고, 다음에 고군산군도의 중심인 새만금이 국제적인 천년도읍지로 발전하게 되면 수도가 되지 않을까 예언하는 사람도 있다." 새만금이 국제적인 천년 도읍이 된다? 예지력 없는 나에게는 황당한 이야기일 뿐이다.

이제 와서 새만금을 원점으로 돌릴 수는 없다. 지역 주민들이 품은 기대와 이미 들어간 예산을 고려할 때, 새만금 개발은 어서 완성해야 한다. 문제는 '친환경' 개발에 있다. 방조제가 만들어지면서 이제는 어항 기능을 대부분 잃어버린 심포항에서 새만금방조제 끝까지 새만금을 동서로 관통하는 새만금 동서도로도 개통됐다. 이 도로를 달리면서 단군 이래 최대 공사라는 새만금 개발이 균형 있는 절충을 통해 개발과 환경이라는 두 마리 토끼를 다 잡기를 기원했다.

찾을 곳 ▶

해창갯벌 부안읍에서 해창 선착장 못 미쳐 소광교차로 오른쪽. **새만금홍보관** 전라북도 부안군 변산면 새만금로 6. **새만금방조제** 새만금홍보관 앞에서 군산시 비응도동까지 이어진다. **새만금 동서도로** 새만금방조제에서 심포항 방향.

갑질 챌린지와
노블레스 오블리주

"너 이 새끼들 똑바로 안 서!" 검은 장갑을 낀 재벌 그룹 회장은 청계산 자락 어느 공사장 창고에서 몽둥이를 든 경호원과 조폭들의 호위 속에 술집 종업원들의 눈을 집중 가격하기 시작했다. 이 사람들이 일하는 술집에서 시비가 붙어 자기 아들이 눈을 맞은 때문이었다.

"내 비행기에서 내려!" 청계산 폭행이 있고 7년 뒤, 뉴욕을 떠나 한국으로 돌아오려고 활주로로 나가던 비행기에서 대항항공 부사장이 승무원을 무릎 꿇리고 기체에서 내리라며 회항을 지시했다. 대항항공에는 땅콩 알레르기를 앓는 승객을 배려해 땅콩을 봉지째 제공하는 규정이 있는데, 이 승무원이 규정대로 땅콩을 봉지째 주자 화가 나서 저지른 짓이었다. 부사장은 대항항공 소유주의 딸이었다.

두 사건은 부유층이 저지르는 갑질이 얼마나 심각한지 보여줬다. 상류층일수록 도덕적 책임이 크다는 '노블레스 오블리주'가 실종된 현실에 씁쓸해졌다. 그러나 우리가 늘 그렇게 살지는 않았다.

여섯 교훈을 새겨 책임을 다하라
왕릉이 즐비한 경주의 중심가 교동에 고풍스러운 고택이 자리잡고 있다. 최부자댁이다. 원래 99칸이었는데, 최부자아카데미, 한정식으로 유명한 식당 요석궁, 최부자댁에 비법 술로 내려오는 경주 교동법주 등 이런저런 부대시설을 떼어내서 지금 남아 있는 집은 생각보다 작았다. 솟을대문도 만석꾼 부잣집이 맞나 하는 의문이 들 정도로 작고 검소했다. 우리나라 목재 곡간 중 가장 커서 쌀 800석을 보관할 수 있다는 곡간을 보고 나서야 최부자댁이 만석꾼이라는 사실을 실감했다. 사랑채 또한 면암 최익현과 의병장 신돌석 같은 쟁쟁한 인물들이 신세를 지고 간 곳이었다. 마당에 놓인 큰 나무판에는 대대로 내려오는 '육훈六訓', 곧 여섯 가지 가훈이 쓰여 있다.

1. 과거를 보되 진사 이상 벼슬을 하지 마라.
2. 만석 이상의 재산은 사회에 환원하라.
3. 흉년기에는 땅을 늘리지 말라.
4. 과객을 후하게 대접하라.
5. 주변 100리 안에 굶는 사람이 없도록 하라.

노블레스 오블리주의 상징인 경주최부자댁. 저택 일부는 최부자아카데미로 쓰인다.

6. 시집 온 며느리들은 3년간 무명옷을 입어라.

하나하나가 가슴을 울린다. 3번과 5번은 압권이다. 흉년에는 땅 가진 농민도 생계가 어려워 땅을 헐값에 내놓을 수밖에 없고, 부자들은 땅 사 모으기에 혈안이 되기 마련이다. 그런데도 흉년에는 땅을 늘리지 말라니, 참 특이한 부자다. 최부자댁은 흉년이 들면 아무나 와서 쌀을 가지고 갈 수 있게 아예 곳간 문을 열어놨다. 이 정도 되면 지주이기는 해도 참아주고 존경할 만하다. 게다가 부자는 3대 가기가 어렵다는데, 이 집은 12대나 이어졌다. 1500년대 중반부터 1900년대 중반까지 무려 400년간 만석꾼 부자로 살았다.

최부자댁 정도는 아니지만 호남에도 비슷한 사례가 있다. 전라남도 구례군에 가면 운조루雲鳥樓라는 고택에 들러야 한다. '구름 속에 새처럼 숨어 있는 집'이라는 멋진 이름을 붙인 이 집은 조선 후기 낙안군수를 지낸 유이주가 지었다. 볼거리가 많지만, 무엇보다도 부엌에 **211** 들러야 한다. 커다란 원통형 쌀뒤주에 '타인능해他人能解'라는 글씨가 새겨져 있다. '아무나 이 쌀독을 열 수 있다'는 뜻으로, 흉년이 들면 아무나 와서 쌀을 가져갈 수 있었다.

자수성가 여성 시이오 김만덕도 제주에 기근이 나자 전 재산을 털어 쌀 500석을 사들였다. 친척들에게 50석을 건넨 뒤 나머지 450석으로 관덕정에 솥을 걸고 죽을 쒀 나눠줬다(이 책 6장 참조). 노블레스 오블리주의 전통은 우리에게도 있었다.

전남 구례 운조루 부엌에 있는 쌀뒤주.
필요한 사람은 누구든 이 뒤주를 열어
쌀을 가져갈 수 있었다.

역사와 민중을 위한 노블레스 오블리주

다시 최부자댁으로 돌아가자. 최부자댁의 역사가 12대에 그친 데는 그럴 만한 사연이 있다. 12대인 최준이 400년 내려온 재산을 거덜냈다. 집안 말아먹은 많은 부잣집 도령들처럼 주색잡기나 도박, 마약에 빠지지는 않았다. 엉뚱한 사업을 벌여 재산을 탕진한 일도 없었다. 최준은 나라가 망하자 조선국권회복단과 대한광복회에 군자금을 대다가 감옥을 갔다. 감옥에서 나온 뒤에도 백산상회라는 위장 회사를 만들어 상하이 임시 정부 김구에게 거액의 군자금을 보냈다. 해방이 되자 나라를 이끌 인재를 키워야 한다며 전 재산을 기부해 대구대학 등을 설립했다. 최준은 일제 강점기에는 독립운동에, 해방 뒤에는 교육 사업에 전 재산을 '탕진'했다. 어느 조상보다 노블레스 오블리주를 철저히 실천했다. 그 공을 인정받아 1990년 건국훈장 애족장도 받았다.

최부자아카데미에서는 정부 기관과 기업의 위탁을 받아 공무원과 회사원을 대상으로 최부자댁의 가치를 알리는 교육 프로그램을 운영한다. 최창호 상임이사에 따르면 1년에 최부자댁 방문자는 20만 명 정도이고 아카데미 수강자는 3000명쯤이다. 아카데미에서 향교를 지나 조금 더 가면 교촌홍보관이 나오는데, 12대 만석꾼을 유지한 최부자댁 이야기와 독립 유공자 최준 선생의 사진 등을 접할 수 있다.

안타까운 이야기도 많다. 최준 선생이 전 재산을 던져 세운 대구대학이 문제다. 잇따른 언론 보도와 2012년 10월 열린 '영남학원 재단 정상화의 사회적 해법 모색을 위한 국회 토론회' 등에서도 밝혀졌지만, 박정희 정부는 대구대학의 후신인 영남대학교를 찬탈했다. 1964년 최준은 이병철 삼성그룹 회장에게 대구대학 운영권을 넘기고 이사로 물러났다. 1967년 사카린 밀수 사건과 청구대학 건설 현장에서 일어난 대형 사고 때문에 사법 처리를 당할 위기에 몰린 이병철 등은 처

12대가 이어진 최부자댁 가계도.
손자를 안고 있는 최준 선생 사진(가운데 왼쪽)도 있다. 최준은 독립운동과 교육 사업에 전 재산을 바쳤다.

벌을 피하려 두 대학을 상납했고, 이후락 청와대 비서실장은 두 대학을 통합해 영남대학교를 만들었다. 최준이 영남대학교 설립 이사에 포함되기는 하지만 허수아비였고, 실질적인 운영은 이후락, 이효상, 백남억, 신현확 같은 정권 실세들이 좌지우지했다. 몇 년 뒤 최준은 이사 자리에서도 쫓겨났다.

'교주 박정희'를 '설립자 최준'으로 바꿔야

1980년에는 사실상의 소유주 박근혜가 영남대학교 이사장에 앉았고, 영남학원의 창학 정신(고 박정희 대통령의 설립 정신)을 정관 전문으로 채택하자는 제안에 따라 '교주 박정희'를 명문화했다. 1987년 민주화 흐름 속에 재단 비리가 드러나면서 박근혜와 측근들이 이사직에서 물러나 임시 이사 체제가 자리잡지만, 이명박 정부 들어 박근혜 체제가 복원됐다. 2016년 촛불 항쟁이 일어나 박근혜가 탄핵되고 감옥에 갇히지만, 영남대학교 정상화 운동은 별 성과를 거두지 못하고 있다.

얼마 전 영남대학교 이사회는 총장 선출 과정을 개혁하겠다는 약속을 깨고 일방적으로 박근혜의 최측근을 총장으로 뽑았다. 최창호 상임이사는 분노했다. "할아버지가 대구대학에 기증한 재산에는 경주 지역 땅 70만 평이 있는데, 그 땅이 영남대학교 소유로 넘어가 경주시가 공공사업을 추진하려면 영남대학교에 거액을 주고 땅을 구입해야 하는 역설이 벌어지고 있다." 최부자댁 고택 등도 법적으로는 영남대학교 소유라서 자칫하면 거리에 쫓겨나야 할 판이다.

촛불 정신이 실현돼 비정상이 정상화되고 재벌과 졸부들이 최부자댁 육훈을 배워 노블레스 오블리주를 실천한다면 조금은 살 만한 사회가 될지도 모른다. 아니, 재벌 3세나 4세들은 반드시 최부자아카데미에 와 육훈을 익히고 최부자댁의 가치를 교육받아야 한다.

214

최부자댁 최준이 세운 대구대 등을 박정희가
사실상 탈취해 세운 영남대학교.
촛불 항쟁 뒤에도 재단은 정상화되지 않고 있다.

찾을 곳 ▶

경주최부자댁 경상북도 경주시 교촌안길 27-40. **경주최부자아카데미** 경상북도 경주시 교촌안길 27-24. **교촌홍보관** 경주최부자아카데미에서 교촌안길 쪽. **운조루** 전라남도 구례군 토지면 운조루길 59.

유림의 중심,
독립운동의 성지

투옥 17회, 의열단원이자 난징에 자리한 조선혁명군사정치간부학교를 1기로 졸업하고 무장 투쟁을 추구하다가 40살에 감옥에서 숨진 독립 투사는? 많은 사람이 직업적 혁명가를 떠올릴 테지만, 이원록, 일제가 꾸민 조서에는 이활로 나오는 문학가다. 이원록이나 이활이라고 하면 알아듣는 사람이 거의 없다. 처음 감옥에서 받은 수인 번호 '264'를 따서 이육사라는 필명으로 활동한 탓이다.

'까마득한 날에/ 하늘이 처음 열리고/ 어디 닭 우는 소리 들렸으랴/ …… /다시 천고의 뒤에/ 백마 타고 오는 초인이 있어/ 이 광야에서 목 놓아 부르게 하리라.' 대표작 〈광야〉를 읊조리며 항일 문학가 이육사를 만나러 도산서원으로 향했다. 안동시 도산면 원촌리에서 태어난 시인을 기리는 이육사문학관은 성리학의 성지 도산서원 가까운 곳에 있다. 이육사는 퇴계 이황의 14대 손이다.

한말 성균관 대사성을 지낸 이만도 또한 퇴계 직계 후손으로 경술국치 때 곡기를 끊고 자정 순국했다. 이만도의 아들 이중업은 대한독립회 등에 깊이 관여했고, 며느리 김락은 3·1 운동에 참여한 뒤 고문으로 실명하는 등 가족 중 9명이 독립 유공자다. 베이징 감옥에서 이육사의 시신과 유작을 챙겨 나온 사람도 친척인 이병희였다. 이병희는 여학교를 중퇴하고 방직 공장에 위장 취업해 노동운동을 하다가 투옥됐고, 감옥을 나온 뒤 베이징으로 망명해 의열단원으로 활동했다.

독립 유공자 941명과 혁신 유림

'전국에서 독립 유공자가 가장 많은 곳.' 안동에 자리한 경상북도독립운동기념관에 들어가면 가장 먼저 눈에 띄는 문구다. 경북은 1894년에 의병 운동을 처음 시작한 곳이다. 나라가 망하자 목숨을 끊은 자정 순국자가 17명으로 가장 많고, 독립유공자도 2116명으로 유일하게 2000명이 넘어 인구 비율로 따져도 일등이다. 도 단위에서 독립운동기념관을 만든 곳도 경북뿐이다.

한국 유학의 중심인 안동은 '독립운동의 성지'다. 인구 16만 명인 안동에 독립 유공자가 무려 941명이다. 퇴계 자손들만이 아니라 안동의 여러 명문가와 유림들이 독립운동에 앞장섰다. 독립 유공자 중에 퇴계 후손인 진성 이씨가 52명이고 의성 김씨가 47명이다. 마을로 따

도산서원 근처 이육사문학관 앞 이육사 시비와 동상.

지면 의성 김씨 내앞마을, 안동 권씨 가일마을, 풍산 김씨 오미마을, 석주 이상룡의 임청각 등이 대표적이다.

경상북도독립운동기념관 코앞에 있는 마을은 '마을 앞에 개울이 흐른다'는 뜻에서 '내앞마을'로 불린다. 류성룡하고 함께 퇴계의 수제자로 불리는 김성일의 후손들이 사는 이곳은 제국주의의 침탈 속에서 살아남으려면 유학을 혁신해야 한다고 생각한 '혁신 유림'의 본고장이자 안동이라는 전통 사회에 변화를 몰고 온 '혁명 발상지'다. 주민이 700명이던 1910년대에 김대락과 김동삼 등 18명이나 독립 유공자를 배출했다. 그런 상징성 때문에 이곳에 독립운동기념관을 지었다.

내앞마을의 혁명성을 상징하는 흔적은 '사람 천석, 글 천석, 살림 천석'으로 '삼 천석 댁'으로 불린 의성 김씨 가문의 장손 백하 김대락이 살던 고택 백하구려白下舊廬다. 김대락을 비롯한 김씨 문중은 의병 운동이 실패한 뒤 근대화가 필요하다고 느껴 근대적인 협동학교를 세웠다. 아름답게 보존된 고택으로 들어가니 커다란 돌이 보였다. 평범한

217

유교의 고장인 안동에서 혁신 유교를 주창한 김대락의 고택 백하구려.
김대락은 이곳에 근대적 협동학교를 세웠는데, 유림들이 쳐들어와 사진 속 바위에 교사들 목을 놓고 쳐버렸다.

돌이지만 슬픈 역사를 품고 있었다. 1909년 협동학교 사람들이 모두 단발을 하자 분노한 유림들이 밤에 쳐들어와 숙직을 서던 교사 등을 붙잡아 이 돌 위에 머리를 놓고 베어버렸다.

내앞마을 사람들은 결국 독립운동을 하러 만주에 망명을 가기로 결심했다. 망명길에 나선 사람은 김대락과 김동삼의 가족 등 150명이 넘는다고 알려져 있는데, 만주 삼원보에서 신흥무관학교를 만들어 청산리 대첩에 참여하는 독립군을 길러내는 등 치열하게 독립운동을 펼치다가 순국했다.

"광복이 되기 전에는 나의 유해를 조국으로 가져가지 말라." 상하이 임시 정부 초대 국무령을 지낸 석주 이상룡이 남긴 유언이다. 아흔 아홉 간 임청각에서 태어난 이상룡은 노비를 해방한 뒤 큰 처남 김대락(김대락의 또 다른 여동생이 이만도의 며느리 김락이다)하고 함께 만주로 가 독립운동을 시작했고, 임청각과 땅을 팔아 자금을 댔다. 놀란 문중이 돈을 모아 종가인 임청각을 사들이지만 그 바람에 소유권

중앙선 고속철이 개통하면서 철로를 걷어내고 임청각을 복원하고 있다.

이 68명에게 나뉘었다. 복잡한 임청각 소유권은 얼마 전에야 정리됐다. 이 집안도 독립 유공자만 3대에 걸쳐 9명을 배출했다. 일제는 임청각을 관통하도록 중앙선 철로를 깔아 민족정기를 말살하는 치졸한 보복을 했다. 2020년 12월 16일 저녁 7시, '임청각 마지막 기차, 잘못된 만남의 끝'이라는 펼침막을 단 청량리발 열차가 임청각 앞을 지나갔다. 이 열차를 마지막으로 80년 만에 철로를 걷어내고 옹벽을 허무는 복원 공사가 진행 중이다.

김재봉과 권오설, 그리고 안동의 모스크바

안동은 '좌파' 독립운동에서도 매우 중요한 구실을 했다. 경상북도독립운동기념관에는 조선공산당 초대 책임비서 김재봉이 일제 경찰 앞에서 작성한 조서가 눈길을 끈다. 3·1 운동 뒤 독립운동에 뛰어든 김재봉은 감옥에서 나와 1922년 모스크바에서 열린 극동민족대회에 조선노동대회 대표로 참석했고, 1925년 경성에 있는 중국 음식점 아서

풍산 김씨 집성촌 오미마을 김재봉 생가.
김재봉이 경찰 조서에 적은 '조선 독립을 목적하고'라는 구절이 새겨져 있다.

원에서 조선공산당 창당 대회를 열고 책임비서에 선출됐다. 그 뒤 오랜 감옥살이를 하다가 고문 후유증으로 해방을 보지 못한 채 눈을 감았다. 풍산 김씨 집성촌인 풍산읍 오미마을에 가면 김재봉 고택이 있다. 고택 앞에는 '조선 독립을 목적하고'라는 글귀를 새긴 커다란 돌이 보인다. 김재봉이 코민테른에 낸 위임장에 쓴 이 말은 원래 '조선 독립을 목적하고 공산주의를 희망함'이다.

또 다른 명문가 안동 권씨들이 모여 사는 풍산읍 가일마을은 '안동의 모스크바'로 불린다. 권오설 등이 중심이 돼 사회주의 독립운동을 주도한 때문이다. 3·1 운동으로 감옥을 다녀온 뒤 귀향한 권오설은 문중 서원에 강습소를 만들어 농민을 가르치고 소작회를 조직해 소작쟁의를 주도했다. 조선공산당 산하 고려공산청년회 책임비서로 6·10 만세 운동 때문에 감옥에 들어가 출소 100일을 앞두고 고문 후유증으로 세상을 떠났다. 경상북도독립운동기념관에는 녹슨 철관이 놓여 있었다. 권오설을 혹독하게 고문한 일제는 가족 입관식을 허락하지 않더니 관도 못 열게 시신을 철관에 넣어 봉인한 뒤 매장했다. 가일마을에 있는 권오설 생가 터는 무너져 없어지고 잡초만 무성하다. 마을 입구에는 권오설이 남긴 공적을 기리는 커다란 기념비가 드넓은 풍천 들녘을 내려다보고 있다.

'다행스럽게도' 김두봉과 권오설은 해방되기 전에 목숨을 잃은 덕에 좌파인데도 훈장을 받았지만, 뿌리 깊은 반공주의 탓에 좌파 독립운동가들이 완전히 복권되려면 아직 시간이 필요한 듯하다. 얼마 전 독립운

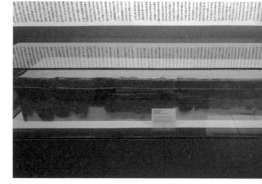

6·10 만세 사건의 주범인 권오설은 고문에 시달리다가 옥사하는데, 일제는 유족들이 고문 흔적을 보지 못하게 하려고 시신을 철관에 넣어 봉인했다

동 기념 단체들이 권오설 묘 입구에 세운 표지석은 보기 싫게 모퉁이가 깨져 있었다.

봉건적 노블레스 오블리주의 한계

안동은 유림의 중심답게 노블레스 오블리주를 실천한 독립운동의 고장이었다. 많은 친일 인사들, 갖가지 핑계로 군대를 가지 않고도 입만 열면 국가 안보를 떠드는 요즘 정치인들을 생각하면 높이 평가할 일이다. 그러나 여전히 안타까운 점이 있다. 이 노블레스 오블리주는 '때늦은 애국'이었다. 힘을 합쳐 일본군을 몰아내자는 요구를 외면하고 오히려 민보군을 조직해 동학군을 분쇄하는 데 함께한 유림은 나라가 망하고 나서야 저항을 시작했다. 가까운 문경에서 효령대군 직손인 의병장 이강년 장군이 대의에 공감해 동학군 지휘관이 돼 일본군에 맞서 싸울 때, 안동은 유림의 중심지답게 민보군을 조직해 지역 동학군을 척결했다. 동학군 세력이 강하던 예천에 민보군 3500명을 지원군으로 보내기도 했다. 조금 더 일찍, 조금 더 개방된 자세로 봉건적 유학을 혁신하지 못한 역사가 안타깝기만 하다(이 책 11장 참조).

221

찾을 곳

경상북도독립운동기념관 경상북도 안동시 임하면 독립기념관길. **백하구려** 경상북도 안동시 임하면 내앞길 35. **임청각** 경상북도 안동시 임청각길 63. **이육사문학관** 경상북도 안동시 도산면 백운로 525. **항일구국열사 권오설선생 기적비** 경상북도 안동시 풍천면 가곡리 650. **안동학암고택** 경상북도 안동시 풍산읍 미동길 59.

저울처럼 공평한
사회를 향해

'청년 정육점.' 요즘 심심찮게 보이는 가게 이름이다. 시장에 가면 앞날 창창한 젊은이들이 칼을 들고 발골을 하는 정육점이 많다. 과학 영재고와 카이스트를 나오고 국비 장학생으로 유학을 갈 예정이던 인재가 떠나기 전에 맛있는 돼지고기나 실컷 먹자며 전국 맛 기행을 나선 뒤 정육점을 내서 화제가 되기도 했다.

정육업자가 이런 대접을 받은 지는 얼마 안 됐다. 조선 시대에 가축을 도살하는 백정은 노비는 아니지만 양민 중 최하층으로 여겨져 차별과 천대를 받았다. 거주지가 제한돼 따로 모여 살았고, 호적 없는 무적자로 별도 관리됐다. 외출할 때는 상투를 틀지 않은 채 백정 신분을 나타내는 모자인 패랭이를 썼다. 경기도 양주군 불곡산 초입에 가면 넓은 공터가 나온다. 조선 3대 의적으로 불리는 임꺽정 집터다. 백정 출신 임꺽정은 동네 사람들에게 천대받고 우물도 쓰지 못해서 불곡산까지 와 냇물을 마셨다. 차별은 저항을 불러왔다.

차별 없이 살아가자는 인권 선언

1923년 4월 25일, 경상남도 진주에 자리한 진주청년회 회관에 백정 출신 재력가와 양반 출신 지식인 등 80명이 모였다.

공평은 사회의 근본이요, 애정은 인류의 양본이라. 그럼으로 아동은 계급을 타파하여 모욕적인 칭호를 폐지하며 교육을 장려하야 우리도 참사람이 되기를 기함이 본사의 주지니라. 우리도 조선 민족 2천만의 분자이여 갑오년 6월부터 칙령으로 백정의 칭호를 없이 하고 평민된 우리나라 애정으로 상부상조하여 …… 공동의 존영을 기하고자 자에 40여 만이 단결하여 …… 그 주지를 선명히 표방코자 하노라.

수백 년 동안 차별받은 백정들이 모여 차별 없는 공평한 사회를 만들자는 취지로 조직한 '형평사(衡平社)'의 창립 선언문이다. 형평사는 '저울처럼 공평한 사회'라는 뜻이다.

1894년 갑오개혁으로 신분제가 폐지됐다. 호적 없이 지내던 백정도 1896년부터 호적에 올랐지만, 수백 년 내려온 차별은 크게 바뀌지 않았다. 직업란에는 여전히 백정이라 썼고, 학교나 교회에서도 다른 사람들하고 함께 수업을 받거나 예배를 볼 수 없었다. 일제도 이런 정책

경기도 양주시 불곡산 입구에 있는 임꺽정 집터 보존비. 임꺽정은 차별받는 백정 출신이었다.

을 이어받아 입학 원서나 관공서에 내는 서류에도 반드시 백정 신분을 표시하게 했다.

계속되는 차별 속에 저항의 기폭제가 된 사건이 터졌다. 진주에서 백정으로 일해 많은 돈을 번 이학천이라는 사람이 자녀를 학교에 입학시키려다 신분 때문에 거절당했다. 우여곡절 끝에 간신히 입학하지만 백정의 자녀라는 사실이 알려지면서 주변 시선 때문에 학교를 그만뒀다. 화난 이학천은 1년 전 일본에서 백정들이 수평사水平社를 조직한 소식을 듣고는 조선에도 비슷한 조직을 꾸리기로 결심했다.

진주에서 형평사가 조직된 소식이 알려지자 형평 운동은 전국으로 들불처럼 번졌다. 1923년 5월에는 진주에서 각 지방 대표자 회의를 열고 차 3대에 나눠 탄 채 시내를 다니며 선전문 7000장을 나눠줬다. 부산, 대구, 논산, 옥천에 지사를, 정읍에 분사를 만들었다. 1년 뒤에는 12개 지사와 67개 분사로 늘었고, 1926년에는 일반인이 가하는 심한 차별과 박해, 관광소와 교원이 하는 차별 대우, 목욕탕이나 식당 등에서 공공연하게 행해지는 차별을 개선하라고 요구했다. 1933년에는 240개 분사를 세워 40만 명에 이르는 백정들의 이익을 대변했다.

어려움도 많았다. 형평 운동이 시작되자 진주시 각 동의 대표자들이 모여 쇠고기 불매를 결의하는가 하면 마을마다 쇠고기 사 먹는 집이 있는지 감시하면서 반대 운동을 벌였다. 특이하게도 반형평 운동은 기득권 계층이 아니라 농민과 노동자 같은 '기층민중'이 주도했다. 이를테면

제6회 형평사 전국대회(1928년) 모습(독립기념관 전시 자료).

제6회 형평사 전국대회를 알리는 포스터
(독립기념관 전시 자료).

1923년 진주에서 열린 형평사 창립 축하식 다음날 농민 2500명이 형평사 본부를 습격했고, 제천에서는 노동자들이 백정을 집단 폭행했다. 미국에서 흔히 흑인이라 불린 아프리카계 미국인에 관한 인종 차별 폐지 정책을 같은 유색 인종인 아시아계가 펄쩍 뛰면서 반대하는 현실하고 비슷하다. 노동자와 농민이 자기보다 더 하층인 백정을 탄압한 사건들은 기층 민중의 의식이 지배 질서가 강요한 신분제에 물든 현실을 보여준다. 한때 유행한 '강남 좌파'에 빗대면, 진짜 중요한 사람들은 '강북 우파', 곧 보수적 기층 민중이다.

자유와 평등과 형평

형평사 운동은 반형평 운동의 저항뿐 아니라 내분에도 시달렸다. 본부 위치를 둘러싼 지역 간 주도권 다툼이나 온건한 투쟁 방식과 급진적 투쟁 방식 사이에서 벌어진 갈등이 대표적이다. 처음부터 국제 연대 투쟁을 추구한 점은 주목해야 한다. 형평사의 선배 격인 일본 수평사는 형평사 창립 대회에 축사를 보내왔다.

형평사 동인 제군, 우리들 수평사 동인과 제군 사이에는 단 하나의 해협만 있을 뿐입니다. 우리들은 고작 122마일(약 196킬로미터)에 지나지 않는 이 해협이 우리의 굳건하고도 따뜻한 악수를 막는 데 얼마나 무력한지를 몰지각한 인간 모독자의 눈앞에 보여줘야 합니다. 그리고 우리들은 이른바 정신적 노예제의 영역을 돌파하려는 인류의 기수로 선택된 민중이라는 기쁨을 함께 나누며 전진합시다.

뒤떨어지고 천대받는 사회적 지위 때문에 두 조직은 국경을 넘어 쉽게 연대할 수 있었다.

진주에서 가장 인기 있는 볼거리는 임진왜란 때 논개가 왜장 게야무라 로쿠스케를 안고 투신한 촉석루다. 촉석루 건너편에는 남강을 따라 길게 만든 작은 공원이 있다. 그 공원에는 진주에서 시작된 형평운동을 기리는 형평운동기념탑이 있다. 반달 모양 탑 앞에 선 두 남녀 위에 또 다른 조형물을 세운 특이한 모양이다. 기념탑 앞 취지문에는 '형평 운동은 수천 년에 걸친 신분 차별을 없애려는 우리나라 인권 운동의 금자탑'이라고 쓰여 있다. 민주주의란, 인권이란, 착취와 억압만이 아니라 모든 차별과 배제에도 반대한다. 이런 점에서 이 취지문은 정곡을 찌른다. 형평운동은 근대적 인권 운동의 효시인 셈이다. 2차 대전의 참상을 겪은 뒤 1948년에 채택된 세계 인권 선언은 제1조에서

진주 남강변에 자리한 형평운동기념탑.

'모든 사람은 태어날 때부터 자유롭고, 존엄하며, 평등하다'고 선언한다. 백정을 포함한 어떤 천민도 다른 사람들처럼 태어날 때부터 자유롭고, 존엄하며, 평등하다는 선언이 바로 형평 운동이다. 형평운동기념탑은 시민 1500명이 낸 성금으로 제작해 1996년 유엔 세계 인권 선언일인 12월 10일에 진주성 앞에 세웠다. 2017년, 진주시는 진주성 앞에 진주대첩광장을 만들면서 여러 시민단체들이 반대하는데도 지금 위치로 기념탑을 옮겨버렸다.

우리 시대의 '백정'들

형평운동기념탑에는 '자유, 평등, 형평 정신'이라는 글자를 새겨놓았다. 21세기인 지금도 차별받는 성 소수자 등 '우리 시대의 백정'들이, 그리고 고 노회찬 의원이 2007년 발의한 차별금지법이 떠올랐다. '모든 사람은 인종, 피부색, 성, 언어, 종교 등 어떤 이유로도 차별받지 않는다'는 세계 인권 선언 제2조도 생각했다. 기본적 인권을 무시하는 사회주의 국가라 비판받는 쿠바도 2019년에 성 소수자 등 모든 차별을 금지하는 개헌안을 통과시켰는데, 한국은 몇몇 보수적 기독교 근본주의 세력 때문에 아직도 차별금지법을 제정하지 못하고 있다.

이제 백정이라는 차별의 언어와 신분제는 사라졌지만, 성 소수자 같은 '또 다른 백정'은 여전히 존재한다. 차별 없고 저울처럼 공평한 사회를 만들자는 형평 정신, 누구나 공평하게 인간 존엄을 누리고 서로 사랑하며 사는 사회를 만들자는 마음은 지금도 필요하다.

227

찾을 곳 ▶

형평운동기념탑 경상남도 진주시 칠암동 201-5. **조선형평사총본부 터** 서울특별시 종로구 돈화문로 11가길 77-4 비원게스트하우스 앞. **독립기념관** 충청남도 천안시 동남구 목천읍 독립기념관로 1.

역사가 된
싸우는 여성들

"나, 밀양 사람 김원봉이오." 영화 〈암살〉(2015)에서 김원봉 역을 맡은 배우 조승우가 한 대사다. 이 영화 덕분에 많은 사람이 의열단장 김원봉을 알게 됐고, 이 대사 덕분에 김원봉이 밀양 사람이라는 사실도 널리 알려졌다. 항일 비밀 무장 투쟁 조직 의열단은 밀양을 중심으로 만들어졌다. 의열단장인 김원봉만이 아니라 '의열단의 영혼'으로 불린 윤세주, 김상윤, 함봉근이 모두 밀양 사람이다.

의열단에서 조선의용대까지, 김원봉과 윤세주

밀양에 있는 의열기념관을 찾았다. 김원봉과 의열단을 기념해 지은 번듯한 3층 빌딩이었다. 독립운동 최고의 투사는 고향땅에서 오랫동안 금기였다. 해방 뒤에도 '좌파'라는 이유로 친일 경찰 노덕술에게 고문당한 김원봉이 남북 협상을 하러 북으로 넘어간 뒤 그곳에 남은 탓이었다. 남과 북에서 모두 버림받은 김원봉의 처지는 〈암살〉이 흥행하면서 바뀌었다. 밀양시는 부랴부랴 김원봉 생가를 사들여 2018년에 의열기념관을 열었다. 영화 한 편이 김원봉을 '복권'한 셈이다.

　의열기념관 근처에는 옆집에 살면서 아우처럼 지낸 윤세주의 생가를 알리는 기념비가 서 있다. 그 앞에는 나이 어린 두 사람이 독립운동을 위해 연무단이라는 비밀 결사를 만들어 한겨울에 체력을 단련하느라 산악 구보를 한 뒤 얼음 목욕을 한 개천이 흐른다. 밀양 지역의 3·1 운동을 주도한 김원봉과 윤세주는 만주로 넘어가 1919년 11월 비폭력 노선의 한계를 넘어 폭력 투쟁을 추구하는 의열단을 결성했다. 의열단은 조선총독부, 동양척식주식회사, 경찰서 등 5개의 적 기관을 파괴하고 총독부 관리, 군 수뇌부, 거물 친일파, 밀정 등 7악을 제거한다는 목표 아래 1920년 부산경찰서장 폭사를 시작으로 1920년대 후반까지 일제 기관과 관리들을 공격해 독립운동을 새로운 차원으로 끌어올렸다. 의열단원으로 목숨을 잃은 이가 수백 명이고, 님 웨일즈가 쓴 《아리랑》의 주인공 김산도, 시인 이육사도 의열단원이었다.

'천하의 정의의 일을 맹렬히 실행함', '조선의 독립과 세계의 평등을 위해 신명을 희생함'으로 시작해 '배반하는 자는 처형함'으로 끝나는 의열단의 10대 맹세는 조선의 독립만이 아니라 세계의 평등을 내건 점이 감동스럽다. 의열단의 목표와 강령은 더 놀랍다. 의열단이 꿈꾼 최

밀양 김원봉 생가 거리에 그려놓은 김원봉 부부. 영화 〈암살〉에 나온 대사가 쓰여 있다.

중국 정부가 처음으로 인정한 한인 무장 부대인 조선의용대.
노랗게 표시된 사람 중 오른쪽이 김원봉이고 왼쪽이 윤세주다.

고의 이상은 '1. 왜놈을 몰아낸다, 2. 조국을 되찾는다, 3. 계급을 타파한다, 4. 토지를 고루 나눈다'는 네 가지였다. 20대 강령 또한 일제 타파만이 아니라 봉건제 타파, 보통 선거권, 사상·표현·결사·언론의 절대 자유, 의무 교육, 민중 경찰 조직과 민중 무장화, 지방 자치, 여성과 남성의 동등한 정치·경제·사회권 보장, 일제와 매국노 재산 몰수, 대지주 농지 몰수, 기간산업 등 국유화, 누진 소득세, 빈농과 노동자 복지 등 매우 급진적이다. 한마디로 의열단은 투쟁 방식만이 아니라 투쟁 목표 또한 아주 급진적이었다.

의열단은 중국 혁명에도 중요한 기여를 했다. 중국은 8월 1일이 창군기념일인데, 1927년 8월 1일에 중국 공산당이 장시 성 난창에서 처음 봉기를 일으킨 때문이다. 이 난창 봉기에서 의열단원 수백 명이 목숨을 잃었다. 독립운동은 대중하고 함께하는 투쟁이어야 하는데 전위적 조직이라 한계가 있다고 본 김원봉과 윤세주는 1929년부터 연합전선 운동을 펼치다가 1935년에 의열단을 해체해 좌우 합작 형태를 띤 조선민족혁명당으로 통합했다. 1938년 중일 전쟁이 일어나자 두 사람은 조선의용대를 결성해 중국군하고 함께 일본군에 맞서 싸웠다. 의열단, 민족혁명당, 조선의용대 투쟁에서 대장은 항상 김원봉이었지만, 세부적인 아이디어를 내고 일을 성사시킨 쪽은 '의열단의 영혼',

김원봉 생가 터에 세운 의열기념관.

'민족혁명당의 영혼', '조선의용대의 영혼'으로 불린 윤세주였다. 윤세주는 1942년 타이항 산 전투에서 전사했고, 살아남아 귀국한 김원봉은 월북한 뒤 1950년대 말 숙청됐다.

"마음속으로나마 최고급의 독립유공자 훈장을 달아 드리고, 술 한 잔 바치고 싶다." 〈암살〉이 흥행하면서 분위기가 바뀌자 문재인 새정치민주연합 대표는 2015년 광복절에 김원봉에 관해 이런 글을 썼고, 대통령이 된 뒤에는 김원봉이 이끌던 조선의용대가 국군의 뿌리라고 말했다. 김원봉은 앞의 글에서 '일제 경찰이 백범 김구 선생보다 더 높은 현상금을 내걸 정도로 항일 투쟁의 치열함에 있어서 어느 누구에게도 뒤지지 않는 분'이라고 높이 평가되지만 월북자라는 이유로 독립 유공자로 인정받을 수 없었다. 윤세주는 '다행히' 해방 전에 순국한 덕분에 뒤늦게 독립 유공자로 인정해 건국훈장 독립장을 받았다.

무장한 '독립운동의 어머니'들

안타까운 마음을 안고 밀양을 떠나 부산으로 향했다. 경부고속도로를 나와 첫 신호등에서 유턴을 해 다시 경부고속도로로 들어가면 진입로 오른쪽으로 만남의 광장과 작은 공원이 나타난다. 버려진 듯 눈에 잘 띄지 않는 한구석에 어느 여성의 동상이 서 있다. 군복을 입고 장총을 든 이 여성은 의열단원이자 김원봉의 부인인 박차정 의사다. 이곳에서 그리 멀지 않은 동래온천 근처에 생가도 복원돼 있다. 박차

남자현 지사 동상.
여성도 무장 투쟁을 비롯해 독립운동에
적극 참여했지만 제대로 평가받지 못했다.

박차정 의사를 기리는 동상.
여성 독립운동가를 바라보는 선입견하고
다르게 장총을 들고 있는 모습이 인상적이다.

정은 일신여학교에 다니다가 동맹 휴학을 주도했고, 여성 독립운동 단체 근우회에 관련해 옥고를 치렀다. 중국에 망명해 의열단원으로 활동하다가 김원봉을 만나 결혼하고, 조선의용대 부녀단장 등으로 무장 투쟁을 벌이다 부상해 서른네 살에 세상을 떠났다.

부산에서 세 시간을 달려 경상북도 영양군에 도착해 또 다른 여성 독립운동가 동상을 만났다. '독립운동의 어머니' 남자현 지사다. '조선 여자 무명지 단칼에 내리치니/ 피로 받아 쓴 대한여자독립원/ 아직도 떠도는 아낙의 무명지.' 고정희 시인이 쓴 〈남자현의 무명지〉의 한 구절이다. 남 지사는 독립운동 세력들에게 단결을 촉구하려 혈서를 두 번 쓰고, 1932년에 하얼빈에 온 국제연맹 조사단에게 조선 독립을 호소하는 혈서를 쓰기 위해 또 손가락을 잘랐다. 남편이 의병으로 싸우다 죽어 유복자를 혼자 키우다가 만주로 이주해 독립운동을 했다.

1924년에는 사이토 마코토 총독을 암살하려 국내에 들어오지만 실패하고 만주로 돌아갔다. 1933년 주만주 일본 대사 무토 노부요시를 암살하는 계획에서 연락과 무기 운반 임무를 맡아 걸인 노파 복장으로 하얼빈에 잠입하다가 체포됐다. 단식 투쟁 끝에 여섯 달 만에 병보석으로 풀려나지만 곧 숨을 거뒀다. 〈암살〉에서 전지현이 연기한 안옥윤의 모델이 바로 남자현이다.

"우리 안사람 만만세로다"

여성 독립운동가는 무장 투쟁 등 독립운동에서 중요한 구실을 했지만 제대로 평가받지 못했다. 한국여성독립운동연구소에 따르면 여성 독립 유공자는 2018년 말 기준 357명으로 전체 1만 5180명의 2.4퍼센트다. 동상을 세운 여성 독립운동가는 유관순, 박차정, 남자현, 김마리아, 윤희순뿐이다. 독립운동을 기념하는 일도 남성중심주의가 지배한다.

춘천 소양강 수변공원에 가면 한복 입고 포효하는 여성의 동상이 있다. 윤희순 지사다. 시아버지와 남편이 의병 운동에 나서자 탄약 제조를 돕고 만주로 가 평생 독립운동을 했다. 윤희순이 여성들에게 의병에 참여하라고 독려하려 지은 〈안사람 의병가〉를 읽어보자.

아무리 왜놈들이 강성한들
우리들도 뭉쳐지면 왜놈 잡기 쉬울세라
아무리 여자인들 나라사랑 모를소냐
아무리 남녀가 유별한들 나라 없이 소용 있나
우리도 의병 하러 나가보세
의병대를 도와주세
금수에게 붙잡히면 왜놈 시정 받들소냐

우리 의병 도와주세

우리나라 성공하면 우리나라 만세로다

우리 안사람 만만세로다

박차정이 난징 시절 지청천의 부인 이성실 등하고 함께 만든 〈남경 조선부녀회 선언문〉이 있다. 독립운동에서 여성이 한 구실뿐 아니라 여성 해방 사상도 보여주는 이 문서의 일부를 읽어보자.

우리들이 일본 제국주의를 타도하지 않는다면 우리 부녀는 봉건 제도 의 속박, 식민지적 박해로부터 해방되지 못한다. 또 일본 제국주의가 타도된다고 하더라도 조선의 혁명이 정치, 경제, 사회 등 각 방면에서 진정한 자유, 평등의 혁명이 아니라면, 우리 부녀는 철저한 해방을 얻지 못한다.

박차정은 우리에게 묻는다. 일본 제국주의에서 해방됐지만, 정치와 경제와 사회 등 각 방면에서 진정한 자유와 평등이 실현되고 부녀들 은 철저한 해방을 얻었는가?

찾을 곳

의열기념관 경상남도 밀양시 노상하1길 25-12. **윤세주 열사 생가지** 경상남도 밀양시 노상하1길 25-3. **박차정 의사 생가** 부산광역시 동래구 명륜로98번길 129-10. **박차정 의사 동상** 만남의 광장(부산 광역시 금정구 중앙대로 1810) 안. **남자현 지사 생가지** 경상북도 영양군 석보면 석보로 208. **윤희순 의사 동상** 강원도 춘천시 수변공원길 18. **윤희순 의사 생가(안사람의병가비)** 강원도 춘천시 남면 발 산리 711.

죽창 들고 싸운
'원조 빨치산'

보광당. 대부분 금은방 이름이라고 생각할 듯하다. 이 이름이 한국 현대사에서 주목할 만한 단체라는 사실을 아는 사람은 그리 많지 않다. 우리는 독립운동 하면 크게 김구를 중심으로 한 상하이 임시 정부, 이승만을 중심으로 미국에서 벌어진 외교 운동, 조선의용대를 중심으로 중국에서 벌어진 무장 투쟁, 김일성을 중심으로 만주에서 벌어진 무장 투쟁을 생각한다. 여기에 추가할 수 있는 흐름은 박헌영 등 조선공산당을 중심으로 국내에서 벌어진 지하 운동이다. 같은 운동이라면 국내에서 벌인 운동이 더 값질 테지만, 일제 강점기 말에 가면 극악한 탄압 탓에 국내 독립운동가는 대부분 투옥되거나 병사하거나 변절해서 박헌영, 김삼룡, 이현상 등 극소수를 빼고는 살아남지 못했다.

235

산속의 작은 해방구들

규모가 작아 별로 주목받지 못하지만, 일제 강점기 말에 국내에서 무장 투쟁을 추구한 세력들이 있었다. '널리 나라의 빛이 되자'는 뜻을 지닌 보광당普光黨도 그중 하나다. 일제가 마지막 발악을 하던 1944년 9월 1일, 젊은이 24명이 덕유산에서 결성한 이 단체는 1945년 봄에 150명으로 늘어났다. 보광당은 평야가 가까워 식량을 구하기 쉬운 괘관산(대봉산)으로 옮겨 화염병을 만들어 일본 경찰 토벌대를 격퇴했고, 1945년 7월에는 함양경찰서를 공격해 붙잡힌 동지들을 구출했다. 이병주가 쓴 소설 《지리산》에 보광당 이야기가 나온다. 보광당 대장 하준수를 체포해 조사한 전 육군 특무부대 특무처장에 따르면, 보광당은 함양 말고도 산청, 무주, 임실, 장수에서 경찰서를 공격했다.

이런 세력을 다른 각도에서 살펴볼 필요가 있다. 마지막 발악을 하는 일제가 한반도 젊은이들을 징용으로 끌고 갈 때 할 수 있는 선택은 뻔했다. 첫째, 박정희나 백선엽처럼 출세만 생각해 일왕에게 충성을 맹세하고 독립군을 때려잡는 일본군이 된다. 둘째, 일제가 시키는 대로 끌려간다. 셋째, 장준하나 김준엽처럼 학병에 끌려가는 척 중국에 간 뒤 도주해 독립군에 합류한다. 많은 사람이 어쩔 수 없이 둘째 선택을 하지만, 우리가 주목하지 못한 마지막 선택도 있다. 깊은 산으로 들어가 숨거나, 더 나아가 산속에 작은 해방구를 만들어 기회가 날 때마다 무장 투쟁을 벌이는 선택이었다. 보광당도 그중 하나였다.

일제 강점기 말 보광당이 활동한 경남 함양 대봉산.

이런 집단은 대개 규모가 작고 임정이나 조선공산당 같은 체계적 조직이 아니어서 기록이 남아 있지 않다. 상당수가 좌파여서 해방 뒤 빨치산으로 이어진 탓도 컸다. 그렇지만 최고 수준의 투쟁이라는 점에서 새롭게 평가돼야 한다. 국내 무장 투쟁 이야기는 참여자와 지역 주민들을 거쳐 전해지다가 여러 문학 작품에 실리며 알려졌다. 이병주의 《지리산》를 비롯해, 시국 사범으로 감옥에 간 권운상이 월악산 항일 유격대 출신 비전향 장기수 등하고 같이 생활하면서 들은 이야기를 기록한 대하 실록 소설 《녹슬은 해방구》가 대표적이다.

한 비전향 장기수는 회고했다.

39년인가 40년인가부터 징용이 실시됐는데, 41년, 42년 정도엔 집단 이탈하는 사람들이 많았어요. 주로 모이는 곳이 산이었죠. 그것도 …… 소백산 일대가 가장 많았을 겁니다. …… 그러다가 43년과 44년에 이르러서는 징병제를 거부하고 산으로 들어온 진보적 지식인들이 대부분 지도부를 형성했다고 기억합니다.

조선공산당과 빨치산을 조사해온 안재성도 1940년대 들어 변화된 상황을 이렇게 전한다.

전국 곳곳에서는 일본 군대에 끌려가기를 거부하는 젊은이들의 입산과 항거가 이뤄졌다. 처음에는 몇 명씩 산으로 도피했다가 숫자가 늘어나사 조직적으로 경찰 주재소를 습격, 무장을 하여 경찰에 대항하는 일이 벌어졌다. 경기도 포천에서 십여 명의 젊은이들이 경찰 무기를 탈취해 산중 생활을 하며 조선민족해방협동단을 만들었다가 체포되기도 하고, …… 충주 일원의 청년들은 월악산 유격대를 결성해 친일 관료를 죽이기도 했고, 속초 청년들은 설악산에 들어가 산악대라는 이름으로 경찰에 저항하기도 했다.

구구빨치, 구빨치, 신빨치

1944년 7월, 경북 경산에서는 징용을 거부하고 투쟁을 결의한 젊은이 29명이 산세 험한 대왕산에 진지를 짓고 '결심대'를 조직했다. 대장간에서 쇠로 무기를 만들면 발각될까 봐 죽창으로 무장한 채 일제 경찰에 맞서 싸우다가 식량이 바닥나 보름 만에 체포됐다. 두 명은 옥사했고, 나머지는 해방이 되면서 풀려나 모두 애국애족장을 받았다. 또한 1944년 대구 원대동에서 좌파 성향을 띤 달성초등학교 친구 15명이 일본이 전쟁에서 패배하는 중이라는 미국 단파 방송을 듣고 무기고를 습격해 보복할 계획 아래 '원대 결사대'를 구성해 적발되기도 했다. 경상북도독립운동기념관에는 이 결사대에 관한 자세한 자료가 전시돼 있다. 이런 사례는 요즘 기승을 부리는 우파 역사 부정론자들이 하는 주장, 곧 징용이나 '위안부'가 자발적 지원이라는 논리를 반박하는 중요한 증거다. 징용이 자발적이라면 왜 목숨 걸고 산으로 들어가 생고생을 했을까?

이제는 항일 독립운동사뿐 아니라 빨치산 역사도 새로 써야 한다. 우리는 빨치산이 출현한 시점이 미군정과 이승만 정부 시기, 특히 여순 사건 이후라고 알고 있다. 진압군이 쳐들어오자 지리산에 들어간 사람들을 '구빨치'라고 부른다. '신빨치'는 한국전쟁 때 남하한 북한군이나 좌익 세력 중에서 북으로 올라가지 못해 산으로 들어간 사람들이다.

보광당 같은 항일 투쟁 조직 덕분에 빨치산 역사는 일제 강점기 말로 거슬러 올라간다. 이 사람들은 구빨치보다 더 오래된 '구구빨치'인

경북 경산에 세운 항일대왕산 죽창의거 공적비.

셈이다. 김성동 소설가에 따르면 구구빨치의 역사는 더 이전으로 올라가는데, 동학농민혁명 때 급진파 김개남 장군이 이끈 부대에서 살아남은 농군들이 지리산으로 들어가 의병이 됐고, 산에 들어간 의병 자손들이 일제 강점기에 항왜 빨치산이 됐다. 과장된 이야기로 들리지만 전혀 근거가 없지는 않은 듯하다. 어느 월악산 항일 빨치산 출신 장기수는 이런 항일 빨치산 소부대들이 곳곳에 흩어져 있어서 해방 이후에 남로당이 빠른 속도로 소백산맥 주변 조직을 장악할 수 있었다고 말했다.

권운상에 따르면, 충북 제천시 봉양읍에서 대지주의 아들로 태어나 경성제국대학을 졸업하고 노동운동을 하다가 5차 조선공산당 사건으로 조직이 와해되자 고향에 내려온 조성옥은 1942년에 소작인들에게 토지를 무상으로 나눠준 뒤 징용 기피자들을 모아 월악산 유격대를 만들어 중앙선 화물 열차를 폭파했다. 그러나 안재성은 일제 강점기 말에 국내에서 그렇게 규모가 큰 무장 투쟁이 벌어진 이야기는 들어본 적 없다며 회의적인 견해를 밝혔다.

'구구빨치산' 투쟁은 북한에서도 벌어져, 함경도에서는 1930~1940년대에 농민들이 산으로 들어가 일제에 저항했다. 1950년대 북한에서 인민군의 뿌리가 이런 구구빨치라는 주장이 제기돼 김일성이 만주에서 벌인 무장 투쟁에 정통성을 부여하는 주장하고 대립하다가 숙청된 일이 있다고 사회주의 운동사를 연구하는 임경석 교수는 말했다.

239

사라진 '죽창 청년'들은 어디에

보광당 대장 하준수는 함양에서 둘째가라면 서러울 부잣집 아들로, 가라데 6단을 따 일본 순회 시범 공연을 다닐 정도로 무술에 뛰어났다. 진주중학교에 다니던 시절 일본인 교사를 폭행해 퇴학당한 뒤 일본에 유학을 갔는데, 학도병 징집영장이 나오자 산으로 올라갔다. 해방 뒤 남로당 입당을 거절한 정도로 자유주의자인데다가 뛰어난 무술 솜씨 덕에 이승만의 경호대장을 맡았다는 주장도 있다. 그렇지만 친일파를 중용하는 정부에 분노해 다시 산으로 들어가 '남조선 끝 부산까지 해방시키겠다'는 뜻에서 '남도부南到釜'라는 가명을 쓰며 빨치산 대장으로 활약하다가 체포돼 처형됐다.

하준수가 살던 함양군 병곡면 도천리는 들이 넓은 마을이다. 집안이 몰락한 탓인지 기와집 열두 채 천석꾼 부잣집은 흔적도 없었다. 동네 뒤편에는 보광당의 근거지인 괘관산이 대봉산으로 이름이 바뀐 채 넓은 들을 내려다보고 있었다.

함양 최고 부자 하준수의 집이 사라진 도천리 마을. 왼쪽 뒤로 대봉산이 보인다.

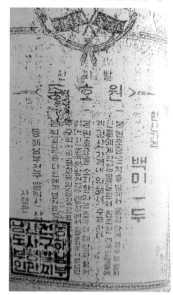

도천리를 떠나 '항일대왕산 죽창의
거공적비'가 있는 경산시 남산면 사월
리로 향했다. 또한 해발 606미터인 대
왕산 정상에 오르면 '항일대왕산 죽창
의거전적비'도 있다. 오랫동안 대구 지
역 유적 답사를 한 정만진 소설가는 이
전적비가 독립운동 기념물치고는 드물
게 산꼭대기에 자리한다고 평가했다.
동학농민혁명 때도 아닌 일제 강점기
말에 죽창으로 총칼에 맞선 청년들의
기개에 절로 고개가 숙여졌다.

찾을 곳

대봉산 경상남도 함양군 서하면 다곡리. **월악산** 충청북도 제천시 덕산면 월악리. **항일대왕산 죽창의
거공적비** 경상북도 경산시 남산면 사월리 15-4. **경상북도독립운동기념관** 경상북도 안동시 임하면 독
립기념관길. **항일대왕산 죽창의거전적비** 경상북도 경산시 대왕산 정상.

'진보 도시' 대구의 추억

해방 뒤 미군정에 저항해 가장 먼저 항쟁을 일으킨 도시는? 학생들이 가장 먼저 이승만 정권에 저항해 시위를 벌여 4·19 혁명을 촉발한 도시는? 1960~1970년대 삼엄한 박정희 군사 독재 아래에서 지하당 조직과 지하 서클 등을 통해 변혁 운동을 가장 적극적으로 펼친 지역은? 이 세 질문에 모두 대구라고 답할 사람은 그리 많지 않다. 대구는 이제 한국 보수 또는 수구의 성지이기 때문이다. 그러나 대구가 보수화된 지는 오래되지 않았다. 대구는 원래 좌파가 강한 '한국의 모스크바'였고 대표적인 '야당 도시'였다. 미군정이 들어서고 1년 남짓 지난 1946년 10월부터 그해 연말까지 미군정에 저항하는 '추수 봉기'가 거의 전국적으로 벌어졌다. 이 봉기를 촉발한 곳도 대구였다. 박정희의 형이자 김종필의 장인인 박상희가 고향인 구미에서 경찰서를 공격하고 도주하다가 사살된 사건도 '대구 10월 항쟁' 때 일어났다(예나 지금이나 보수 세력은 '대구 항쟁'이 아니라 '대구 폭동'으로 부르는데, 중립적이라면서 '대구 10·1 사건'으로 부르는 사람도 있다).

"쌀을 주소! 배고파 죽겠소!"

대구에서 10월 항쟁이 벌어진 이유, 그리고 항쟁이 전국으로 퍼진 이

노동자 사망에 항의하는 대구 시민들을 진압하려는 경찰(위)과
사살된 대구 시민들(아래)(미국 국립문서기록관리청 자료).

유를 이해하려면 '구조적 원인'
과 '사건사적 원인'을 모두 알아
야 한다.

"쌀을 주소! 배고파 죽겠소!"

1946년 10월 1일, 대구 중심
지인 대구역 앞에는 많은 노동
자가 모여 미군정에 기아 대책
을 요구했다. 1946년 9월 전평
이 주도해 철도 노동자 등이 총
파업을 벌였고, 대구 지역 노동
자들도 시위를 이어가고 있었다.

"탕!"

저녁 무렵 경찰과 시위대가
실랑이를 벌이던 도중에 갑자기
총 소리가 났다. 경찰이 쏜 총에
노동자 김용태가 사망한 일은

대구 10월 항쟁이 폭발한 직접적 계기, 곧 사건사적 원인이다.

노동자 사망은 휘발유에 불을 붙인 데 지나지 않았고, 구조적 원
인은 이미 누적돼 있었다. 먼저 친일 경찰이다. 미군정은 독립군을 때
려잡던 친일 경찰을 그대로 고용했는데, 되살아난 친일 경찰들은 좌
익을 때려잡는다며 많은 사람을 고문했다. 대구경찰서 앞을 지나가면
대낮에도 고문에 못 이겨 울부짖는 비명이 들렸고, 몸을 던져 목숨을
버린 사람도 여럿이었다. 둘째, 민생고가 한계에 다다랐다. 미군정은
인구의 절대다수인 농민들이 요구하는 농지 개혁을 묵살하고 친일 경
찰을 동원해 쌀을 강제로 공출했다. 쌀 배급 정책이 실패하면서 서민

들은 쌀을 구할 수도 없었다. 콜레라까지 창궐하는 바람에 미군정은 대구를 봉쇄했고, 대구는 쌀을 비롯한 생필품이 품귀 상태가 됐다.

불만이 누적된 상황에서 경찰이 노동자를 사살한 소식이 전해지자 시민들은 불같이 들고 일어났다. 학생들이 중요한 구실을 했다. 10월 2일 아침, 흰 가운에 마스크를 쓴 의대생들이 사망한 노동자의 시신을 들것에 싣고 시내를 돌자 중고생들이 합류했고, 미군정에 불만이던 시민들도 적극적으로 참여했다. 대구 시민 절반이 참여한 사건이라는 주장이 나올 정도였다. 여자들은 그리 많지 않은 사실을 감안하면 과장된 듯하지만, 그만큼 많은 시민이 동참했다. 이승만 정부를 비롯한 반공 정권과 보수 세력은 대구 항쟁을 조선공산당 등 좌파 세력이 주도한 폭동이라고 주장했지만, 그렇지 않다. 진실화해위 조사에서 밝혀진 대로, 대구 항쟁은 노동자들이 파업을 벌이는 상황에서 미군정을 향한 불만이 누적되고 시위 노동자 사망 사건에 분노한 시민들이 자연발생적으로 일으킨 민중 항쟁이었다.

4장

시내를 돈 시민들은 대구경찰서에 도착했다. 1만 5000여 명에 이르는 시민들에 포위된 대구경찰서장은 군중을 해산시키겠다는 좌파 인사들의 약속을 믿고 경찰을 무장 해제 시켰다. 그렇지만 좌파 인사들도 친일 경찰에 분노한 시민들을 통제할 수 없었다. 시민들은 유치장을 부숴 정치범들을 풀어주고 무기고에서 소총 200여 정 등을 탈취했다. 한편 노동자들은 전날처럼 대구역에서 시위를 벌였다. 몇몇 시위대가 노동자 사망 사건에 분노해 경찰을 공격하자 경찰이 응사해 17명이 사망했다. 이런 소식이 알려지면서 친일 경찰에 억눌려 살던 시민들이 피의 복수를 시작했다. 경찰 43~80명이 죽고 140여 명이 행방불명됐다. 몇몇 시위대는 부잣집과 친일파의 집을 털어 생필품과 식량을 거리에 쌓아놓고 나눠줬다.

10월 2일 저녁, 미군정은 장갑차 등을 동원해 대구경찰서를 탈환하고 대구 지역에 계엄령을 선포했다. 사태가 진정되는 듯했지만, 항쟁은 경북 지역으로 번지더니 제주도를 뺀 전국으로 확대됐다. 무력 진압을 거쳐 사태가 진정되자 경찰과 우익 단체들은 보복에 나섰다. 미군정은 시위대 사망자를 48명으로 집계했지만, 어떤 주장에 따르면 3000명이 죽고 3000명이 실종됐다. 대구 지역에서 2250명이, 경북에서 7400명이 검거됐다. 잡혀간 사람들은 경찰에 무자비하게 고문을 당하거나 서북청년단 같은 우익 단체들이 저지르는 테러에 시달렸다. 한국전쟁이 일어나자 이승만 정부는 10월 항쟁 관련자와 좌파로 의심되는 사람들을 '예비 검속' 해 가창골과 코발트 광산 등에서 1만여 명을 집단 학살했다.

낡은 뒷골목에 남은 총탄 자국

케이티엑스가 동대구역을 지나게 된 뒤 예전의 영광을 잃었지만, 10월
항쟁의 무대인 대구역은 여전히 칠곡과 구미 등 근교에서 무궁화호와 새마을호를 타고 들어오는 대구의 관문이었다. 지하철역까지 들어서면서 웅장한 복합 상가로 바뀌었다. 항쟁의 또 다른 무대인 바로 옆 시민회관은 콘서트홀로 바뀌었다. 파업을 주도한 대구 운수노조 사무실은 헐려서 재개발 공사가 진행 중이고, 미군정 자리에는 공원이 들어서 있었다. 75년 전 친일 경찰과 미군정에 맞서 분연히 떨쳐 일어난 항쟁의 흔적은 찾아보기 어려웠다. 그나마 대구중부경찰서로 이름이 바뀐 대구경찰서, 조선공산당과 좌파 연합 단체인 민전(민주주의민족전선)이 있던 3층 건물 등 총격전의 흔적이 남은 뒷골목 낡은 건물들이 옛 모습을 간직한 채 '진보 도시 대구'의 역사를 증언하고 있다.

슬픈 과거사를 바로잡으려고 여야 합의로 출범한 진실화해위원회

대구 10월 항쟁 연구자인
역사 교사 강태원 씨가
항쟁이 벌어진 현장에서
같은 곳을 찍은 사진을
들고 서 있다.

노동자가 중심이 돼
투쟁한 대구시민회관과
대구역은 옛 모습을
찾아볼 수 없다.

10월 항쟁의 주요 공격 목표
대구경찰서
(지금은 대구중부경찰서).

는 2007년에 대구 10월 항쟁을 재조사하기 시작했다. 2년 뒤인 2009년 대구 10월 항쟁을 미군정이 친일 관리를 고용하고 농지 개혁을 늦추면서 식량 공출 정책을 강제 시행한 탓에 식량난이 심해지자 불만을 품은 민간인들과 몇몇 좌익 세력이 경찰과 행정 당국에 맞서 저항한 사건이라고 규정한 진실화해위는 국가의 책임을 인정해 정부가 유족들에게 사과하고 위령 사업을 지원하라고 권고하는 결정을 내렸다.

대구 10월 항쟁은 보수적인 지역 분위기 때문인지 전혀 명예를 회복하지 못한 채 위령 사업도 제자리걸음을 하고 있다. 남대구에서 남쪽으로 조금 내려가면 대구 시민들이 자주 나들이하는 가창저수지와 가창댐이 나타난다. 이곳은 10월 항쟁에 관련된 집단 학살의 현장이다. 이승만 정부 때 유가족들은 시신을 수습하기는커녕 가창골 근처에는 가보지도 못한 채 '빨갱이 자식'이라는 낙인 속에 살았다. 4·19 혁명 뒤 추모비를 세우는 등 추모 사업을 시작하지만 5·16 쿠데타가 일어나면서 거창 양민 학살 사건처럼 다시 원점으로 돌아갔다. **247**

가창골에 울리는 원혼들의 통곡

60여 년 지난 2009년에 진실화해위 결정이 난 뒤에야 유가족들이 처음으로 가창댐에 모였다. 해마다 7월 31일에 합동 위령제를 지내는 유가족들은 2018년 가창골이 내려다보이는 가창댐 건너편 언덕에 희생자를 추모하는 비를 세웠다. 가창저수지 건너편 언덕에 자리한 작은 이 비에는 '원통한 혼들의 비冤魂碑'라는 한자가 검은 페인트로 쓰여 있다. 너무

유가족들이 학살된 원혼들을 추모하려고 가창저수지 앞산에 세운 비.

도 소박해서 보는 이를 처연하게 만드는 이 비는, 아직도 제대로 명예를 회복하지 못한 억울한 희생자들의 처지를 상징한다. 또한 역사 바로 세우기와 과거사 청산이 어디에서 멈춰 있는지를 실감하게 해준다. 정부가 공식 사과하고 특별법을 제정하라는 요구는 실현될 기미가 없다. 위령 사업 또한 달성군이 2018년에 학살 현장인 달성군 가창면 용계리에 1년 안에 위령탑을 세울 계획이라고 발표한 뒤 아무 진척이 없다. 1만여 원혼들의 슬픈 통곡을 들으며 나는 가창골을 떠났다(답사를 다녀온 뒤 2021년 위령탑이 세워졌다).

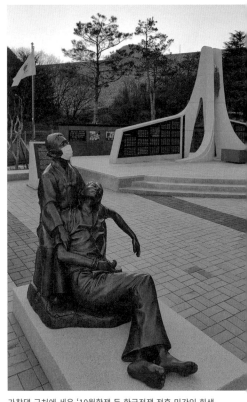

가창댐 근처에 세운 '10월항쟁 등 한국전쟁 전후 민간인 희생자위령탑'과 조각상. '대구10월항쟁 한국전쟁전후민간인희생자유족회'는 2021년 10월 1일 이곳에서 '10월항쟁 75주기·한국전쟁전후 민간인희생자 71주기 합동위령제'를 열었다.

덧글

경산 코발트 광산

대구에서 가까운 대학 도시 경산에는 대학생들이 담력 테스트를 하는 곳이 있다. 근처 폐광이다. 깜깜한 어둠 속에 유골들이 즐비해 담력 테스트에 적격이다. 이곳 또한 한국전쟁 초기에 보도연맹원과 좌익 기결수들을 집단 학살한 곳이다. 이승만 정부는 한국전쟁이 터지자 경산 코발트 광산으로 알려진 이곳에 10월 항쟁 관련자 등 대구형무소에 수감된 정치범과 보도연맹원들을 끌고 와 학살했다. 여러 사람을 철사로 묶어 수직갱 앞에 세운 뒤 밀어버리기도 하고, 사람들을 가둔 뒤 불을 지르거나 폭약을 터트렸다. 4·19 혁명 뒤 실시한 국회 조사에서 대구형무소 재소자 1400여 명이 학살된 사실이 밝혀졌지만, 5·16이 일어나면서 다시 어둠 속에 묻혔다. 2009년 정부는 이 사건을 군경이 저지른 학살로 공식 판정했다. '한국전쟁 민간인 학살 유해 더 이상 미루지 말라.' 학살 현장에 걸린 펼침막에 쓰인 말이다. 유골 발굴이 중단된 폐광으로 들어가는 철문은 커다란 자물쇠로 잠겨 있다. 봉인된 학살의 현장은 언제 열릴까.

찾을 곳

대구역 대구광역시 북구 태평로 161. **대구시민회관** 대구광역시 중구 태평로 141. 대구콘서트하우스로 바뀜. **대구경찰서** 대구광역시 중구 경상감영길 55. 대구중부경찰서로 바뀜. **가창댐 백비** 대구광역시 달성군 가창면 용계리 가창댐 오른쪽 언덕에 있음. **10월항쟁 등 한국전쟁 전후 민간인 희생자 위령탑** 경상북도 달성군 가창면 용계리 133-1. **경산 코발트 광산** 경상북도 경산시 평산동 652-9.

10월 항쟁 관련자들이 보도연맹 가입자 등하고 함께 학살된 경산 코발트 광산과 추모비.

한국 민주 혁명의
진짜 원조?

'한국 민주 혁명의 출발, 2 · 28민주운동.' 대구 중심가에 있는 명덕역을 나서면 기둥에 커다랗게 쓴 글씨가 눈에 들어온다. 나는 순간적으로 혼란에 빠졌다. "내가 대구가 아니라 광주에 온 걸까?"

이 문구는 두 측면에서 혼란스럽다. 첫째, '한국 민주 혁명'의 시작점이 대구라는 주장 자체가 상식하고는 거리가 멀다. 둘째, 대구는 민주화 운동이라면 알레르기 반응을 일으킬 듯한 '보수의 도시'인데 '민주 혁명'이라는 과격한 용어를 쓰면서 이런 자랑을 할 리가 없다.

어쩌다 실수로 적은 문구는 아니다. 역 앞 거리 이름은 '2 · 28민

대구 명덕역에는 대구가 한국 민주 혁명의 출발점이라고 쓰여 있어 보는 이를 궁금하게 한다.

주로'다. 지하철역 이름 표시
판에도 '명덕' 옆에 '2·28민
주운동기념회관'이라고 적는
다. 한마디로 대구는 2·28
을 의식적이고 대대적으로
선전하고 있다.

기념탑이 사라진 자리에 덩그러니 남겨진 표지석.

옮겨진 기념비, 재조명되는 2·28

길을 건너면 보도블록 한가운데 작은 표지석이 나타난다. '1961년 2·
28대구학생민주의거를 기념하는 탑을 건립하였다가 1990년 2월 20일
두류공원으로 옮겼다.' 표지석 문구처럼 이곳은 1960년 2월 28일에
학생 시위가 벌어진 현장이다. 2·28을 찬양하는 대형 글씨판과 기념
탑 이전을 알리는 표지석을 본 나는 궁금했다. 보수 도시 대구에 2·
28이란 무엇일까? 기념비는 왜 역사의 현장에서 철거돼 옮겨진 걸까?
이전 뒤 30년이 지난 지금 대구는 왜 2·28을 대대적으로 선전하는 걸
까?

1960년 3월 15일 대통령 선거를 앞둔 2월 28일은 일요일이었다. 이
날 나중에 명덕역이 들어선 명덕네거리를 포함한 대구 중심가 중앙통
에 경북고등학교와 경북여자고등학교 등 대구 지역 8개 고등학교 학
생들이 쏟아져 나와 자유와 정의를 외치며 시위를 벌였다. 시위는 이
승만 정부가 이날 열리는 야당 선거 강연회에 학생들이 참석하지 못
하게 하려고 일요일 등교를 지시하면서 시작됐다. 이승만 장기 집권
과 관제 데모 동원에 불만을 품은 학생 지도부들은 시위를 하기로 사
전 모의했다(몇몇 연구자는 주동자로 알려진 일부 명망가가 계획이
발각된 뒤 경찰차를 타고 시위 중단을 촉구하는 선무 방송을 하지만

이미 터져 나온 분노를 막을 수 없었다고 주장한다). 2개 여고가 시위에 참여하면서 민주화 투쟁에 여성들이 같이한 사실은 높이 평가할 일이다.

대구 지역 고등학생들이 이승만 정권에 반대해 가장 먼저 거리로 나왔다(2·28민주운동기념회관 전시 자료).

　2·28 민주운동은 1953년 종전으로 분단 체제가 완성되고 이승만 독재 체제가 확립된 뒤 처음 일어난 자주적 시위였다. 따라서 2·28이 한국 민주 혁명의 출발이라는 주장은 일리가 있다. 마산에서 일어난 3·15 의거가 4·19를 촉발한 계기라는 '상식'을 의심 없이 받아들이던 나도 3·15 이전에 2·28이 있다는 사실을 얼마 전에야 알았다.

탄핵된 대통령이 보낸 축하 메시지

명덕역 가까운 곳에 2·28민주운동기념회관이 있다. 기념관에 들어가면 '민주운동의 문을 열다'라는 큰 글씨가 눈에 띈다. 2·28이 한국 민주화 운동의 문을 연 사건이라는 말이다. 4·19 때 시위가 번진 상황을 불빛으로 표시한 지도를 보고 모르던 사실을 많이 알았다. 전주에서 2월 29일, 대전, 충주, 청주에서 각각 3월 8일과 10일, 12일, 마산에서 3월 15일, 광주와 서울에서 4월 19일에 시위가 벌어졌다. 불빛은 대구에서 시작해 마산으로 퍼지고, 마침내 서울로 옮겨 붙었다.

　시간상 2·28이 가장 앞서기는 한다. 다만 2·28이 마산을 거쳐 서울까지 얼마나 잘 알려져 실제로 4·19의 도화선이 된지는 알 수 없다. 또한 2·28은 4·19가 추구한 '이승만 하야' 같은 과격한 구호를 내걸지 않았다. 그래도 10월 항쟁과 처절한 학살을 겪은 뒤에도 최소한 1960년대까지 대구가 '야당 도시'이자 '민주 선도 도시'로 남은 사실은 확실하다.

기념회관에서 눈길을 뜬 또 다른 전시물은 박근혜가 대통령 시절에 보낸 축하 메시지였다. 탄핵 전인 2014년에 쓴 이 메시지는 2·28 민주운동 기념식이 처음 국비 지원으로 열리게 된 일을 축하하는 내용이었다. 이때부터 2·28을 본격적으로 재평가하기 시작해서 2018년 문재인 정부는 2월 28을 국가 기념일로 지정했다. 민주화

2·28 민주운동 제54주년 기념식 축하 메시지

2·28 민주운동 제54주년 기념식을 진심으로 축하합니다.

그동안 대구시의 지원으로 개최된 기념식이 올해는 국비 지원으로 개최되면서 국가적 행사로 격상되어 더욱 의미 깊게 생각합니다.
특히, 광주를 비롯한 다른 지역의 인사들께서 참석해 주셔서 국민통합의 큰 뜻도 담게 되었습니다.

지금 우리는 비정상의 정상화를 통해 나라를 바로 세우고, 경제 대도약으로 국민행복 시대를 열어가는 중요한 전환점에 서있습니다.

우리 민주주의 역사를 되돌아보는 소중한 이 행사가 국민의 마음을 하나로 모으고 새로운 도약을 다짐하는 소중한 자리가 되기를 기대합니다.

저와 정부도 굳건한 자유민주주의 토대 위에 우리나라가 성숙한 선진국으로 발돋움할 수 있도록 최선의 노력을 다하겠습니다.

2014년 2월 28일
대통령 박근혜

운동으로는 1960년 3·15 의거, 1960년 4·19 혁명, 1980년 5·18 광주 민중항쟁, 1987년 6·10 항쟁에 이어 다섯 번째였다.

명덕역 앞 표지석이 알려주듯 4·19가 일어나고 1년 뒤 명덕네거리 **253**

대구가 보수화되자 명덕역 앞에서 외곽으로 옮긴 2·28민주의거기념탑.

에 세운 기념탑은 29년 뒤인 1990년 두류공원으로 옮겨졌다. 명덕네거리 근처가 개발돼 어쩔 수 없었다지만, 1970년대와 1980년대를 거치면서 대구가 그만큼 보수화된데다가 1990년대에 접어든 뒤에는 시민 대부분이 2·28에 관심도 별로 없고 그다지 자랑스럽게 여기지 않게 된 탓이 더 컸다. 2·28을 대구가 자랑해야 할 '한국 민주 혁명의 출발'이라고 생각하면 기념탑을 멀리 옮길 이유가 없었다.

두류공원으로 옮긴 2·28민주의거기념탑은 생각보다 컸다. 커다란 바지와 작은 바지는 각각 남학생과 여학생을 형상화했다. 아무리 60년 전에 만든 조각이지만 여성들도 적극 참여한 민주화 운동을 성차별적이고 남성 중심적인 방식으로 묘사하다니, 부끄럽고 안타까웠다.

민주주의를 선도하는 대구를 기원하며

대구 중심가에는 근사한 2·28민주운동기념회관이 들어서고 2·28기념중앙공원도 문을 열었다. 그만큼 2·28에 관한 정부와 대구의 인식

'2·28민주로'라는 도로명으로 박제된 민주주의.

과 평가도 긍정적으로 바뀌고 있다. 보수적인 대구 사람들도 '민주화 운동의 원조'라고 스스로 이야기할 만큼 '민주'가 우리 사회의 부정할 수 없는 가치로 자리잡았다.

몇몇 사람이 착각하듯 자유 민주주의는 '무찌르자 공산당!' 같은 극우 반공주의가 아니다. 자유 민주주의는 유럽이나 미국처럼 자기 생각하고 다른 급진적인 사상과 표현까지 보장하는 민주주의 체제를 뜻한다. 이런 점에서 아직도 국가보안법으로 특정한 사상을 금지하는 한국은 진정한 자유 민주주의 체제가 아니다.

2·28기념중앙공원을 거닐며 1960년대의 '민주 선도 도시' 대구를 생각했다. 대구가 이런 자랑스러운 전통을 부활시키기를, 그래서 자유 민주주의를 지킨다는 이름 아래 보수주의와 철 지난 극우 반공주의를 대표하는 도시가 아니라 다시 한 번 진정한 자유와 민주를 위해 앞장서는 '한국 민주주의의 선도 도시'가 되기를 기원했다.

255

찾을 곳

명덕역 대구광역시 중구 명덕로 185. **2·28민주운동기념회관** 대구광역시 중구 2·28길 9. **2·28기념중앙공원** 대구광역시 중구 동성로2길 80. **2·28민주의거기념탑** 대구광역시 달서구 두류동 두류공원.

18시간 만에 저지른
'사법 살인'

"우리나라 사법 역사상 가장 치욕스러운 사건은 무엇인가요?" 한 방송사가 1995년 한국 사법 제도 백주년을 회고하며 판사 315명에게 물었다. 가장 많이 나온 답은 박정희 정부가 사형 확정 뒤 18시간 만에 형을 집행한 '인민혁명당(인혁당) 재건위 사건'이었다. 국제법학자회가 사형 집행일인 1975년 4월 9일을 '사법 사상 암흑의 날'로 지정할 정도로 어처구니없는 사법 살인이기 때문이었다.

256

형장의 이슬로 사라진 '대구의 아들들'

대구에 있는 경북대학교 사회과학대 건물 앞에 가면 잘생긴 한 청년의 얼굴을 그려놓은 팻말이 나타난다. 인혁당 사건의 막내 여정남 경북대학교 총학생회장(학생운동 지도자이기는 하지만 학생회장은 아니라는 증언도 있다)과 여정남의 대선배이면서 함께 고생한 이재형을 기리는 '여정남공원'이다. 인혁당 재건위 사건은 '대구의 아들' 박정희가 1970년대까지 남아 있던 대구 지역 진보 세력, 곧 또 다른 '대구의 아들' 여덟 명을 사법 살인한 비극이다. 여정남과 이재형 말고도 함께 사형된 도예종, 서도원, 송상진이 대구 출신이거나 대구에서 활동했다. 도예종은 경주에서 태어나 대구에서 교편을 잡았고, 서도원은 경

박정희 정권이 저지른 대표적인 간첩 조작 사건인 인혁당 재건위 사건 재판 장면(경향신문 제공).

남 창녕에서 태어나 영남대학교를 졸업한 뒤 대구 《매일신문》을 다녔고, 송상진은 대구에서 태어나 대구에서 교사로 일했다.

인혁당뿐 아니라 1960~1970년대에 등장한 지하당과 지하 서클 핵심 인사가 대부분 대구를 비롯한 영남 출신이거나 대구에서 활동한 사람들이었다. 1960년대 중반 통일혁명당을 결성한 뒤 월북해 조선노동당에 입당해서 북한 지령에 따르다가 1968년에 적발된 김종태와 김질락이 영천 출신이었고, 1968년에 터진 또 다른 지하당 사건인 남조선해방전략당의 김병권은 대구 출신이었다. 유신이 기승을 부리던 1977년 결성해 활동하다가 1979년에 검거된 남민전의 지도자 이재문도 경북 의성에서 태어나 경북대학교에서 공부했다.

대구가 1960~1970년대에 급진적 변혁 운동 중심지가 된 이유는 무엇인가? 대구 10월 항쟁이 보여주듯 대구가 원래 좌파가 강한 '진보 도시'인 탓도 있지만, 가장 중요한 요인은 한국전쟁이다. 한국전쟁 때 북한은 낙동강 이남의 대구, 부산, 마산 등 '3산 지역'을 빼고 남한을 대부분 점령했다. 점령지에서는 이승만 정부 아래 숨죽이던 좌파들이 대부분 공개 활동을 하다가 북한이 후퇴하면서 괴멸되거나 월북했다. 살아남은 사람들도 신분이 노출됐다. 반면 대구 등 낙동강 남쪽 지역에서는 좌파들이 계속 숨어 있었고, 그 결과 전쟁이 끝난 뒤 다른 지역에 견줘 더 많은 변혁 운동이 펼쳐졌다.

1964년 봄, 대학가에는 5·16 쿠데타 뒤에 자취를 감춘 데모가 되살아났다. 박정희 정부가 야심 차게 추진한 한-일 국교 정상화에 반대하는 시위가 본격 시작됐다. 박정희는 결국 비상계엄을 선포할 수밖에 없었고, 얼마 뒤 중앙정보부는 데모가 거셀 때면 단골로 등장하는 '전가의 보도'를 꺼내 들었다. 간첩단이었다. 중앙정보부는 도예종 등 대구 지역 혁신계 인사들이 남파 간첩을 만나 북한 지령을 받고 인혁당 창당 발기인 대회를 연 뒤 한-일 회담 반대 데모를 배후 조종하거나 4·19 같은 혁명을 통해 국가 전복을 꾀한 혐의가 있다고 발표했다. 그런데 사건을 넘겨받아 조사한 검찰은 증거가 전혀 없고 진술도 고문의 결과라는 사실을 밝혀냈다. 검사들은 양심상 기소할 수 없다며 사표를 냈다. 결국 검찰은 사건 관련자 대부분의 공소를 취하하고 도예종 등 주요 인물도 죄명을 바꿔 가벼운 혐의로 기소했다.

박정희와 인혁당 사람들의 악연은 끝이 아니었다. 종신 집권을 꿈꾼 유신이 문제였다. 1972년 10월 박정희는 국회를 해산하고 비상계엄을 선포했다. 이런 적나라한 독재 선언에 학생운동 등 민주화 운동은 일시적으로 위축됐지만, 1973년 10월부터 학생 시위 등 저항이 시작됐다. 1974년 봄에는 전국 학생운동을 아우른 민청학련을 중심으로 본격적인 반유신 운동이 벌어졌다. 학생운동이 공산 정권을 세우려는 북한과 좌익 세력의 조종을 받았다고 몰아갈 필요를 느낀 박정희 정부는 인혁당을 희생양으로 주목했다. 결국 학생운동 출신인 여정남이 민청학련 핵심들은 물론 대구 출신 인혁당 인사들하고 모두 가까운 점을 이용해서 민청학련과 인혁당을 엮어 인혁당 재건위 사건을 조작했다.

1974년 중앙정보부는 민청학련 사건을 터트렸다. 인혁당 재건위와 일본 공산당, 조총련 등 공산 세력이 학생 시위를 조종했다는 내용이었다. 사건 관련자들은 비상계엄령에 따라 군사 재판을 받았다. 꽉 짜인 각본 속에서도 고문당한 사실을 폭로하지만 아무 소용이 없었다. 3심까지 10개월밖에 걸리지 않은 초특급 재판 끝에 사형이 확정됐고, 8인의 열사는 18시간 만에 형장의 이슬로 사라졌다. 박정희가 저지른 만행은 여기에 그치지 않았다. 고문 흔적 때문에 시비가 일어날까 염려되자 시신을 유가족에게 돌려주지 않고 화장해버렸다.

뫼비우스의 띠 속에 갇힌 민중들

다행히 중앙정보부 후신인 국가정보원이 과거사 진상 조사를 통해 이 사건이 조작된 사실을 밝혀냈다. 2007년에 열린 재심에서는 무죄 판결을 받았다. 억울한 죽음 뒤 32년 만에 '대구의 아들'들은 명예를 회복했다. 나는 국정원이 진행한 진상 조사에 학계 대표로 참여했다. 직접 살펴보니 인혁당 재건위 관련자들은 한국 사회의 변혁을 꿈꾼 진보적 인물이 확실했다. 정기적으로 만나 사회 변혁을 함께 고민했다.

그중 몇몇은 통혁당처럼 북한에 연계되지 않으면서 남민전처럼 독자적 형태의 변혁을 꿈꾼 혁명가일지도 모른다. 그러나 이념 서

도예종과 서도원 등 대구 지역 혁신계 인사들이 인혁당 재건위 사건으로 사형당한 서대문형무소 사형장.

클 수준일 뿐 박정희 정부가 주장한 대로 강령과 조직을 갖춘 당을 만든 증거는 없다. 한-일 국교 정상화 반대 시위와 반유신 시위를 배후에서 조종한 사실은 더더욱 없다. 게다가 사건을 배후 조종한 남파 간첩이라고 박정희 정부가 주장한 사람은 우리 쪽에서 위장 월북시킨 북파 간첩이라는 사실이 국정원 조사 결과 밝혀졌다. 한때 같이 활동한 보수 인사들을 중심으로 인혁당이 실체가 있다는 말이 나오지만, 사법적 쟁점의 핵심을 비껴간 주장일 뿐이다.

사건이 사건인 만큼 인혁당을 추모하는 일은 고난에 찬 과제였다. 경북대학교와 영남대학교 학생들이 희생된 선배들을 기리며 1995년에 추모비를 세웠다. 경찰이 추모비를 철거하려 하자 학생들은 낮에는 추모비를 세우고 밤에는 100킬로그램 넘는 비석을 손수레에 실어 숨기는 숨바꼭질을 몇 달 동안 반복했다. 정부는 추모비를 강제 철거하고 국가보안법 위반 혐의로 10여 명을 구속했다. 2007년 무죄 판결이 나면서 마침내 경북대학교에 여정남공원이 생겼다. 공간은 작아도

경북대학교 사회과학대 앞 여정남공원.
인혁당 재건위 사건으로 사형된 이재형과 여정남을 새긴 부조와 추모비가 있다.

사법 살인을 당한 인혁당 재건위 사건 열사들은
경상북도 칠곡군 현대공원에 묻혀 있다.

민주화가 거둔 성과이자 경북대학교 구성원들이 노력한 결실이다. 다만 인혁당 재건위 희생자 전체를 기리는 추모비가 없는 점은 아쉽다. 공원에 서 있는 뫼비우스의 띠는 좀더 나은 사회를 향한 민중의 끊임없는 노력을 상징한다는데, 인혁당 재건위 희생자들은 그 안 어디쯤에 있을까?

상징물은 없지만 상징성을 지닌 곳은 대구에서 30분 거리인 칠곡군에 있는 현대공원이다. 대구 출신 민주화 운동 관련 인사들이 묻힌 이 공원묘지에는 도예종, 송상진, 여정남, 이재형 등 인혁당 재건위 관련 열사들이 잠들어 있다. 사형이 집행된 4월 9일에는 이곳에서 추모제가 열린다. 2016년 경기도 이천시에 '민주화 운동 국립묘지'라 부를 수 있는 민주화운동기념공원이 생기면서 김용원, 서도원, 이수병, 하재완 등 인혁당 재건위 열사들이 그곳에서 안식을 찾았다.

261

'레프트 대구'의 추억

대구 10월 항쟁과 한국전쟁을 거친 뒤에도 소수 전위 활동가가 아니라 대구 지역에 사는 일반 시민들 사이에 진보적 성향이 넓게 살아남은 사실을 알려주는 증거가 있다. 바로 자유당 후보 이승만과 진보당 후보 조봉암이 맞붙은 1956년 대통령 선거다. 보수 야당인 민주당 후보 신익희가 선거 도중에 갑작스럽게 세상을 떠난 때문이기도 하지만, 조봉암은 한국 정치사에 등장한 진보적 후보로서 가장 많은 30퍼센트 득표율을 기록했다. 지역별 현황에 주목해야 하는데, 서울, 경기, 강원, 충청 등 중부 지역에서는 19.8퍼센트 득표에 그치지만 영호남에서는 37.5퍼센트를 득표했다. 특히 대구, 경산, 칠곡에서는 각각 72.2퍼센트, 74.7퍼센트, 70.6퍼센트나 득표했다. 20년 전 논문을 쓰다가 이런 기록을 보고 조봉암이 이 지역 출신이겠지 생각하며 자료를 찾아봤다. 조봉암은 강화도가 고향이었다.

조봉암에게 70퍼센트 넘는 지지를 보내고 인혁당 같은 변혁적 지하 조직 운동의 메카로 자리하던 '진보 도시 대구'가 언제, 왜, 어떻게 '보수의 도시'로 바뀐 걸까? 나는 고개를 들어 칠곡의 하늘을 보며 박정희에게 물었다. 당신은 왜 그토록 집요하게 대구 후배인 혁신계 인사들을 물고 늘어졌는가? 한국 전쟁 뒤 진보 세력이 대구 지역에 많이 살아남은 탓인가? 잔존 진보 세력을 소탕해 대구를 보수의 아성으로 만들려는 속셈 때문이었는가? 아니면 같이 일하자는 제안을 서도원이 거절한 괘씸죄 때문일까?

찾을 곳

현대공원 경상북도 칠곡군 지천면 낙산로 3길 34-22. 추모탑에서 오른쪽으로 '4·9인혁묘역' 이정표를 따라가야 한다. **여정남공원** 대구광역시 북구 대학로 80 경북대학교 사회과학대 앞. **서대문형무소역사관** 서울특별시 서대문구 통일로 251. **민주화운동기념공원** 경기도 이천시 모가면 공원로 30.

지역주의가 만든
보수 텃밭

"아니 이게 진짜란 말이야?" 1971년 5월, 제8대 국회의원 총선거 결과를 보고받은 박정희는 분노와 경악이 뒤섞인 비명을 질렀다. 여당 공화당이 승리는 했지만 득표율(48.8%)에서 신민당(44.4%)하고 별 차이가 없었다. 정치적 기반인 대구에서 5석 중 4석을 야당이 차지한 결과는 특히 충격이었다. 7년 넘게 국회의장을 지낸 거물 정치인으로 몇 달 전 대통령 선거에서 김대중에 맞서 경상도 대통령론을 외친 오른팔 이효상을 비롯해 아끼는 이만섭 등이 줄줄이 낙선했다.

263

"박정희가 1년 뒤인 1972년 10월 국회를 해산하고 10월 유신을 단행한 것은 바로 이 선거 결과, 특히 대구의 선거 결과에 놀라 더는 선거를 통해 정권을 유지하기가 불가능하다고 생각하게 된 때문입니다." 대구에서 활동하는 송필경 치과 의사는 유신이 일어난 배경을 이렇게 설명한다. 설득력 있는 이야기다.

야당 도시 대구의 변심

대구는 '진보 도시'였다. 해방 정국에서 미군정에 가장 먼저 저항했고, 1956년 선거에서 이승만에 맞선 진보 후보 조봉암을 70퍼센트 넘게 찍었다. 2·28 민주운동을 일으켜 4·19 혁명으로 나아가는 길을 닦았고, 1960년대와 1970년대에 걸쳐 혁신 세력의 중심이었고, 한국 노동운동의 불씨가 된 전태일도 대구 출신이었다. 1971년 총선에서도 다시 한 번 '야당 도시'이자 '민주 도시'의 면모를 보여준 셈이었다.

대구는 '보수의 성지'다. 언제, 그리고 어떻게 대구가 변한 걸까? 역대 선거 결과를 토대로 해답을 추적할 수 있는데, 쉬운 일은 아니다. 1972년에 10월 유신을 일으킨 박정희가 국회를 해산한 뒤 선거 제도를 여당이 무조건 한 명은 뽑힐 수 있게 한 선거구에서 여러 명을 뽑는 중대 선거구제로 바꾼 탓이다. 따라서 민주화가 돼 선거 제도가 바뀌는 1987년까지는 선거 결과를 통해 대구가 보수화되기 시작한 때를 추적하기란 사실상 불가능하다.

이런 전제를 바탕으로 1985년 총선에 주목해야 한다. 경남 합천에서 태어나 대구에서 성장한 전두환이 집권한 상태에서 치른 이 선거에서, 민주정의당(민정당)은 대구에서 전국 셋째로 낮은 득표율을 기록했다. 야당인 신민당과 민한당의 득표율 합(48.2%)이 민정당과 관제 야당인 국민당의 득표율 합(44.3%)을 따돌렸다. 1985년까지 대구는

대구사범학교 시절 박정희가 자주 찾은 박정희 버드나무.

야당 도시의 면모를 유지하고 있었다.

야성이 사라진 때는 1987년 대선이다. 대구는 노태우에게 70.7퍼센트에 이르는 표를 몰아줬고, 1988년 총선에서도 민정당 후보가 전 지역구를 석권했다. 그 뒤 지금까지 30년 이상 이어진 선거 결과를 보면 대구는 '보수 정당'과 '보수 정치'의 든든한 성지다. 2016년 20대 국회의원 총선거에서 민주당 김부겸 의원과 무소속 홍의락 의원이 당선했지만, 박근혜가 탄핵된 뒤에는 다시 보수 정당이 싹쓸이했다.

"우리가 남이가" ─ 지역주의와 지역 기반 정당

대구의 보수화는 (1972년 유신 뒤에 물밑에서 서서히 자리잡기 시작한지 모르지만) 1987년 대선에서 갑자기 나타나 증폭되고 고착화됐다. 그런 측면에서 보면 대구의 보수화는 '지역주의의 부수 효과'다. 박정희와 김대중이 대결한 1971년 대통령 선거에서 이효상이 한국 최초의 지역주의 선거 전략인 경상도 대통령을 들고 나오면서 시작된

박정희 모교 대구사범학교의 후신인 경북대학교 사범대학 부설 고등학교에 있는 박정희 기념비(왼쪽).
항일 운동으로 목숨을 잃은 동문들을 기리는 순절추모비(오른쪽)하고 나란히 서 있다.

朴正熙 像

266

지역주의는 1980년 광주 학살 등을 거치며 강화됐다. 그러나 1987년 대통령 선거에서 김대중 후보와 김영삼 후보가 분열하지 않았다면 선거는 '민주 대 반민주' 구도가 될 수 있었다. 불행하게도 양김이 분열해 선거가 '지역 대결' 구도로 바뀌었고, 노태우 후보 진영도 지역주의 전략을 공공연하게 펼치면서 대구는 지역 출신인 노태우를 지지하게 됐다. 그런데 대구 지역을 기반으로 하는 세력이 하필 '보수 정당'이었다. 대구가 보수화돼 보수 정당을 지지했다기보다는, 지역주의에 따라 지역 기반 정당을 지지하게 되다 보니 그 정당이 보수 정당이더라는 말이었다.

박정희 정부와 전두환 정부가 호남 출신 김대중에게 덧씌운 '빨갱이론', 전두환과 노태우가 1980년 광주 학살을 정당화하려 만들어낸 '호남 폭도론' 등이 이런 과정에서 중요한 구실을 했다. 호남이 지역주의의 상호 작용 속에서 겪은 소외와 5·18 학살 등으로 김대중과 민주당에 일체감을 가질수록, 대구도 박정희, 전두환, 노태우, 보수 정당에 일체감을 갖게 됐다. 특히 색깔론이 발휘한 효과 덕분에 '호남=빨갱이' 또는 '대구=대한민국과 자유 민주주의의 보루'라는 잘못된 등식을 통해 독재 정권과 보수 정당을 지지하고 자기 정당화를 했다. 그러나 호남의 지역주의가 지역 차별과 5·18 학살 등에 맞선 '저항적 지역주의'라면, 대구와 경북의 지역주의는 군사 독재 시기의 '패권적 지역주의'에 이어 1997년 김대중 정부 출범 뒤에는 박정희와 전두환 시절을 그리워하는 '패권 향수적 지역주의'라는 점을 잊어서는 안 된다.

대구가 '박정희의 도시'이자 '전두환의 도시'라지만 눈에 띄는 흔적은 많지 않다. 박정희를 만날 수 있는 곳은 두 군데다. 하나는 '대구사범학교'다. '경북대학교 사범대학 부설 고등학교'로 이름이 바뀐 이곳에 가면 기이한 대비를 목격하게 된다. 오른쪽에는 일제에 저항하다가 목숨을 잃은 선배들을 기리는 낡은 탑이 있다. 그 옆에는 일왕에게 충성 혈서까지 쓰며 일제를 위해 싸운 박정희가 쓴 '내 일생 조국과 민족을 위하여'라는 글씨를 새긴 바위가 보인다. 2005년에 동문들이 세운 이 돌 하단에는 '우리 민족의 위대한 영도자이신 박정희 대통령의 광대고원廣大高遠한 경륜'이라는 문구로 시작하는 낯 뜨거운 '박비어천가'가 새겨져 있다. 박정희가 1971년 지어준 경북대학교 사범대학교 신관 로비에는 박정희 흉상 부조가 미래의 교사들을 내려다보고 있다. 그리고 그 밑에는 '가난한 농민의 아들/ 성실한 교육자/ 용기 있는

267

전두환의 모교 대구공고. 독재자를 칭송하는 상징물은 대부분 사라졌지만, '자랑스러운 선배'의 글씨를 새긴 대형 기념석들은 남아 있다. 왼쪽 사진은 전두환이 쓴 대구공고 교훈.

혁명가/ 민족중흥의 위대한 정치인'이라고 쓰여 있다.

　박정희에 이어 쿠데타로 대통령에 오른 전두환을 만나려면 독재자가 졸업한 대구공고를 찾아가야 한다. 대구공고는 본관 중앙에 커다란 전두환 초상을 설치하는 등 독재자 미화 작업을 했다. 비판 여론이 들끓자 초상을 치우고 뒤늦게 흔적 지우기에 나섰지만, 전두환이 쓴 글씨를 새긴 대형 기념석 등이 아직 남아 있다.

수구를 넘어 합리적 보수를

독재자들이 다닌 모교를 중심으로 작은 흔적들이 남아 있을 뿐, 대구에는 광주 김대중컨벤션센터 같은 박정희센터나 전두환센터가 없다. 구미하고도 달라서 중심가에 박정희 동상도 찾아볼 수 없다. 다만 2014년 김부겸 의원이 수도권 지역구를 떠나 '적지'인 고향 대구로 내려와 시장에 출마하면서 박정희컨벤션센터 건립을 공약한 적은 있었다. 지역 정치인들은 지금도 박정희, 전두환, 노태우 등 대구 출신 전직 대통령을 기념하는 대통령 통합 기념관을 설립하자거나 대구 엑스코를 박정희컨벤션센터로 바꾸자는 제안을 내놓고 있다.

　동상 같은 상징물은 없지만, 박정희는 대구 사람들 마음속에 신화와 전설로 남아 있다. '진보 도시 대구', 아니 '민주 도시 대구'를 되찾는 일은 쉽지 않아 보인다. 대구가 진보 도시로 되돌아가지는 못하더라도, 시대착오적인 '수구적 보수'가 아니라 '합리적 보수' 세력을 지지해서 보수를 혁신하고 한국 정치의 발전을 주도할 수는 없을까?

찾을 곳

박정희 기념비 대구광역시 중구 달구벌대로 2178 경북대학교 사범대학 부설 고등학교. **박정희 부조** 대구광역시 북구 대학로 80 경북대학교 사범대학 1층 현관. **대구공고** 대구광역시 동구 대현로 135.

예산 빼돌려 12만 명 죽인 희대의 부정부패

전두환, 노태우, 이명박, 박근혜의 공통점은? 다들 알겠지만, 감옥에 간 대통령이다. 죄목에는 부정부패도 들어 있다. 한국은 전직 대통령이 줄줄이 감옥에 간 '부정부패의 나라'다. '민주화 대통령'인 김영삼 대통령과 김대중 대통령도 자식들이 부정부패를 저질러 구속됐다. 대통령 자신부터 대통령의 자식들, 나아가 전두환 때의 장영자, 박근혜의 최측근 최순실까지 엄청난 부정부패 사건이 많았다지만, 한국 근현대사에서 가장 죄질이 나쁘고 악랄한 초대형 부정부패 사건은 무엇일까?

사망 12만 명, 부상 20만 명, 피해 55억 원

부정부패 때문에 12만 명이 목숨을 잃은 사건이 있었다. 어떤 부정부패 사건도 이렇게 많은 피해를 주지는 않았다. 손발을 잃은 사람만 20만 명이었다. 무슨 사건인데 12만 명이 목숨을 잃고 20만 명이 중상을 입었을까? 사건 흔적을 좇아 충북 보은에 있는 기념탑과 경북 영천에 있는 추모비를 찾아갔다. '국민방위군 의용경찰 전적기념탑'과 '국민방위군 추모비'다. 사건 이름은 한국전쟁 시기에 벌어진 '국민방위군 사건', 정확히 말해 '국민방위군 예산 착복 사건'이다.

국민방위군은 요즘으로 치면 향토 예비군이었다. 인천 상륙 작전을 감행해 불리한 전세를 역전시킨 국군과 유엔군은 38선을 넘으면 참전하겠다는 중국의 경고를 무시하고 북진했다. 중국이 뛰어들면서 전쟁이 장기화되자 이승만 정부는 1950년 12월 군인, 경찰, 공무원, 학생을 빼고 17세부터 40세 사이 모든 남성을 국민방위군에 편입시킨다는 법을 제정했다. 이 법에 따라 50만 명을 소집해 서울에 집결시켰다. 사령관과 부사령관은 우익 청년 단체 대한청년단 단장 김윤근과 대한청년단 총무국장 윤익헌을 임명했다. 군 경험이 전혀 없는 사람들이었다.

이승만 정부는 50만 명에 이르는 청장년 남성을 지방 곳곳에 흩어진 군 훈련소로 데려가 훈련시킬 준비는 전혀 하지 않았다. 국민방위군 간부들과 이승만 정부 고위층들이 예산을 빼돌리면서 대원들은 의복도 없이 끼니도 거른 채 이동하고 훈련하다가 죽거나 다쳤다. 얼어죽고 굶어 죽은 사람이 12만여 명, 동상 등에 걸려 다친 사람이 20만여 명으로 추정된다. 5명에 1명이 죽고 2명이 중상을 입은 셈이다.

한국전쟁 때 국군 전사자는 공식적으로 13만 7899명이었다. 한국전쟁 전체 전사자 수에 맞먹는 젊은이들이 나라를 지키려다가 식량과 의복을 빼돌린 간부들 때문에 목숨을 잃었다. 이렇게 빼돌린 돈은 이승만의 측근 정치인들에게 상납됐다. 더 한심한 일이 아직 남아 있었다. 야당이 사건을 폭로하자 이승만이 보인 반응이다. 이승만은 이 사건을 '공산주의자들의 모략'이자 '공비들의 술책'으로 몰아갔다. '위대한 이승만' 만만세다!

국민방위군 사건은 제보를 받은 이철승 의원이 부산으로 이전한 임시 국회에서 사건을 폭로하면서 알려졌다. 국회 '국민방위군 의혹사건 국회특별조사위원회'가 한 조사 결과 김윤근 등은 1950년 12월부터 1951년 3월까지 석 달 동안 현금 24억 원을 착복하고 쌀 5만 2000섬을 부정한 방법으로 처분하는 등 55억 원을 가로챘다. 70년 전 55억

김윤근 등을 국민방위군 사령관에
앉히고 비호한 신성모 국방부 장관.

원이면 현재 화폐 가치로 따질 때 수천 억 원
은 족히 된다. 사건 관련자들은 친이승만계
국회의원 등 정치권에 돈을 상납한 사실을
털어놨다. 여론이 나빠지자 이승만 정부는 꼬
리를 잘랐다. 군사 재판을 열어 사흘 만에 김
윤근에게 무죄를, 윤익헌에게 징역 3년 6개월
을 선고했다.

졸속 판결은 오히려 여론에 불을 붙였다.
공산주의자들이 꾸민 음모라며 측근들을 비호하는 이승만에게 실망
한 윤보선은 상공부 장관에서 물러나며 결별을 선언하고 야당 인사
가 됐다. 미군 지휘관들은 이승만을 찾아가 사태 책임자인 신성모 국
방부 장관을 해임하지 않으면 철수하겠다고 협박했다. 결국 이승만은
신성모 장관을 해임했고, 후임으로 10년 뒤 4·19 혁명 때 심판을 받게
될 이기붕을 임명했다.

이승만과 장제스, 같은 독재 다른 대응

1951년 4월, 국회는 국민방위군 해체를 결의하고 관련자를 사법 처리
하라고 요구했다. 1950년 7월 고등군법회의는 김윤근과 윤익헌 등 다
섯 명에게 사형을 선고했다. 문제는 상납을 받은 배후 세력이었다. 이
승만 정부는 친이승만계 정치인 등 관련자를 대상으로 조사가 시작되
기 전에 서둘러 공개 총살형을 집행했다. 진실은 어둠 속에 묻혔다.

이승만에 대비되는 사례가 타이완의 장제스다. 장제스도 똑같은 극
우 독재자이지만 부정부패에는 전혀 다르게 대응했다. 장제스가 이끈
국민군도 부정부패 자체였다. 미국이 지원한 최신 무기가 다음날이면
홍군 손에 넘어가 있었다. 밤사이 팔아먹은 때문이었다. 이런 부정부

패 탓에 국민군은 홍군에 참패해 타이완으로 도주했다. 그 뒤 장제스는 완전히 달라졌다. 조카며느리가 밀수 등 부정부패에 연관돼 있다는 이야기를 듣고 곧바로 수사를 지시했다. 수사 결과 엄청난 돈과 보석이 발견되자 장제스는 조카며느리를 불러 식사를 함께한 뒤 선물을 줬다. 집에 가 열어보니 권총 한 자루가 들어 있었고, 조카며느리는 그 총으로 자살했다. 죄질이 나쁜 부패 공직자들을 수송기에 싣고 가 태평양 한가운데에 떨어트렸다. 지도자가 부정부패를 척결하려는 강한 의지를 보이면서 타이완은 '부정부패 청정국'으로 다시 태어났다.

이승만이 국민방위군 사건을 접하고 보인 뜨뜻미지근한 태도는 그 뒤 정권이 바뀌어도 부정부패가 끊이지 않게 만든 원인이 된다. 끊이지 않는 부정부패는 국민방위군 사건을 좌파가 저지른 모략이라며 한심하게 대응한 이승만 정권에 뿌리를 두고 있다. 1950년대에 만연한 병역 기피 풍조도 국가를 지키려다가 12만여 명이 총 한 번 못 쏘고 싸늘한 시신이 된 국민방위군 사건에 크게 기인한다.

억울한 죽음 앞에서 되새기는 공복의 도리

충청북도 보은에 가면 국민방위군 의용경찰 전적기념탑이 있다. 인천 상륙 작전 뒤 수세에 몰려 속리산에 들어간 북한군과 빨치산을 상대로 지역 청년들이 구성한 국민방위군과 의용 경찰이 함께 토벌 작전을 벌인 일을 기념하는 전적비다. 국민방위군에 관련된 중요한 기념물이기는 하지만 억울한 죽음을 알리는 데 직접적인 관계는 없다.

경상북도 영천 은해사 입구에 가면 국민방위군 추모비가 있다. 이승만 정부는 1950년 12월 국민방위군으로 소집된 50만 명 중 강원, 충청, 경기 출신인 20~30대 장정 수백 명을 영천군 청통면 치일리에 분산 수용했는데, 그중 추위와 굶주림 때문에 숨진 100여 명을 집단

매장했다. 1984년에 도로를 확장하면서 치일리 노인들이 도로변에 묻힌 희생자들을 지금 위치로 옮기고 위령제를 지내기 시작했다.

2000년대 들어 과거사 조사에 나선 정부는 국민방위군 사건 사망자 유가족 14명이 진상 조사를 요구하자 진실화해위 조사를 벌였다. 그렇지만 너무 오랜 시간이 흘러 암매장 등을 확인할 수 없었다. 희생자 대부분이 유가족에게 생사를 알리지 못한데다가 이승만 정부도 사망통지서를 보내지 않아 사후적 예우를 하기도 어려웠다. 진실화해위는 사망자와 실종자에 관한 공식 사과, 위령제 실시, 전사자에 상응하는 국가 유공자 예우 등을 정부에 권고했다. 2003년에는 육군이 전사자 유해 발굴 사업을 벌여 희생자 유해와 유품을 찾아 국립묘지에 안장했고, 영천시는 국민방위군 추모비를 세웠다. 늦었지만 다행이다. 최악의 부정부패 사건의 증거이자 반면교사의 현장이라는 점에서, 모든 공무원은 이 추모비에 들러 공직자의 의무와 자세를 되새겨야 한다.

273

찾을 곳 ▶

국민방위군 추모비 경상북도 영천시 청통면 청통로 804. 뽀빠이왕족발에서 60미터 앞. **국민방위군 의용경찰 전적기념탑** 충청북도 보은군 보은읍 학림리 433-82.

충북 보은 국민방위군 의용경찰 전적기념탑.
속리산 빨치산을 토벌하는 데 기여한
국민방위군과 의용 경찰을 기리는 탑이다.

경북 영천 국민방위군 추모비.
이곳에서 훈련받다가 굶어 죽고 얼어 죽은
청장년 남성들을 추모하려고 마을 어른들이 세웠다.

마지막 빨치산이 된
문맹의 산 소녀

"나는 《지리산》을 실패할 작정을 전제로 쓴다. 민족의 거대한 좌절을 실패 없이 묘사할 수 있으리라는 오만은 내게는 없다." '나에게는 조국이 없다. 오직 산하만이 있을 뿐이다'는 글을 써서 박정희 정부에 밉보인 탓에 감옥을 간 언론인 이병주가 작가로 변신해 1970년대에 최초의 빨치산 소설 《지리산》을 출간하면서 서문에 쓴 글이다.

274 지리산은 경상남도에 많이 기댄다. 3개 도, 5개 시와 군, 15개 면에 걸쳐 있는데, 그중 함양군, 산청군, 그리고 이병주의 고향인 하동군이 경상남도에 속한다. 산청에 가면 안내원마을, 곧 내원골이 있다. '안'과 '내內'를 같이 쓸 정도로 깊은 산 안쪽에 자리잡은 오지 중의 오지다. 이제는 도로도 잘 닦여서 '자연인'이 되고 싶은 사람들이 고급 별장을 짓고 사는 별장촌이 됐다. 별장촌을 지나 길이 끝나고 '입산금지' 팻말이 있는 곳까지 가니 표지판이 하나 나타난다. '구들장 아지트.'

산에서 산 13년, 감옥에서 산 23년
구들장 아지트는 지리산에 은거하던 '마지막 빨치산' 정순덕이 1963년에 체포된 곳이다. 1953년이 아니라 1963년! 1963년이면 한국전쟁이 끝난 뒤 10년이 지나고 5·16 쿠데타로 박정희 정권이 들어선 지 2

정순덕이 은신하고 있던 구들장 아지트의 옛 모습(왼쪽 위).《실록 정순덕》에 실린 정순덕의 젊은 시절 모습 (오른쪽 위). 정순덕이 체포된 때 지니고 있던 소지품(아래).

년이 된 때다. 정순덕은 이때까지 체포 때 사살된 이홍희하고 함께 '2 인 부대' 형태를 유지하며 15년 동안 빨치산으로 살았다. 남부군 대장 이현상은 시골 갑부의 아들로 태어나 중앙고보에 다니다가 항일 투쟁 을 시작해 조선공산당을 거쳐 빨치산이 된 '좌파 지식인'을 대변한다 (이 책 17장 참조). 그렇지만 이병주가 '민족의 거대한 좌절'이라고 표 현한 지리산 빨치산은 이현상 같은 좌파 지식인뿐 아니라 정순덕처럼 못 배우고 가난한 민초들이다. 마지막 빨치산 정순덕은 빨치산의 또 다른 얼굴인 '무지렁이 민초'를 상징한다.

정순덕은 1933년 내원골에서 태어났다. 깊은 산속에서 제대로 교 육받을 기회도 없이 순박한 산 소녀로 자랐다. 1948년 여순 사건이 터지면서 지리산 빨치산이 생기자 소개령이 내려져 평지 마을로 이주 했고, 1949년 16살 때 중매로 결혼했다. 행복한 결혼 생활도 잠시, 남 편은 한국전쟁 때 북한군 협력자로 낙인찍혀 산으로 들어갔다. 국군은 시시때때로 정순덕을 찾아와 남편을 찾아내라며 때렸다. 하루는 정순덕을 뒷산 비석에 묶더니 아침까지 남편이 어디 있는지 잘 생각해보라고 말한 뒤 사라졌다. 추위에 떨며 밤새 손을 비틀어 간신히 탈출한 새색시는 겨울옷을 챙겨 산으로 들어갔다. 그때 나이 18살이었다. 부부를 같은 부대에 두지 않는 규칙에 따라 정순덕은 이영희 부대에 배치됐다.

취사나 간호 같은 임무를 주로 수행하던 정순덕은 얼마 뒤 남편이 전사한 소식을 들었다. 1952년에는 무기를 받고 전사가 됐다. 한글과 한문을 배웠고, 타고난 계급적 현실에 바탕해 정치의식도 갖췄다. 전투에서 공을 세워 조선노동당에 입당했다. 1953년에 정전 협정이 체결됐지만, 빨치산에게 전쟁은 끝나지 않았다고 선언하고 전투를 계속했다. 정순덕은 10년 정도 버티면 통일이 된다고 믿었지만, 정전 뒤 토벌이 더욱 거세져 1954년에는 3인 부대로 쪼그라들었다. 식량이 떨어져 화전민을 털어야 하는 상황이 되자 정순덕은 빨치산이 인민의 양식을 빼앗느니 차라리 굶어 죽겠다며 버텼다.

정순덕 부대는 외딴 곳에 사는 화전민들에게 접근해 협력자로 만들었다. 1955년에는 접촉한 사람들이 다음날 경찰에 신고하러 가려하자 살해하기도 했다. 1960년에는 경찰이 쏜 총에 맞아 한 명이 죽어서 3인 부대가 2인 부대로 됐다. 둘은 무슨 일이 생기면 서로 죽여주기로 약속했다. 1961년에는 믿던 세포가 총을 집어 생포하려 하자 일가족을 몰살한 사건이 벌어져 세상을 놀라게 했다. 경찰은 경비행기로 '망실 공비는 자수하라'는 삐라를 지리산 전역에 뿌렸다.

"순덕아 내려오래이."

어머니를 동원해 자수 권유 방송도 했다. 1963년 겨울 식량 등을 구하러 가깝게 지내던 세포를 찾아간 정순덕과 이홍희는 매복한 경찰

276

을 마주쳤다. 이홍희는 즉사하고 정순덕은 총상을 입어 다리를 절단했다. 정순덕의 13년 빨치산 생활이, 지리산 빨치산 시대가 막을 내렸다.

북으로 가지 못한 지리산 여장군

다친 다리를 자른 뒤 조사를 받은 정순덕은 문맹을 가장하고 비상한 법정 투쟁을 벌였다. 검사가 사형을 구형하자 날카롭게 소리쳤다.

"개새끼, 감형만 시켜봐라. 이 개놈아!"

결국 무기 징역을 선고받고 긴 감옥살이를 했다.

"2616번 정순덕 석방 준비!"

23년 뒤인 1985년, 정순덕은 8·15 특사로 석방됐다. 충북 음성에 있는 한 가톨릭 복지 기관에서 지내며 세례(세례명 카타리나)도 받았다. 그 뒤 다큐멘터리 작가 정충제가 정순덕하고 함께 살면서 구술을 받아《실록 정순덕》을 출간했다. 정규 교육을 전혀 받지 않은 정순덕이 뱀사골 지리산역사관에 있는 충혼탑에 새겨진 한자를 거침없이 읽어 놀란 일화가 흥미로웠다.

북한은 김일성이 한 특별 지시에 따라 정순덕을 소재로 영화 〈지리산 여장군〉(1964)을 찍어 대대적으로 선전했는데, 어느 날 갑자기 상영을 중단했다. 정순덕이 체포된데다가 대북 방송에 등장한 때문이었다. 정순덕은 전향한 남파 간첩 김남식이 한 감옥 순회강연에서 이런 사실을 알게 됐다.

비전향 장기수들이 모여 사는 만남의 집에서 지내던 정순덕은 2000년 6·15 남북공동선언에 따른 비전향 장기수 송환 때 자기도 북으로 보내달라고 요구했다. 감옥에서 쓴 전향서는 고문 때문에 쓴 거짓 문서라고 항의하지만 결국 송환되지 못한 채 2004년에 세상을 떠났다.

277

구경거리가 된 구들장 아지트

지리산에는 넓은 품에 걸맞게 역사관이 여럿 있다. 뱀사골 지리산역사관 야외에는 토벌 작전 때 희생된 군경을 기리는 충혼탑과 조각이 서 있다. 구례 화엄사 입구에도 화마에서 절을 살린 차일혁 총경 이야기를 만화로 그려놓은 지리산역사문화관이 있고, 이현상이 사살된 하동 의신마을에도 작지만 알찬 지리산역사관이 있다.

가장 큰 곳은 산청에 있는 지리산빨치산 토벌전시관이다. 이름에서 반공주의의 냄새가 물씬 나는 이곳 마당에는 탱크 등 다양한 무기와 빨치산 전투를 상징하는 조각들이 전시돼 있다. 정작 전시관에 들어가면 반공주의가 그다지 노골적이지는 않다. 토벌 부대인 '백선엽 야전군 사령부'(백야전사)의 대장이 친일 행각을 저지른 백선엽이라는 사실이 눈에 띄었다. 빨치산 토벌이라는 미명 아래 많은 양민을 학살한 자로 비판받는 백선엽도 얼마 전 세상을 떠났는데, 억울한 마음을 풀지 못한 양민 학살 유가족들이 대전현충원 앞에서 반대 시위를 벌

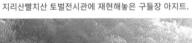

지리산빨치산 토벌전시관에 재현해놓은 구들장 아지트.

검문을 나오면 솥단지를 들어내 구들장 밑으로 기어들어 숨은 뒤 다시 솥을 걸고 물을 끓였다.

였다.

전시관 언덕에는 구들장 아지트가 재현돼 있었다. 경찰이 검문을 나오면 솥단지를 들어내서 구들장 밑으로 기어들어 숨은 뒤 다시 솥을 걸고 물을 끓였다. 오랜 시간 경찰을 완전히 따돌린 이 아지트는 공산주의가 무엇이고 자본주의가 뭔지 모르던 순박한 한 소녀가 최장기 빨치산이자 최후의 빨치산이 된 비극적 역사를 상징했다. 이곳에서 그리 멀지 않은 하동 이병주문학관에는 이런 말이 쓰여 있다. '태양에 바래지면 역사가 되고, 월광에 물들면 신화가 된다.' 지리산 산 소녀는 그렇게 역사가 되고, 신화가 됐다.

279

찾을 곳

구들장 아지트 경상남도 산청군 삼장면 내원리, 내원골 길 끝나는 곳. **지리산빨치산 토벌전시관** 경상남도 산청군 지리산대로 536.

'작전 명령 5호'로 시작된
피비린내

한국 현대사, 특히 한국전쟁 뒤 가장 유명한 민간인 학살 사건은 무엇일까? 오랫동안 '거창 사건' 또는 '거창 양민 학살 사건'으로 불린 거창 민간인 학살 사건이다. 피해 규모가 엄청난데다가 다른 사건들하고 다르게 조사와 재판이 진행된 때문이었다. 거창 사건은 한국전쟁 전후 민간인 학살 사건의 실상을 가장 잘 보여준다.

뒤늦게 알게 된 학살의 전모

1951년 2월 지리산 일대에서 벌어진 만행을 보통 '거창 사건'이라 부르지만, 정확한 명칭은 '산청·함양·거창 민간인 학살 사건'이다. 국군 11사단 9연대 3대대는 1951년 2월 7일 아침에 산청군 금서면 가현리에서 시작해 함양군 지곡면을 거쳐 2월 11일 거창군 신원면 과정리 박산골까지 다니며 학살을 자행했다. 지리산 동남부를 무대로 5일간 계속된 연쇄 학살 사건이었다. 사망자도 거창 719명에 산청과 함양 705명을 합쳐 모두 1424명에 이르렀다.

거창 학살 사건을 아는 사람도 산청과 함양 학살 사건은 잘 모른다. 부끄럽지만 나도 산청과 함양 학살 사건을 전혀 몰랐다. 거창사건추모공원을 찾느라 내비게이션을 뒤지면서 산청·함양사건추모공원이 있다는 사실을 처음 알았다. 왜 거창 학살만 알려지고 정작 사태의 시발점이 된 산청과 함양 학살은 묻혔을까? 이유가 기막히다. 지역 국회의원 때문이었다. 산청·함양사건 희생자 유족회가 조사해보니 학살 사건을 제보받은 거창군 국회의원 신중목(무소속)은 관련 사실을 국회 본회의에서 폭로했지만, 함양군 국회의원 박정규는 여당이라서 뒤로 빠지고 산청군 국회의원 이병홍은 지병을 핑계로 침묵했다.

281

국회가 '거창사건 합동 진상규명 조사단'을 꾸려 현장 조사를 나오자 김종원 대령은 부하들을 빨치산으로 위장하게 한 뒤 일행을 기습했다. 놀란 조사단은 부랴부랴 철수했지만, 사건이 외신에 보도되면서 이승만 정부는 국회에 서면 보고서를 제출할 수밖에 없었다. 산청군과 함양군은 완전히 누락하고 거창군 사망자만 187명으로 적은 거짓 보고였다. 관련 지휘관들은 군사 재판에 회부돼 무기 징역부터 징역 3년까지 유죄를 선고받았지만, 그 뒤 사면돼 승승장구했다(이 책 18장 참조).

지리산을 휩쓴 연쇄 학살 사건

"이년들도 죽여버리자."

견벽청야 작전에 동원돼 거창에 온 토벌군
(뱀사골 지리산역사관 전시 자료).

"어차피 오늘밤 호랑이 밥이 될 텐데 뭐."

1951년 2월 7일 아침 7시 무렵 3대대 군인들은 가현마을 40가구 100여 명을 뒷동산 골짜기에 4열 종대로 앉혀놓고 집단 학살했다. 어린 이점순 씨와 두 여동생이 학살 현장에서 어렵게 살아남아 부모님을 비롯한 123명이 학살된 비극을 증언했다. '견벽청야堅壁淸野'란 '지킬 곳은 견고한 벽을 쌓고 나머지 지역은 빈 들판만 남기라'는 뜻이다. 2월 2일, 3대대는 이런 내용을 담은 '작전명 5호'를 받았다. 빨치산에 협력할 가능성이 있기 때문에 미수복 지역에 사는 주민은 전원 총살하라는 지시였다.

북쪽으로 이동한 3대대는 방곡마을에 도착해 10시쯤 마을 사람들을 불러모았다. 대부분 부녀자와 노인이었다. 젊은이들은 어디로 갔냐는 물음에 군대에 갔다고 대답하지만 제대로 듣지도 않고 212명을 무차별 학살했다. 북상해 오후 1시 30분 함양군 휴천면 점촌마을에 도착한 군인들은 우물가에 212명을 모아놓고 학살했다. 노하우가 생긴 군인들은 계속 북상하면서 자혜마을, 지곡마을, 손곡마을, 주상마을, 화계마을 주민들을 차례대로 끌고 와 오후 4시경 경호강 강변에 자리한 서주마을 둔치에 도착했다. 그곳에서 310명을 학살한 뒤 시신에 휘발유를 뿌리고 불을 질렀다. 이렇게 하루 동안 산청군과 함양군에 있는 10개 마을 주민 705명이 이 땅에서 사라졌다.

산청 생초초등학교에서 야영한 국군은 거창군 신원면으로 넘어가 9일에는 덕산리 청연골 주민 84명을, 10일에는 대현리 탄량골 주민 100명을, 11일에는 과정리 박산골에서 무려 517명을 학살함으로써 5

일간 이어진 화려한 학살극의 피날레를 장식했다.

70년 전 그날을 증언하는 총알 자국

산청·함양사건추모공원은 방곡마을에 자리하고 있다. 사건 배경, 진행 과정, 명예 회복 과정을 다양한 시각적 자료하고 함께 잘 전시해놓았다. 시신이 발굴된 300여 명을 분류하니 여성이 51.3퍼센트, 어린이와 청소년이 45.3퍼센트, 60세 이상 노인이 5퍼센트였다. 조상 대대로 지리산 밑에 산 죄밖에 없는 사람들이었다. 학살을 저지른 3대대 지휘 선상에 있던 사단장 최덕신 준장(박정희 정권 때 주독 대사와 외무부 장관 등을 지내고 월북), 연대장 오익경 대령, 경상남도 계엄사령부 민사부장 김종원 대령(이 책 18장 참조), 대대장 한동석 소령 등 학살 주범 4인방을 새긴 부조도 눈길을 끌었다.

산청을 떠나 거창사건추모공원에 거의 다 가면 길가에 '거창사건 희생자 박산골 학살터'라는 표지판이 나타난다. 화살표를 따라 산 쪽으로 올라가 골짜기에 들어서면 커다란 바위와 '총알 흔적 바위'라는 팻말이 보인다. 517명이 처참하게 학살된 현장이다. 70년이 흐른 지금도 바위에는 총알 자국이 뚜렷하다.

거창사건추모공원에서 가장 먼저 눈에 띄는 점은 '안과 밖의 차이'다. 밖에는 '거창사건추모공원'이라고 쓰여 있지만 안으로 들어가면 '거창양민학살사건 판결문'이나 '거창양민학살사건 안내도' 등 곳곳에 '거창양민학살사건'이라는 명칭이 보였다. 정부가 추모공원 안은 모르지만 밖에는 '거창 학살'이라는 표현을 쓰지 못하게 한다는 이야기다.

거창 학살 사건은 용기 있는 지역 국회의원 덕분에 곧바로 사실이 알려지는 '혜택'을 받았다. 그렇지만 명예 회복의 길은 길고 험난했다. 추모공원 초입에 보이는 문병현 유족회 전 회장 공로비가 이런 어려

거창사건추모공원에 세워진
1954년 학살자 재판 판결문.
학살자들은 그 뒤 사면돼
승승장구하지만,
비극을 잊지 않으려
기록해놓았다.

4·19 혁명 뒤에 세운
거창학살 희생자 위령비를
5·16 쿠데타 뒤에 군부가 부쉈다.
그 사실을 알리는 팻말 앞에 놓인
부서진 위령비.

517명이 학살된
거창 박산골 총알바위.
총알 흔적이 남아 있다.

움을 증언하고 있었다.

어둠 속에 살아온 유족들은 보도연맹 등 다른 국가 폭력 희생자들처럼 4·19 혁명이 일어나자 유족회를 만들어 명예 회복을 요구하고 추모 사업도 시작했다. 1960년 5월에는 학살 대상자를 형식적으로 선별하는 데 적극적인 구실을 한 잘못을 사과하라는 요구를 거부한 신원면 면장 박영보를 분노한 유가족들이 생화장하는 사고가 터지면서 거창 학살은 다시 한 번 주목받았다. 국회는 희생자 명예를 회복할 입법에 들어갔고, 유족회는 시신을 수습해 합동 묘역을 마련한 뒤 정부 지원을 받아 추모비도 세웠다. 5·16 쿠데타는 이런 모든 노력을 원점으로 돌렸다. 군사 정부는 추모비를 부숴 묻어버리더니 합동 묘역도 해체하라 명령했고, 문병현 유족회 회장을 비롯한 18명을 반국가단체 구성 혐의로 구속했다(이 책 3장 참조).

기나긴 어둠은 민주화가 된 뒤인 1996년 1월 5일 국회가 '거창사건 등 관련자 명예회복에 관한 특별조치법'을 공포하면서 학살 45년 만에 끝났다. 2004년에는 거창사건추모공원이 문을 열었다. 같은 학살 피해자인데도 서로 다른 상황 때문에 각자의 길을 걸어온 산청과 함양 학살 유가족과 거창 학살 유가족들은 다행히 2018년에 국가 배상 등을 함께 추진하기로 합의했다. 역사에 드리운 어둠은 걷히고 있지만, 산청과 함양과 거창에서 벌어진 민간인 학살이 베트남 전쟁과 1980년 광주 학살로 이어진 느낌은 지울 수 없었다.

찾을 곳 ▶

산청·함양사건추모공원 경상남도 산청군 금서면 화계오봉로 530. **거창사건추모공원** 경상남도 거창군 신원면 신차로 2924. **박산골 학살터** 경상남도 거창군 신원면 과정리 산66-6.

임시 수도에서 시작된
의회 정치 압살

"한국에서 민주주의를 기대하는 것은 쓰레기통에서 장미가 꽃 피기를 기대하는 것이다." 1952년 영국《더 타임스The Times》에 실린 이 문구는 흔히 '부산 정치 파동'이라고 부르는 사건 때문에 나왔다.

　부산은 이제 영화의 도시다. 스타들의 손바닥이 전시된 할리우드 '스타의 거리'처럼 남포동 '영화의 거리'에는 부산국제영화제에 참석한 전세계 스타들의 발자국이 새겨져 있다. 이 '영화의 거리'가 시작되는

286

임시 수도 부산에서 임시 국회의사당으로 쓰인 부산극장. 부산 정치 파동의 현장이다.

자갈치역 쪽 입구에 영화관이 하나 있다. 부산극장이다. 현대식으로 다시 짓기는 했지만, 부산을 대표하는 오래된 영화관이다.

장기 집권을 꿈꾼 초대 대통령

"야, 이 자식들아! 왜 이래?"

1952년 5월 26일, 부산극장에 난데없이 헌병대가 들이닥쳐 사람들을 끌어내기 시작했다. 부산은 한국전쟁 임시 수도였고, 부산극장에는 국회의사당이 입주해 있었다. 끌려 나온 사람들은 국회의원들이었다. 이승만은 야당 의원 50여 명을 헌병대로 연행해서 정헌주 의원 등 12명을 국제 공산당 세력이라는 황당한 혐의로 구속했다.

이승만은 왜 이런 무리수를 뒀을까? 많은 사람이 1948년 제헌 헌법이 대통령제를 채택한 사실은 알지만, 이 대통령제가 국회에서 뽑는 간선제 방식이라는 또 다른 사실은 잘 모른다. 이승만은 국민이 아니라 국회의원이 뽑은 대통령이었다. 대통령이 된 이승만은 자기를 뽑아준 보수 정당 한민당하고 반목했다. 엎친 데 덮친 격으로 1950년 5월 30일 제2대 총선에서는 이승만을 지지하는 정당들이 참패했다.

위기에 빠진 이승만을 구한 계기는 한국전쟁이었다. 그런 이유 때문에 이승만이 한국전쟁을 일으킨 장본인이라는 음모론도 나왔다. 6월 25일에 전면 남침을 하면서 서울 이남의 작전 지도를 안 가져온 점을 근거로 북한이 서울만 점령할 계획이었다는 '제한 전쟁론'도 제기됐다. 5·30 총선 결과가 이승만을 중심으로 한 단정 세력을 국민들이 심판한 결과라고 본 북한이 반이승만-반분단 세력을 해방시킨 뒤 남북 협상을 거쳐 통일을 모색하려 했다는 주장이었다.

한국전쟁이 일어나 한숨 돌렸지만, 이승만은 국회가 대통령을 뽑는 제헌 헌법 아래에서 치르는 제2대 대통령 선거에서 참패할 가능성이

국회 통근 버스를
검문하는 군경.

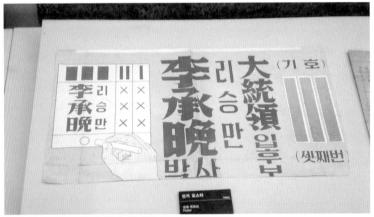

1952년
대통령 선거 포스터.

거수투표로 이승만이 요구한
대통령 직선제 개헌안을
통과시키는 모습
(임시수도기념관 전시 자료).

컸다. 권력을 유지하려 대통령 직선제 개헌을 추진하지만 한민당이 이끄는 국회는 1952년 1월에 개헌안을 부결시켰다. 이승만이 꺼내든 비장의 무기는 폭력과 빨갱이 조작이었다. 5월 25일 부산, 경상남도, 경상북도, 전라남도, 전라북도에 계엄령을 선포하고 다음날 국회를 무력화시켰다. 그러고는 국회의원 12명을 빨갱이로 몰아 구속했다.

한민당계인 김성수 부통령은 이승만을 탄핵하고 사퇴서를 냈다. 《더 타임스》에 실린 쓰레기통 기사 등이 알려지고 여론이 들끓자 이승만은 국회 해산을 유보했다. 대신 극우 단체를 동원해 회의하는 야당 의원들을 습격하고 국회의사당에 의원들을 감금하는 등 공포 분위기를 만들었다. 사태가 이렇게 되자 장택상 부의장이 대통령 직선제인 이승만 안과 내각 책임제를 핵심으로 하는 국회 안을 발췌한 '발췌 개헌안'을 제안했다. 7월 4일 군경이 국회의사당을 포위한 상태에서 거수투표가 실시돼 찬성 163표에 기권 3표로 개헌안이 통과됐다.

부산 정치 파동은 이승만 장기 집권으로 나아가는 첫 관문이라는 수준을 넘어 한국 현대사에서 중요한 의미를 지닌다. 계엄령과 공권력, 색깔론 등 극우 독재 세력이 그 뒤 수십 년간 의회 정치와 민주주의를 압살하며 쓴 전형적 수법을 처음 보여준 사건이다. 나아가 이 사건은 그 뒤 한국 정치의 핵심적 병폐의 하나인 '제왕적 대통령제'의 출발점이기도 하다. 이승만을 비롯한 극우 대통령들은 하나같이 야당을 국정 파트너가 아니라 수단 방법 상관없이 무찔러야 하는 적으로 대하고, 국회를 삼권 분립에 바탕한 국민의 대표 기관이 아니라 통치의 들러리 정도로 다뤘다. 영화의 거리를 지나는 많은 사람 중에 부산극장이 한국 민주주의를 유린한 독재의 첫 단추를 꿴 곳이라는 사실을 아는 사람이 몇이나 될까 생각하니 씁쓸하기만 했다.

임시수도기념거리에 설치된 기념판.
부산이 임시 수도이던 날짜 '1023일'을 표시해놓았다.

임시 수도에 남은 건국 대통령의 흔적

'1023.' 남포동 부산극장에서 서쪽으로 가면 부민동 임시수도기념거리에 닿는다. 크게 쓴 이 숫자가 먼저 눈에 띄는데, 부산이 임시 수도이던 날짜다. 1950년 8월 18일부터 인천 상륙 작전 뒤인 10월 26일까지 부산은 임시 수도였다. 임시 수도라는 말대로 임시로 끝나나 싶었다. 그렇지만 국군과 유엔군이 38선을 넘어 북진하자 중국군이 참전했고, 1951년 1월 4일에 다시 옮겨진 수도는 정전 뒤인 1953년 8월 14일까지 부산에 머물렀다.

    동아대학교 부민캠퍼스에 있는 석당박물관은 임시 수도 정부 청사다. 박물관을 나와 뒤쪽 언덕으로 올라가면 임시수도기념관이 나온다. 이승만이 생활하고 업무를 본 부산 경무대다. 언덕길에는 이승만

290

부산

이승만이 머문 부산 경무대. 지금은 임시수도기념관으로 쓰인다.

어록 등을 새겨놓은 돌이 보인다. '혜안을 가진 건국 대통령'으로 시작하는 이 '이비어천가'는 이승만을 '자유민주주의에 대한 확고한 신념과 자유시장 경제의 원리를 그 누구보다도 정확히 알고 계신 분'이라고 치켜세운다.

부산이 1990년 3당 통합 때부터 보수 정당의 '텃밭'이라지만 오랜 폭정 끝에 쫓겨난 독재자를 찬양할 이유는 없다. 헌병들이 국회에 난입해 국회의원을 끌고 가고 군경에 포위된 채 개헌안을 통과시키는 만행이 자유 민주주의를 향한 신념이란 말인가? 언덕 위 임시수도기념관에 전시된 부산 정치 파동 때 사진들은 이승만이 민주주의에서 거리가 먼 독재자라는 사실을 생생하게 증언한다.

덧글

'피란민 도시' 부산

"눈보라가 휘날리는 바람 찬 흥남 부두에/ 목을 놓아 불러봤다 찾아를 봤다/ 금순아 어디로 가고 길을 잃고 헤매였더냐/ 피눈물을 흘리면서 일사 이후 나홀로 왔다." 1950년대 부산 하면 떠오르는 노래 〈굳세어라 금순아〉다. 한국전쟁이 터지자 수도뿐 아니라 숱한 사람이 부산으로 피란을 왔다. 인구가 폭발해 도시 기능이 마비될까 염려한 정부가 인구 유입 제한 조치를 내리지만 한국전쟁 전에 40만 명이던 부산 인구는 1953년에 100만 명 가깝게 늘었다. 이런 흐름이 '1차 피란'이라면, '2차 피란'의 주인공은 북한 주민이다. 북진하는 유엔군과 한국군에 맞서 중국군이 압록강을 넘어 파죽지세로 남하하자, 〈굳세어라 금순아〉의 가사처럼 미군은 피란을 원하는 북한 주민들을 전차상륙함LST에 싣고 흥남 부두를 떠나 부산에 도착했다. 문재인 대통령도 이때 월남한 부모 덕분에 부산 사람으로 자랐다. 피란민들이 북한에서 즐겨 먹은 냉면이 생각나 구하기 어려운 메밀 대신 흔한 밀가루로 만든 음식이 밀면이다. 피란에 얽힌 슬픈 역사를 살피려면 임시수도기념관이나 부산근대역사관에 가면 되지만, 부산에는 지금도 피란의 흔적이 곳곳에 남아 있다. 영도다리 앞에는 무거운 짐을 진 '피난민 조각'이 있고, '영도다리, 거서 꼭 만나제이'라는 문구도 눈에 띈다. 가족들이 헤어지면 부산의 랜드마크인 영도다리에서 만나자고 약속한 탓이다. 산등성이에 따닥따닥 자리잡은 낡은 집들도 피란민들이 와서 지은 옛집의 자취다.

찾을 곳 ▶

부산극장 부산광역시 중구 비프광장로 36. **임시수도기념관** 부산광역시 서구 임시수도기념로 45. **임시수도정부청사** 부산광역시 서구 구덕로 225(동아대학교 석당박물관). **영도다리 피난민 조각** 부산광역시 중구 을미길9번길 6-45 유라리광장.

피란민들이 모여든 판자촌의 흔적이 남아 있는 부산 산동네.

돌아와요 부산항에, 그리운 내 '민주'여

'한국 현대사, 정확히 이야기해 1970년대 이후, 한국 정치의 지역주의가 호남 대 영남의 대결이 아니었다는 것을 보여주는 역사적 사건은 무엇인가?' 내가 대학에서 거의 30년을 가르친 과목인 '한국정치론' 기말 고사에 언제나 낸 문제다. 선후배 사이에 '계보'가 전해져 미리 답을 알고 있더라도 학생들이 꼭 이해하기를 바란 때문이다. 답은 '1979년 10월 부마 항쟁'이다.

유신을 무너트린 항구의 외침

영남을 하나로 보는 우리는 지역주의가 '영남 대 호남의 갈등'이라고 알지만, 대구와 경북에 기반한 박정희 정권을 무너트린 쪽은 호남과 광주가 아니라 같은 영남인 부산과 마산이었다. 대구-경북TK과 부산-경남PK은 1990년 3당 합당 이전에는 서로 대립하는 정치 세력이었다. 1987년까지 한국 정치는 지역주의를 바탕으로 움직이지 않았고, 설사 지역주의가 개입되더라도 '민주 대 반민주'의 변형일 뿐이었다. 군사 독재의 지지 기반은 박정희의 지역 기반인 대구-경북과 육영수와 김종필의 고향인 충청이었고, 부산과 마산은 야당인 김영삼의 지역 기반인 만큼 김대중의 지역 기반인 호남하고 함께 민주 세력의 지지 기

부마 항쟁이 시작된 부산대학교 새벽별도서관
앞에 세운 '10·16부마민중항쟁탑.'

294

반이었다. 다시 말해 지역 갈등 구도는 '대구-경북+충청' 대 '호남+부산-경남'이었다.

'억눌린 우리 역사/ 터져 나온 분노/ 매운 연기 칼바람에도/ 함성소리 드높았던/ 동트는 새벽별/ 시월이 오면/ 핏발 선 가슴마다/ 살아오는 십 일육/ 동지여 전진하자/ 제치고 나가자/ 뜨거운 가슴으로/ 빛나는 내일로.' 부산대학교 새벽별도서관 앞에 있는 '10·16부마민중항쟁탑'에 새겨진 문구다. 유신이 기승을 부리던 1979년 10월 16일, 이 도서관 앞에 학생들이 모여 '유신 타도'와 '독재 철폐'를 외쳤다. 대열을 갖춰 학교를 돌면서 빠르게 늘어난 시위대는 정문을 나가 시내로 진출하려 했다. 경찰이 시위대를 저지하고 학내로 진입하자 분노한 학생들은 5000명으로 늘어나 담장을 부수고 광복동 등 중심가로 나아갔다. 시민들도 동참했다. 시위대는 파출소를 공격해 벽에 걸린 박정희 사진을 꺼내다가 불태웠다. 유신의 종말이 시작된 날이었다. 시위는 다음 날에도 이어져 경남도청, 한국방송, 부산일보 등이 공격받았고, 10월 18일에는 마산으로 번졌다. 경남대학교 학생들이 시작한 시위는 창원과 수출자유공단 노동자들이 가세하면서 부산보다 격렬해져 공화당 당사, 방송국, 경찰서가 불탔다. 박정희는 10월 18일 부산에 비상계엄령을, 10월 20일에 마산과 창원에 위수령을 선포하고 계엄군을 투입했다.

상황을 지켜본 김재규 중앙정보부 부장은 유신을 완화하자고 건의했다. 그렇지만 박정희는 자기가 직접 발포 명령을 내리겠다고 말했고, 차지철 경호실 실장은 탱크로 싹 뭉개버리자고 동조했다. 김재규는 그런 모습 때문에 10·26을 결행했다. 박정희의 죽음과 유신의 붕괴를 부른 직접적인 사건은 10월 26일 궁정동에서 열린 '그 때 그 사람' 파티이지만, 그날 폭발한 갈등을 일으킨 계기라는 점에서 보면 유신이 붕괴한 원인은 부마 항쟁이다.

부마 항쟁은 왜 일어났을까? 전국적 배경은 장기 독재와 억압에 지친 국민적 분노, 그리고 중화학 공업 과잉 중복 투자와 2차 오일 쇼크에 따른 경제 위기다. 왜 하필 부산과 마산이었을까? 5·18 광주 항쟁이 김대중 구속에 밀접히 관련되듯 이 지역을 대표하는 정치인인 김영삼이 의원직에서 제명된 사건이 도화선이 됐다.

1979년 10월 초 경제 위기 때문에 임금을 못 받은 YH무역 여성 노동자들이 야당인 신민당 당사에 들어가 농성을 시작했다. 박정희 정권은 경찰을 투입해 당직자와 노동자들을 폭력적으로 끌어냈고, 화난 김영삼 신민당 총재는 《뉴욕 타임스》 인터뷰에서 이런 독재 정권을 미국이 왜 지원하느냐고 비판했다. 박정희 정권은 이 인터뷰를 문제 삼아 헌정사상 처음으로 야당 총재를 제명했다. 부마 항쟁은 박정희 유신 체제를 무너트리는 공을 세웠지만, 전두환을 중심으로 한 신군

'김영삼 의원 제명'은
'부산 일원 비상계엄 선포'로 이어진다.

부는 12·12 사태를 일으켜 야금야금 권력을 장악하는 다단계 쿠데타와 광주 학살을 저지르며 '박정희 없는 유신 체제'를 이어갔다. 이런 점에서 부마 항쟁과 5·18 광주 항쟁은 밀접하게 연결돼 있다.

기념하되 자랑하지 않는

부마 항쟁 기념물의 꽃은 부산 중심가에 자리한 중앙공원(용두산에 있다고 해서 흔히 '용두산공원'으로 부른다) 안에 만든 민주공원과 민주항쟁기념관이다. 부마 항쟁 20주년인 1999년 10월 16일에 문을 연 이곳은 4·19 혁명과 부마 항쟁, 6월 항쟁을 기리는 장소다. 4·19와 6월 항쟁은 전국적 항쟁인 만큼 강조점은 부마 항쟁에 있다. 4·19광장과 4·19희생자 위령탑을 지나 언덕으로 올라가면 기념관이 나온다. 기념관은 부산의 역사를 비롯해 민주화 기념물을 잘 정리해놓았다. 이어 '대한민국은 민주공화국이다. 대한민국의 주권은 국민에게 있고 모든 권력은 국민으로부터 나온다'는 문구가 눈에 띄었다. '모든 권력은 박정희에게서 나온다'에서 시작해, 1987년 민주화 뒤 사당 정치와 지역주의에 기초한 3김 시대 아래 '3김에게서 나온다'를 거쳐, 이제 정말 권력은 '국민에게서 나온다'가 된 걸까? 좀더 들어가면 4·19에서 부마 항쟁, 6월 항쟁, 촛불 시위로 이어지는 민주화 운동의 역사가 이어졌다. 관광객이 많이 찾는 광복동 거리에도 부마 항쟁 기념 조각이 설치돼 있다.

부마 항쟁이 일어난 10월 16일은 2019년에 국가 기념일로 지정되면서 정당하고 자랑스러운 '민주 항쟁'으로 완전히 복권됐다. 그렇지만 부마 항쟁은 반년 뒤 일어난 5·18 광주 항쟁에 견줘 별 관심을 받지 못

가장 많은 시위가 벌어진 광복동에 세운 부마 항쟁 기념 표석.

하고 있다. 많은 사람이 5·18은 알지만 부마 항쟁은 잘 모른다. 부마 항쟁은 유신 체제가 붕괴하는 데 크게 기여했고, 사망자도 나왔으며, 여러 사람이 다치고 감옥에 갔지만, 수백 명이 학살된 광주에 견줘 상대적으로 피해가 적었다. 그렇게 보면 부마 항쟁이 5·18보다 관심을 받지 못하는 현실은 당연할지도 모른다.

부마 항쟁이 5·18에 견줘 관심을 못 받는 또 다른 이유가 있다. 민주공원을 만들고 기념일을 제정하는 등 지난 역사를 기억하려는 노력이 결실을 맺고 있지만, 시민들에게는 부마 항쟁이 별로 '자랑거리'가 아니기 때문이다. 1990년 3당 합당으로 김영삼이 하루아침에 보수 정

2019년 부마 항쟁 40주년을 맞아 시민들이 함께 만든 걸개그림(부마민주항쟁기념재단 제공).

당하고 한 몸이 된 뒤 이 지역의 정치 노선도 함께 바뀌었다. 박정희 '후예'인 이명박과 박근혜, 그리고 보수 정당을 지지하는 '텃밭'이 됐다.

박제된 기억을 뚫고 '민주 도시 부산'으로

박정희 노선을 이어받는 보수 정당을 지지하고, 나아가 박정희를 숭배하는 지금이 옳다면, 이런 '민족적 영웅'에 저항해 경찰서와 방송국을 부수는 등 폭력 시위를 벌여 결국 이 '불세출의 지도자'를 죽음으로 몰고 간 부마 항쟁, 그리고 항쟁을 주도한 부산 시민과 마산 시민은 '민족 반역자'나 마찬가지라는 이야기다. 한마디로 부마 지역은 부마 항쟁이라는 자랑스러운 역사와 현재의 보수적 정치 노선 사이에서 일종의 자아 분열에 걸려 있는 셈이다. 박근혜 탄핵을 가져온 촛불 항쟁과 이 지역 출신인 문재인 대통령 당선으로 이런 분열에 변화가 오는 듯하더니, 2020년 총선에서도 '보수 도시 부산'은 계속되고 있다.

민주공원이 자리한 용두산에 서서 남포동, 광복동, 부산 앞바다를 내려다보니 과거의 역사로 박제된 '민주 도시 부산'의 기상이 그립기만 했다. 조용필의 〈돌아와요 부산항에〉를 고쳐 부르며 용두산을 내려왔다. "꽃피는 동백섬에 봄이 왔건만, '민주' 떠난 부산항에 갈매기만 슬피 우네. …… 돌아와요 부산항에 그리운 내 '민주'여."

찾을 곳

10·16부마항쟁탑 부산광역시 금정구 부산대학로63번길 2, 부산대학교 새벽벌도서관 앞. **부산 민주공원 내 민주항쟁기념관** 부산광역시 중구 민주공원길 19. **부마 항쟁 기념물** 부산광역시 중구 광복로 62.

반미 무풍지대에서 움튼
반미 태풍

"교수님 같은 진보 학자들이 하신 노력으로 한국에서도 진보 운동이 부활했는데……."

"진보 지식인들을 그리 과대평가하시다니요. 한국전쟁 뒤에 진보 운동이 사라지고, 수십 년간 진보 지식인이나 운동가들이 평생을 걸고 노력해도 실패한 진보 운동을 부활시킨 사람은 따로 있습니다."

"그게 누구죠?"

"전두환이요."

"전두환이요?"

"네. 전두환이 광주 학살을 통해 회생이 불가능할 듯하던 진보 운동을 단칼에 복원해주지 않았습니까? 반미 불모지에서 반미 운동이 살아나고요. 사실 전두환이 진보를 부활시키려고 군에 위장 취업한 북한 프락치가 아닌가 하는 엉뚱한 생각을 가끔 합니다. 그게 아니더라도 반미 운동 등 진보 운동을 부활시켜 적을 이롭게 했으니 전두환에게 적용해야 하는 진짜 죄명은 국가보안법 위반이죠."

"파쇼 정권 타도하고, 미제를 몰아내자"

부산 중심가인 광복동 뒤쪽 부산근대역사관 앞에 서자, 김영삼 정부가 12·12 군사 쿠데타 등에 관련해 전두환을 구속한 1990년대 중반에 한 인터뷰가 떠올랐다. 역사는 행위자의 주관적 의도하고는 전혀 다른 결과를 가져올 때가 종종 있다. 1980년 5·18 광주 학살이 대표적이다. 학살은 '미국이란 무엇인가?'라는 근본적인 의문을 떠오르게 했고, 반미 무풍지대에 거센 반미 운동을 불러일으켰다.

반미 운동을 일으킨 기폭제는 1982년 2월에 터진 부산 미문화원 방화 사건이었다. 1999년에 사건 현장인 부산 미문화원을 반환받아 만든 곳이 바로 부산근대역사관이다. 잘 알려져 있지 않지만, 한국전쟁 뒤에 사라진 반미 운동이 다시 시작된 곳은 광주였다. 부산 미문화원 사건이 일어나기 1년 3개월 전, 다시 말해 광주 항쟁이 처참하게 진압된 지 반년 지난 1980년 12월 9일, 전남 지역 농민 운동가와 대학생들은 직원들이 퇴근한 광주 미문화원 지붕에 구멍을 뚫고 휘발유를 부은 뒤 불을 질렀다. 광주 항쟁 때 부산 앞바다에 미국 항공모함이 와 있다는 보도가 나오자 광주 시민들은 작전 지휘권을 가진 미국이 반란군을 제어해주리라 기대하지만 아무 소용이 없었다. 항쟁 지도부인 윤상원 대변인이 윌리엄 글라이스틴 주한 미국 대사에게 전화를 걸어 협상을 중재해달라고 요청하지만 거절당했다. 처참한 진압 뒤에 반미 운동이 시작됐다. 여론을 의식한 전두환 정권은 단순 누전 사고로 발표했고, 방화자들이 밝혀진 뒤에도 부랑자들이 영웅 심리에 저지른 일로 치부하며 쉬쉬했다.

광주 미문화원이 불타고 15개월 뒤, 무거운 통을 든 신학대 학생들이 부산 미문화원 앞에서 택시를 내렸다. 통을 건네받은 두 여성 대학생은 문화원 안에 미리 들어가 있던 다른 여성 대학생들하고 함께 문을 연 뒤 바닥에 휘발유를 뿌렸다. 밖으로 나온 일행은 나무젓가락 끝에 알코올을 묻힌 솜을 감은 솜사탕 모양 '방화봉'에 불을 붙여 안

불타는 부산 미문화원(민주인권기념관 전시 자료).

으로 던졌다. '펑' 하는 소리가 나면서 문화원이 불타기 시작했다. 휘발유 통을 전해준 주동자 문부식은 건너편 건물 2층 창가에서 이 과정을 카메라로 찍었다. 가까운 국도극장과 유나백화점에서는 다른 대학생들이 창밖으로 '광주 시민을 학살한 전두환 파쇼 정권을 타도하자'거나 '미국은 더 이상 남조선을 속국으로 만들지 말고 이 땅에서 물러가라' 같은 구호를 적은 유인물을 뿌렸다. '전두환은 이미 북침 준비를 완료하고 다시 동족상잔을 준비하고 있다'는 엉뚱한 말도 들어 있었다.

이 사건은 한국은 물론 미국과 세계를 충격에 빠트렸다. 문화원에서 공부하고 있던 한 학생이 죽고 여러 명이 화상을 입으면서 비판 여론도 커졌다. 수배된 문부식 등은 강원도 원주에 있는 최기식 신부를 찾아갔고, 최 신부가 주선해서 자수했다. 이 대학생들을 의식화시킨 김현장을 숨겨준 혐의로 최기식 신부도 구속되면서 방화 사건은 전두환 정권과 가톨릭 사이의 대립으로 발전했다. 사형을 선고받은 김현장과 문부식은 나중에 감형됐고, 민주화가 된 뒤 1988년에 풀려났다.

무풍에서 태풍으로, 반미 투쟁의 성장과 변화

방화라는 극단적 수단을 쓰고 무고한 희생자가 생긴 점은 소영웅주의라는 비판을 받아 마땅하다. 그렇지만 이 사건은 불평등한 한-미 관계에 문제를 제기하고 자기 이익을 위해 극우 세력을 지원한 미국을 근본적으로 다시 생각하는 계기가 됐다. 나아가 미국은 물론 세계가 한국을 다시 바라보게 했다. 김현장은 사건 30주년 인터뷰에서 담당 검사가 신미양요 이후 미국 코를 납작하게 해준 유일무이한 사건이라며 높이 평가하고 감옥에서 나온 뒤 해외에서 만난 외교관도 이 사건 덕분에 제3세계 관계자들이 자기를 처음으로 사람대접한다며 고마워하더라고 말했다.

여파는 엄청났다. 강원대학교 성조기 소각 사건(1982년), 광주 미문화원 2차 방화(1982년), 대구 미문화원 폭발 사건(1983년), 부산 미문화원 투석 사건(1985년), 서울 미문화원 집단 점거(1985년), 부산 미문화원 집단 점거(1986년) 등 반미 투쟁이 이어졌다. 1986년에는 서울대학교 학생 김세진과 이재호가 신림동에서 대학생 전방 입소 훈련 반대 시위 중 '양키 용병 교육 전방입소 결사반대'를 외치고 분신해 사망했다. 이런 흐름은 1980년대 말 북한을 추종하는 주사파로 발전했는데, 정당한 문제 제기로 시작하지만 점점 모든 문제를 외세 탓으로 돌리고 북한을 미화하는 극단적 방향으로 흘러갔다. 전국대학생대표자협의회(전대협)와 한국대학총학생회연합(한총련) 등 학생운동, 나아가 민중 운동의 최대 정파로 군림한 엔엘이 이 사건에 뿌리를 뒀다.

풍문과 추측에 기대던 광주에서 미국이 한 구실을 보여주는 구체적 증거가 드러난 때는 1996년이다. 미국의 탐사 전문 기자 팀 셔록이 정보자유법을 통해 4000쪽에 이르는 5·18 관련 미 정부

1985년 5월 23일 서울 미문화원을 점거하고 주한 미국 대사를 면담하게 해달라고 요구하는 대학생들 (민주인권기념관 전시 자료).

문서를 받아 공개했다. 여기에는 글라이스틴 주한 미국 대사, 5·18 직후 미국 언론 인터뷰에서 망언("한국인은 들쥐 같아서 누가 지도자가 되든지 따라간다. 한국인에게 민주주의는 적합하지 않다")을 한 인종주의자 존 위컴 한미연합사 사령관 등 극소수 비밀 팀이 만든 '체로키 파일' 등이 포함돼 있었다. 미국은 그동안 공수 부대가 이동한 사실을 모른다는 등 책임이 없다고 밝혀왔지만, 셔록은 그런 주장이 거짓이라고 폭로했다.

> 12·12 쿠데타는 한-미 군사협정 위반이지만 미국은 묵인했다. 1980년 봄 학생 시위가 거세지자 국무부 장관은 글라이스틴에게 미국이 진압 군사 작전에 반대하지 않는다는 뜻을 한국 군부에 전달하라고 지시했다. 그러나 신군부가 5월 18일에 계엄령을 선포하는 바람에 놀랐고, 그 뒤 펼쳐지는 사태에 당황했다. 백악관은 분 단위로 광주 상황을 보고받았는데, 신군부가 제공하는 왜곡된 정보에 의존해 통제 불가능한 폭동 또는 혁명이라고 인식했다. 지미 카터 대통령은 광주를 '공산주의자들이 일으킨 폭동'이라고 말하기도 했다. …… 21일에 군이 대학살을 감행한 뒤 22일에 열린 백악관 회의가 결정적이었다. 여기에서 미국은 군이 학살을 저지른 사실을 알면서도 광주 점령 군사 작전을 승인했다. 민주화보다 진압이 더 중요하다는 결정으로, 한국전쟁 이후 미국이 저지른 최대 실책이었다. 미국은 광주에 사과해야 한다.

세월이 흘러 김현장은 호남 출신이면서도 1997년 대통령 선거에서 김대중이 아니라 대법관 때 자기에게 유죄를 선고한 이회창을 지지했고, 2012년 대통령 선거에서는 박근혜를 지지했다. 문부식은 무고한 학생이 목숨을 잃은 부산 미문화원 방화 사건과 경찰이 숨진 동의대학교 사태 등에 관련해 '우리 안의 폭력'이나 '우리 안의 파시즘' 같은 문제를 제기하며 진보 진영의 자기 성찰을 촉구했다. 보수 언론을 만나 인터뷰하면서 거센 비판도 받았다. 물론 자기 성찰은 필요하지만, 이런 주장은 한국전쟁 이후 민주화 운동의 특징이 테러가 아니라 분신이나 투신처럼 자기 자신에게 폭력을 행사하는 '자기 폭력'이라는 점을 보지 못한 일면적 관찰이다. 요즘 불거지는 여러 일탈을 보면 민주화 운동 진영의 자기 성찰은 오히려 지금 더 필요한 듯하다.

여전히, 우리에게 미국이란 무엇인가

부산근대역사관은 부산의 역사를 잘 정리해놓았다. '근현대 한미 관계'라는 전시가 눈에 띄었다. '19세기 한미 관계'부터 '미군정', '한국전쟁과 미국의 원조', '미문화원 방화 사건과 반환 운동'을 시기별로 설명해놓았는데, 미군정 관련 서적도 전시돼 있었다. 미문화원의 역사도 방화 사건과 1995년 시민단체의 미군 부대 반환 운동, 1996년 문화원

부산 미문화원은 부산근대역사관으로 바뀌었다.

폐쇄, 1999년 반환을 잘 정리해놓았다. 미문화원 방화 사건을 설명한 부분에는 '당시 일방적인 의존의 대상이었던 미국에 대한 반감 표시'라고 쓰여 있을 뿐 정작 사건의 기폭제인 5·18은 전혀 언급이 없었다. 사실 이곳은 해방 뒤 미군정 사무실이었다. 미군정 사무실에서 미문화원으로 변신하고, 반미 운동 때문에 불타고, 시민들이 벌인 반환 운동 덕분에 부산근대역사관이 된 이 건물의 역사는 복잡한 한-미 관계를 잘 보여준다.

"군사 파쇼 정권을 지탱시켜주는 가장 큰 힘은, 정치적 기반도, 경제력도, 경찰력도, 군사력도 아니며, 바로 비정상적이고 불평등한 한-미 관계라고 생각합니다." 문부식이 38년 전 재판부에 쓴 탄원서의 일부다. 민주화된 지금도 한국 사회를 괴롭히는 여러 문제의 근원은, 문부식이 생각했고, 엔엘들이 확신했고, 몇몇은 지금도 믿고 있듯, 불평등한 한미 관계인가?

305

찾을 곳

부산근대역사관 부산광역시 중구 대청로 104. **옛 광주 미문화원** 광주광역시 동구 서석로 29-2. 황금주차빌딩으로 바뀜. **옛 서울 미문화원** 서울특별시 중구 을지로 23. 그레뱅뮤지엄으로 바뀜. **김세진·이재호 추모비** 서울특별시 관악구 관악로 1 서울대학교 인문대학 앞.

하나가 된
두 도시 이야기

306

김주열, 부마 항쟁, '야당 도시.'
마산 하면 아구찜 말고도 떠
오르는 단어들이다. 이제는 창
원의 일부가 된 마산도 부산처
럼 김영삼 전 대통령이 군사 독
재 세력하고 손잡은 1990년 3
당 통합 뒤에 보수화됐다. 1990
년 이후에 치른 대통령 선거와
총선의 결과가 이런 사실을 잘
보여준다. 3·15 의거와 부마
항쟁을 기념하는 방식에서 드
러나는 차이도 마찬가지다. 3·
15 의거는 마산의 자랑이라서
옛 중심가에 3·15의거 기념탑
이 우뚝 솟아 있고 곳곳에 기념
물도 자리하지만, 부마 항쟁은
그렇지 않다.

마산 중심가에 세운 3·15 의거 기념탑.

유권자 수보다 많이 나온 투표용지를 태우는 공무원과
거리로 쏟아져 나온 고등학생 시위대
(국립3·15민주묘지 3·15기념관 전시 자료).

마산, 감추어진 항쟁의 기억

시작은 대구 2·28 민주운동이었다. 그렇지만 3·15 부정 선거 뒤 앞장서서 이승만을 몰락으로 이끈 곳은 마산이다. 1960년 3월 15일, 이승만 정권은 마산에서도 부정 선거를 자행했다. 민주당 간부들은 경찰 저지선을 뚫고 투표소에 들어가 사전 투표 등 부정 선거 현장을 적발한 뒤 오전 10시 30분에 선거 포기를 선언했다. 이날 저녁 민주당 당사 앞에 시민들이 모이기 시작했다. 시위대는 수천 명이 넘어섰고, 경

찰이 발포했다. 시위대도 저항하며 자유당 당사, 언론사, 파출소 등을 부쉈다. 7명이 사망하고 수백 명이 부상했다.

4월 11일, 3월 15일 시위 때 행방불명된 고등학생 김주열이 눈에 최루탄이 박힌 채 마산 앞바다에 시신으로 떠올랐다. 이렇게 시작된 2차 항쟁은 전국으로 번져 4·19 혁명으로 이어졌다. 두 차례 항쟁으로 12명이 사망했고, 수백 명이 체포되거나 고문당했다. 이승만 정부는 공산당이 사주한 시위로 몰아갈 속셈으로 민주당 도의원을 남로당 출신 빨갱이라고 발표했다. 자유당 2인자 이기붕도 망언을 토해냈다. "총을 줄 때는 쏘라고 준 것이지, 가지고 놀라고 준 것은 아니다."

희생자 12인이 잠든 묘지는 1968년 조성됐는데, 김대중 정부 때 성

역화 작업을 시작해 2002년에 국립묘지로 승격했다. 국립3·15민주묘지는 기념관과 기념공원으로 구성되며, 기념관에는 3·15 부정 선거와 두 차례 항쟁에 관련된 자료들이 잘 정리돼 있다. 4·19 혁명의 시발점이 된 김주열 열사의 흔적을 좇아 마산 앞바다로 갔다. 경상남도 기념물 제 277호로 지정된 '김주열 열사 시신 인양지' 주변에는 '추모의 벽'과 열사의 상반신을 그린 벽화 등이 눈에 띄었다.

 3·15 의거에 견줘 훨씬 '현재성' 있는 부마 항쟁 기념물은 상대적으로 푸대접을 받는다. 부산은 시내 한가운데에 민주공원을 세우는 등 눈에 띄는 기념물이 많지만, 마산은 달랐다. 부마 항쟁 20주년인 1999년에 세운 '부마항쟁 상징 조형물'은 특이하고 아름다운 조각이었다. 문제는 3·15의거 기념탑하고 다르게 잘 찾기 어려운 시내 서쪽 끝 작은 공원(한국방송통신대학교 창원시학습관 앞)에 있다는 점이다. '박정희 군사 독재 정권을 무너트림으로써 3·15 의거에 이어 민주 성지 마산의 영원한 혼이 된 1979년 10월 부마 항쟁의 숭고한 정신을 계승해 나가고자 이 조형물을 세웁니다.' 조형물에 적힌 이런 문구가 창피한 위치다. 마치 찾아오지 말라는 듯하고, 항쟁의 정신을 계승하기는커녕 잊으려는 '망각탑' 같다. 시내에 세우려는 계획을 많은 시민이 반대한 탓에 이 구석진 곳으로 '귀양' 왔다. 3당 통합 뒤 보수화된 분위기에서는 박정희에 저항한 부마 항쟁이 부담스러운 모양이었다.

 부마 항쟁의 마산 쪽 진원지인 경남대학교도 마찬가지다. 부마 항쟁 30주년인 2009년 10월, 경남대학교에는 항쟁의 출발지라는 의미를 살려 '시원석始元石'을 세웠다. '3·15 민주 정신으로 일어난 10·18 부마 민주 항쟁의 그날을 기억하며'라는 문구를 새긴 이 기념물도 사람이 잘 다니지 않는 곳에 숨어 있었다. '10·16 부마 민주 항쟁'이 아니라 '10·18 부마 민주 항쟁'인 점이 눈에 띄었다. 부산이 아니라 마산에서

경남대학교 교정에 있는
부마항쟁 시원석.

아무도 안 찾는 한구석에 귀양 보내듯 세운
부마항쟁 상징 조형물.

항쟁이 일어난 날짜가 중요하다는 말이었다.

기록으로 굳어진 투쟁의 기억들

부마 항쟁을 국가 기념일로 지정하는 문제를 놓고 10월 16일을 주장하는 부산과 10월 18일을 주장하는 마산이 부딪쳤지만, 결국 10월 16일로 정해졌다. 부마민주항쟁기념재단 창원 사무실은 격렬한 항쟁이 벌어진 시내 중심가에 자리한다. 부마 항쟁이 부산과 옛 마산에서 일어난 만큼 기념재단 사무실도 부산과 옛 마산에 각각 있고, 기념식은 10월 16일에 하되 부산과 옛 마산에서 돌아가며 열고, 재단 운영권도 3년씩 나눠 가지기로 했다. 항쟁 피해 신고를 받고 있는데, 구속자만 1500명인데도 신고자가 2020년 5월 기준 300여 명뿐이었다.

마산은 박정희 정부 시절 외국 자본을 위해 만든 수출자유지역으

마산수출자유지역 여성 노동자들이 벌인 투쟁을 그린 작품(마산창원여성노동자회 제공).

로 지정됐다. 입주 업체는 대부분 미국과 일본의 군소 전자 회사로, 많은 여성 노동자가 일하러 왔다. 박정희 정부는 외국 기업에서는 노동조합을 결성하지 못하게 했지만, 간간이 저항이 일어났다. 부마 항쟁 때는 가까운 창원 지역 노동자들이 적극적으로 참여해 힘을 보탰다. 수출자유지역 노동자들은 1980년대 말에 일본과 미국으로 원정 투쟁을 가는 등 치열하게 싸웠다. 이제 마산자유무역지역으로 이름을 바꾼 이곳은 업종도 바뀌어 남성 노동자가 대부분이며 노동운동도 활력을 잃었다. 고령화도 빠르게 진행돼 상대적으로 젊은 노동자들이 많은 창원에 견줘 보수적 정치색을 띤다고 이곳에서 오랫동안 노동운동을 한 임영일 '미래를 준비하는 노동사회교육원' 이사장은 말했다.

옛 창원은 대조적이다. 역사가 오랜 마산하고 다르게 창원은 1973년에 박정희가 '창원기계공업기지 건설에 관한 지시'를 통해 자주 국

창원국가산업단지를 상징하는 정밀공업진흥의 탑.
박정희 친필은 국방 산업 육성을 향한 독재자의
꿈을 잘 보여준다.

방을 내걸고 방위 산업 등을 중심으로 중공업화를 추진하면서 건설한 신도시이자 계획도시다. 사방이 산으로 둘러싸인 분지라 적이 공격하기 어렵기 때문에 이곳을 골랐다. 박정희는 지도 위에 자를 대고 줄을 그으면서 길과 공장, 생활 시설을 지을 위치까지 지시했다. 창원시를 달려보니 웅장한 도시 계획에 놀라지 않을 수 없었다. 사진에서 본 평양 거리에 온 기분이었다. 도시 끝에 세운 로켓 모양 탑도 눈길을 끌었다. 박정희가 친필로 이름을 쓴 '정밀공업진흥의 탑'이었다.

창원, 진보 정치의 요람?

창원은 중공업 공장들이 들어서면서 울산처럼 노동자 도시로 발달했다. 숙련 남성 노동자가 많았는데, 이 노동자들은 1987년 7·8·9 노동자 대투쟁을 거치며 마산창원노동조합총연합(마창노련)을 만들었고, 전국노동조합협의회(전노협)를 거쳐 민주노총의 중심축이 됐다. 그런 과정이 가져온 정치적 결과가 '진보 정치'다. 3당 합당 뒤 계속 보수 정당이 승리한 마산하고 다르게 창원은 2000년대 이후 실시된 총선에서 권영길(17대, 18대), 노회찬(20대), 여영국(20대 보궐) 등 네 번이나 진보 정당에 승리를 안긴 '진보 도시'다. 노동자 도시로 알려진 울산보다도 더 많은 진보 정당 국회의원을 배출한 곳이다. 2020년 총선에서도 후보 단일화가 무산되는 바람에 보수 정당 후보가 47.3퍼센트를 얻어 당선했지만, 정의당 34.9퍼센트, 더불어민주당 15.8퍼센트, 민중당 1퍼센트로 진보 개혁 진영 후보들이 51.7퍼센트를 얻었다.

찰스 디킨스가 쓴 《두 도시 이야기》라는 소설이 있다. 이제는 한 도시로 통합됐지만, 창원의 역사는 '진보 창원'과 '보수 마산'이 공존하는 '두 도시 이야기'다. 전통 야당 도시에서 보수 도시로 바뀐 마산과 한국 사회에서 예외적으로 노동자의 정치적 발언권이 센 진보 도시 창원이 공존하는 모습을 바라보며 '도시의 정치경제학'을 생각했다. 갑자기 이곳에 진보의 씨를 뿌리고 저세상으로 떠난 노회찬 의원이 그리워졌다.

찾을 곳 ▶

3·15의거 기념탑 경상남도 창원시 마산합포구 서성동 84-325. **국립3·15민주묘지** 경상남도 창원시 마산회원구 3·15성역로 75. **김주열 열사 시신 인양지** 경상남도 창원시 마산합포구 해안대로 220. **부마항쟁 상징 조형물** 경상남도 창원시 마산합포구 해운동 54. 서항공원 안. **부마항쟁 시원석** 경상남도 창원시 마산합포구 경남대학로 7. 경남대학교 월영지 근처. **마산자유무역지역** 경상남도 창원시 마산회원구 양덕동 일대. **창원 공단 지역** 경상남도 창원시 성산구 공단로 일대.

피, 땀, 눈물,
그리고 노동자

울산광역시 동구 염포산 자락에 자리한 울산대교 전망대에 올라가면 자기도 모르게 감탄사를 터트리게 된다. 바다를 끼고 왼쪽 끝으로는 초대형 크레인과 대형 선박들이 늘어선 현대조선이, 가운데에는 석유 화학 공장들이, 오른쪽으로는 방금 조립을 끝낸 차들이 늘어선 현대자동차가 360도 파노라마로 한눈에 들어오기 때문이다. 울산을 움직이는 3대 산업인 석유화학, 자동차, 조선 산업을 한눈에 볼 수 있다.   313

울산대교 전망대에서 본 울산. 왼쪽이 현대중공업 조선소, 오른쪽이 석유화학단지다. 사진에는 안 나오지만 더 오른쪽에 현대자동차가 있다.

울산 공업 단지를 촬영하고 싶은데 어디로 가야 하는지 묻자 김호규 금속노조 위원장이 이곳에 올라가라고 한 이유를 이해할 수 있었다.

중화학공업화와 자립 경제의 실험장

울산은 박정희 정권이 추진한 산업화의 상징이자 한국을 대표하는 '공업 도시'다. 그래서 울산은 '노동운동의 메카'이며, 그런 만큼 한국 산업화의 빛과 그림자를 잘 보여주는 곳이다.

"미스터 김, 왜 한국이 종합 제철, 정유 공장 이런 게 필요하쇼? 수입하는 쪽이 훨씬 유리한데."

1962년, 울산에 들른 미국 정부 고위 관계자는 건설이 중단된 정유 공장을 돌아보고 이렇게 말했다. 5·16 쿠데타 뒤 박정희 정부는 1차 경제개발 5개년 계획을 발표하고 울산 장생포 일대에 정유 공장을 건설하려 했다. 야심 찬 계획이 자금 때문에 중단되자 급하게 관계자를 초청해 자금을 지원받으려 했지만, 미국 쪽은 비교생산비설을 내세워 부정적인 태도를 보였다. 비교생산비설은 19세기 초 세계 경제를 지배한 패권국 영국의 경제학자 데이비드 리카도가 자유 무역을 정

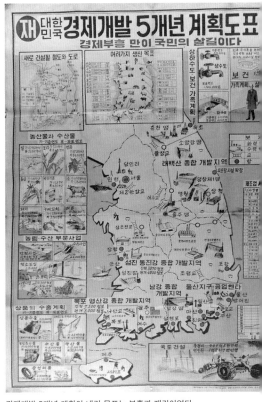

경제개발 5개년 계획이 내건 목표는 부흥과 재건이었다. '경제개발 5개년 계획도표'를 보면 '울산지구 공업쎈타'에 울산과 방어진이 표시돼 있다(대한민국역사박물관 전시 자료).

당화하려 만든 이론으로, 각 나라는 경쟁력 있는 물건을 생산하는 데에만 집중하고 경쟁력 없는 물건은 수입해야 한다는 주장이었다. 지금도 국제 교역의 기본 틀인 이 이론에 따르면, 한국은 자동차는 미국 등에서 수입하고 봉제나 해야 한다.

박정희 정부에 관한 잘못된 상식이 있다. 많은 사람이 박정희 정부가 경제개발 5개년 계획을 세워 빌린 외채로 저임금 경공업 위주 수출 주도 산업화를 추진한 덕분에 경제가 성장했다고 생각한다. 결과적으로 경제가 성장하기는 하지만, 이런 상식은 사실에 어긋난다. 울산이 바로 증거다. 울산의 주요 산업이 봉제나 신발은 아니지 않는가?

1차 경제개발 5개년 계획의 목표는 다섯 가지다. 첫째, 소비재나 경공업이 아니라 철강, 정유, 조선 등 중화학 공업과 기간산업에 초점을 둬 수입 대체 산업화를 추구한다. 둘째, 필요 자본은 외채가 아니라 재벌의 부정 축재 재산을 몰수하고 놀고 있는 화폐 자산 등 국내 유휴 자본을 동원해 충당한다. 셋째, 금융 기관 국유화와 체계적 경제 계획 등 국가 주도형 경제를 지향한다. 넷째, 외화 획득을 위한 수출 증진도 경공업보다는 광물 등 1차 산업 위주로 노력한다. 다섯째, 농어촌 고리채 탕감 등을 통해 농업과 공업의 동시 발전을 추구한다.

한마디로 1차 경제개발 5개년 계획은 경공업 위주의 수출 주도형 산업화가 아니라 중화학 공업화를 바탕으로 자립 경제를 추구하는 좀더 민족주의적이고 급진적인 모델이었는데, 미국에서는 '사회주의적'이라고 평가하기도 했다. 사회주의가 무엇인지 모르는 무지한 소리이기는 하지만, 거꾸로 말하면 1차 경제개발 5개년 계획은 민족주의적인 나세르주의식 '국가 자본주의' 모델에 가깝다고 할 수 있었다. 자립적 경제 발전에 성공한 북한 상황을 알고 있던 쿠데타 세력은 여기에 뒤지지 않을 자립적 경제 발전 모델을 추구했다. 특히 국방력을 강

1960년대 울산. '싸우면서 건설하자'는 구호가 눈에 띈다(울산대교전망대 전시 자료).

화하려면 중화학 공업이 반드시 필요했다.

투자 파업과 미국의 압력으로 수정된 경제 개발 계획

자립적 경제 발전 모델에 따라 군부는 재벌들을 구속해 재산을 헌납
하게 했고, 정유 공장 등 중화학 공업 단지를 짓기 시작했다. 또한 미
국 몰래 영국에서 새 화폐를 찍어와 전격적으로 화폐 개혁을 단행했
다. 일인당 일정액만 새 화폐로 바꿔줘서 놀고 있는 화폐를 환수하려
는 조치였다.

재벌들은 일종의 '파업'으로 대응했다. 자본은 노동자들처럼 머리
에 붉은 띠를 두르고 파업을 할 필요가 없었다. 투자를 하지 않는 '투
자 파업'이면 충분했다. 경제는 더욱 어려워졌고, 정통성 없는 쿠데타
세력은 큰 타격을 받았다.

더 큰 문제는 미국이었다. 1차 경제개발 5개년 계획의 급진성에 놀
란 미국은 공장 건설 등 경제 개발에 필요한 원조를 요청한 쿠데타
세력을 돕기는커녕 원조 삭감으로 응수하는 한편, 화폐 개혁을 원점
으로 돌리고 사태를 주도한 장교들을 쫓아내라고 요구했다. 박정희

정부는 압력에 굴복해 화폐 개혁을 원상 복구하고 경제 개발 계획을 주도한 민족주의적 성향을 띤 영관급 장교들을 전역시키거나 권력 핵심부에서 배제했다. 재벌들은 공장을 지어 헌납하는 조건으로 풀어줬는데, 시간이 흐르면서 부정 축재 환수액(322억 원)의 5퍼센트를 벌금으로 내는 정도로 끝났다.

울산 정유 공장은 어떻게 됐을까? 박정희 정권은 미국 걸프 사에 지분 25퍼센트를 떼어주는 조건으로 2000만 달러에 이르는 장기 차관을 도입해 공사를 재개했다. 이렇게 정유 산업이 다국적 기업에 넘어갔다. 그나마 자주적이고 개혁적으로 추진하려던 경제 개발 계획은 시작부터 변질되고 무너졌다. 1963년 박정희 정부는 동결된 원조를 풀어주는 조건으로 미국이 강제한 1차 경제개발 5개년 계획 수정안을 발표했다. 이 수정안이 바로 우리가 알고 있는 박정희 경제 발전 모델로, 첫째, 정부 투자를 줄이고 사적 자본의 기능을 확대하며, 둘째, 중화학 공업화를 줄이고 저임금 경공업 위주의 수출 주도 산업화를 추

자금이 부족해 정유 공장을 외국 기업에 넘기는 등 우여곡절을 겪은 뒤에 자리잡은 석유화학단지.

구하며, 셋째, 외국 자본의 활동을 자유화하며 재벌의 재산을 환수하는 대신 외채를 도입해 필요 자본을 조달한다는 내용이었다. 수정안을 발표한 뒤 박정희는 5·16 혁명은 실패라고 선언했다.

울산이 왜곡되고 좌절된 형태이기는 하지만 원안에 담긴 '민족주의적 자립 경제' 모델을 상징한다면, 전태일 열사의 분신을 가져온 청계천 봉제 공장과 인분 투척으로 유명한 동일방직, 박정희의 몰락을 재촉한 YH무역 등 저임금 장시간 노동에 기댄 노동 집약적 경공업은 수정안을 상징한다. 어쨌든 수정안은 세계 경제 호황에 맞물려 경제 성장 목표를 초과 달성하는 결과를 가져왔다. 이런 성공을 발판으로 박정희 정부는 1970년대 들어 미국식 비교생산비설에 빠진 경제기획원을 건너뛰고 한국개발연구원KDI을 거쳐 3차 경제개발 5개년 계획을 수립해 중화학 공업화를 다시 추진했다. 그 결과가 바로 울산을 움직이는 또 다른 축이자 한국 경제의 성공을 상징하는 자동차 산업과 조선 산업이다.

울산을 움직이는 3대 산업은 조선, 석유화학, 자동차다. 울산대교에서 내려다본 현대자동차.

성공이 발 딛고 선 희생들

성공 신화는 더 이야기하지 않겠다. 다만 신화 속에 숨겨진 두 가지만 지적하려 한다. 하나는 박정희 정권이 이런 공장들을 지으려고 모든 중고등학교 등록금에 국민저축을 포함시켜 저축을 강제한 사실이다. 아무리 가난한 집도 자식을 학교에 보내려면 저축을 해야 했다. 정부는 이렇게 모은 돈으로 국민투자기금을 만들어 시장 금리는 말할 것도 없고 물가상승률에도 못 미치는 장기 저리로 재벌 기업에 돈을 빌려줬다. 저기 보이는 거대한 공장에는 자식들을 학교에 보내느라 밤낮으로 일한 가난한 부모들의 피, 땀, 눈물이 녹아들어 있었다. 그러니까 저 으리으리한 공장들은 재벌이 아니라 모든 국민의 자산인 셈이다.

다른 하나는 노동자들이다. 한국 노동자들은 현대 기업에서는 찾아보기 어려운 병영적 노동 환경에서 이런 대규모 공업 단지를 일궜다. 세계 최고 수준의 산재율을 기록하는 비인간적 조건에서 노동자들은 목숨 걸고 일해 '우리 회사'를 세계 최고 기업으로 만들었다. 그렇지만 악명 높은 산재율은 크게 달라지지 않았고, 새로운 시대의 거대한 공장에는 낯선 형태의 죽음이 똬리를 틀고 있었다.

찾을 곳

울산대교 전망대 울산광역시 동구 봉수로 155-1. **봉호사** 울산광역시 동구 동해안로 230. 현대중공업을 조망할 수 있는 곳.

87년 7·8·9 투쟁을
동지여 기억하는가

"내 눈에 흙이 들어가기 전에는 노동조합은 허용할 수 없다!" "그럼 당신의 눈에 흙을 넣어주겠다!"

자기가 죽기 전에는 노조란 있을 수 없다는 정주영 현대그룹 '왕' 회장이 배수진을 치지만 1987년 7월 5일 현대엔진 노동자들은 노조를 결성했다. 이어서 현대중공업 노동자들이 회사 쪽 방해 공작을 뚫고 노조 결성 투쟁에 들어갔다. 한국 현대사 최대의 노동자 투쟁인 '87년 노동자 대투쟁'('7·8·9 노동자 대투쟁'이라고 부르기도 한다)이 시작됐다.

6월의 함성 속에 폭발한 노동자들

긴 침묵과 일시적 폭발, 그리고 다시 긴 침묵과 또 한 차례의 폭발. 한국 현대사는 한마디로 이렇게 정리할 수 있다. 일제의 강압에 침묵하던 민초들은 해방 공간에서 폭발했다. 미군정과 이승만 정부의 강압에 침묵하던 민초들은 4·19로 폭발한 뒤 5·16이 터지면서 침묵해야 했다. 다시 '80년 봄'에 폭발하지만 전두환이 광주 학살을 저지른 뒤 침묵하다가 1987년 6월 항쟁으로 폭발해 민주화를 달성했다.

노동운동도 비슷하다. 한국 노동운동은 목포항을 개항한 지 석 달

320

뒤인 1898년 2월 부두 노동자들이 첫 파업을 벌인 뒤 정치 상황에 따라 긴 침묵과 일시적 폭발을 반복했다. 1929년에 3개월 동안 계속된 원산 총파업 뒤 노동운동은 일제의 가혹한 탄압에 짓눌려 침묵했다.

끈질기게 살아남은 노동운동은 해방이 되자 전평과 노동자가 기업을 관리하는 자주관리운동으로 폭발했다. 곧 미군정과 이승만 정부의 탄압, 그리고 한국전쟁이 휘몰아쳤고, 치명적 타격을 입은 노동운동은 침잠할 수밖에 없었다. 노조가 있어도 '어용 노조'였다. 이승만 시대에는 이승만 하야 반대 운동을 주도하고, 1987년 6월 항쟁 때에는 직선제 개헌을 바라는 여론을 무시하고 유신 헌법을 유지하겠다는 4·13 호헌 조치를 지지했다. 그런 상황에서도 중요한 정치적 변동이 있을 때마다 노동자들은 억눌린 요구를 치열한 투쟁으로 분출했다.

4·19 혁명 직후 폭발한 노동운동은 5·16 쿠데타가 일어나면서 다시 억눌리지만 1970년대 들어 전태일 열사 분신과 한진 노동자 칼 빌딩 방화 투쟁 등으로 폭발했다. 박정희는 유신을 단행해 저항을 압살했지만, 박정희가 총탄에 쓰러지고 1980년 봄이 찾아오자 노동운동은 다시 사북 항쟁 등으로 폭발했다. 전두환이 광주 학살을 저지르자 노동운동을 비롯한 사회운동은 또다시 침묵할 수밖에 없었다. 1987년 6월 항쟁으로 민주적 공간이 열리면서 그동안 축적된 노동운동의 역량과 노동자 대중이 뿜어내는 엄청난 열기가 결합해 마침내 노동자 대투쟁으로 폭발했다.

울산, 특히 노동조합이 없던 재벌 기업에서 시작된 열기는 ㈜통일 등 마산과 창원 지역 대기업으로 확대됐다. 8월 중순에는 현대그룹 산하 기업 노조 모임인 현대그룹노동조합협의회(현노협) 노동자 수만 명이 시위를 벌이면서 울산이 노동자들의 해방구로 바뀌었다. 한 번 불붙은 열기는 영남 지역을 넘어 9월에는 수도권과 비제조업 중소기업까지 전국으로 번졌다. 1987년 7월부터 9월까지 석 달 동안 그해에 일어난 전체 노동 쟁의 건수의 90퍼센트인 3341건이 발생했다. 투쟁이 정점에 다다른 8월 중순에는 하루 평균 80건을 넘겼다. 노동자 대투쟁에 참여한 노동자는 122만 명으로, 10인 이상 사업장 노동자 333만 명을 기준으로 하면 3명 중 1명이 넘게 참여한 셈이었다.

노동운동 하면 떠오르는 골리앗 투쟁은 1990년에 등장했다. 전태일 열사가 상징하는 1970년대에 견줘 노동자 계급은 양적으로 성장하고 질적으로 성숙했다. 1970년대의 노동자 계급은 회사 측이 똥물을 투척한 동일방직, 박정희 정부 몰락의 단초가 된 YH무역 등 봉제나 가발 같은 노동 집약적 경공업 분야 중소기업의 여성 노동자가 중심이었다. 1987년의 노동자 계급은 중화학공업화가 진전되면서 국가경제에 직접 타격을 줄 수 있는 힘을 지닌 남성 숙련 노동자가 중심이었다. 이 노동자들은 3년 뒤 골리앗 투쟁을 주도했다.

거제에서 구로까지, 패배를 넘어 전노협으로
노동자 대투쟁은 전국적 투쟁을 이끌 지도부가 없는 분산형 투쟁이

노동자 대투쟁 때 울산 현대 노동자들(울산노동역사관 1987 제공).

라는 한계에 더해 폭력적 공권력, 중산층과 노동자 계급을 나누는 정부의 분리 통치 전략, 안정을 바라는 중산층의 비판 여론 등에 밀려 겉보기에는 '패배'로 끝났다. 또한 노동자를 비롯한 기층 민중을 중심으로 한 민중운동과 중산층을 중심으로 한 시민운동이 분화하기 시작했다. 1989년 몇몇 교수와 지식인을 중심으로 한국 최초의 시민단체라 할 만한 경제정의실천시민연합(경실련)이 출범하자, 주류 미디어는 온건한 목표에 합법적 투쟁을 지향하는 시민운동을 칭찬하고 민중운동을 고립시키려 했다.

7·8·9 노동자 대투쟁의 또 다른 특징을 들자면 기업의 자본력과 정부의 공권력에 맞서기 위해 투쟁 방식은 전투적인 반면 투쟁 목표는 온건하다는 점이었다. 사회주의는 말할 것도 없고 노동자 정당 건설이나 노동자 권력 창출 같은 상대적으로 온건한 정치적 목표가 거의 없었고, 저임금 개선, 생존권 보장, 노동 시간 단축 같은 경제적 요구나 노동 3권 보장, 노동 악법 개정 같은 제도 개선 요구가 많았다. 민주노동운동의 기본 골격인 '전투적 조합주의', 곧 투쟁 방식은 전투적이되 투쟁 목표는 경제적 이익에 집중하는 노선이 이때 만들어졌다.

7·8·9 노동자 대투쟁은 해빙기에 나타난 이전의 투쟁들하고 다르게 짧은 폭발로 끝나지 않았다. 4·19 이후나 1980년 봄처럼 전면적인 정치적 반동이 찾아오지 않은 때문이었다. 양김이 분열하고 노태우 정부가 등장하면서 정치적 반동화가 진척되지만 완전한 독재 체제라기보다는 민주화 속에 일어난 반동화인 탓에 노동운동은 합법적 공간을 무대로 계속 진화했다. 1987년 말을 기준으로 하면 노동조합 수가 1년 전에 견줘 50퍼센트 늘어났다. 일시적 폭발 뒤에 정치적 반동화가 시작되면 긴 어둠으로 들어간 지난날하고 다르게 7·8·9 노동자 대투쟁은 전국적 조직이자 민주노총의 모태인 전노협을 탄생시켰다.

이제는 극우 정치인으로 변신한 김문수와 진보 정당을 위해 싸워온 노회찬과 심상정 사이의 공통점은 무엇일까? 학생운동 출신으로서 사회 변혁을 목적으로 노동 현장에 위장 취업한 사람들, 곧 '학출'('학생운동 출신'의 준말)이라는 점이었다. 7·8·9 노동자 대투쟁을 거치며 학출이 서서히 2선으로 물러나고 단병호 전 민주노총 위원장으로 대표되는 '노출'('현장 노동자 출신'의 준말)이 노동운동 지도자로 등장했다.

노동자의 손으로 쓰는 노동의 역사를

'87년 거인이 기지개를 켜다.' 울산에서 포항까지 가는 동해선이 출발하는 태화강역 앞에는 1987년 대투쟁 30주년을 맞아 2017년에 세운 '1987년 노동자 대투쟁 30주년 노동기념비'가 있다. '노동해방 세상'이나 '인간답게 살고 싶다'는 구호를 든 노동자들을 형상화한, 잠자던 노동자 계급이라는 거인이 기지개를 켜고 일어섰다.

태화강역에 세운 '1987년 노동자 대투쟁 30주년 노동기념비.'

방어진 뒷산으로 올라가 7·8·9 노동자 대투쟁의 한 축인 현대중공업을 한눈에 담고, '울산노동역사관 1987'을 찾아 나섰다. 주소대로 찾아가니 오토밸리복지센터라는 웅장한 건물만 보이고 역사관은 없었다. 전화를 하니 그 근사한 건물로 올라오라고 했다. 울산노동역사관 1987은 그곳에서 더부살이를 하고 있었다. 노동운동의 메카 울산에서도 노동자들이 독자적인 역사관을 차리지 못하는 현실이 서글펐다. 민주노총도 독자 건물이 없을 정도로 기반이 취약한 현실을 생각하면, 울산이니까 자체 역사관 정도는 운영하리라던 기대는 나만의 착각일 뿐이었다.

역사관은 내부 공사를 하느라 어수선했지만, 7·8·9 노동자 대투쟁의 함성이 들리는 귀중한 자료들을 볼 수 있었다. 찬란한 투쟁의 역사를 돌아보다가 현실을 떠올리니 씁쓸하기만 했다. 노동자 대투쟁이 일어난 지 30년이 넘게 흘렀지만, 일하러 나간 노동자 중에서 7명이 날마다 싸늘한 주검으로 돌아오는 현실은 변함이 없기 때문이었다. **325**

찾을 곳

울산노동역사관 1987 울산광역시 북구 산업로 1020 오토밸리복지센터 4층. **1987년 노동자 대투쟁 30주년 노동기념비** 울산광역시 남구 산업로 654 태화강역.

'상처받은 용'이
잠든 곳

'한국의 나폴리.' 경상남도 통영을 가리키는 별명이다. 대학 2학년 때 학생운동을 하던 나는 수배를 피해 통영에 와 있다가 붙잡혀 서울로 압송돼 감옥으로 직행했다. 슬픈 추억이 깃든 곳이지만, 이제는 아름다운 다도해와 세월을 비켜간 도심, 한국 최대의 굴 산지다운 싱싱한 굴 음식과 충무김밥, 시락국 등 풍부한 먹거리, 좋은 벗 장석 시인 때문에 자주 찾는다.

"아이들아 아버지는 간첩이 아니다"

통영에 오면 나도 모르게 한국인으로서 자부심과 슬픔을 동시에 느낀다. 2018년부터 찾게 된 미륵도 관광특구의 한 언덕에 서면 특히 그렇다. 언덕 위 멋진 건물 뒤쪽에는 커다란 천연석으로 만든 묘석이 푸른 바다를 내려다보고 있다. '더러운 곳에 있어도 항상 맑다處染常淨'는 문구 밑에는 '윤이상 1917-1995'이라는 글자가 새겨져 있다.

통영은 한국이 낳은 세계적 작곡가이자 박정희 정부 시기의 대표적인 '간첩단' 사건인 '동백림 사건'의 피해자 윤이상이 태어난 고향이다. 2000년대 들어 복권된 윤이상을 기리는 통영국제음악제가 시작되고 통영국제음악당도 문을 열었다. 특히 문재인 정부가 들어선 뒤 2018

년에는 독일에 있던 묘를 이곳으로 이장했다. 그렇게 통영은 세계적 작곡가를 보유한 나라라는 자부심과 분단의 슬픔을 동시에 안겨준다.

충남 예산에 가면 수덕사가 있다. 수덕사 앞에는 초가지붕을 얹은 수덕여관이 보인다. 수덕여관 앞에는 땅에 누운 커다란 바위에 글자를 닮은 특이한 암각들이 눈에 띈다. 윤이상하고 함께 동백림(동베를린) 사건 때 고초를 겪은 화가 이응로가 남긴 흔적이다. 해방 뒤 일본에서 귀국한 이응로는 수덕여관을 인수해 이곳에서 작품 활동을 했는데, 바위에 새긴 글자를 닮은 그림도 그 무렵 남긴 작품이다. 독일과 프랑스 파리에서 각각 활동하던 세계적인 예술가 윤이상과 이응로는 박정희 정부 때문에 '간첩 누명'을 쓴다.

'나는 공산당이 아니다. 아이들아, 아버지는 간첩이 아니다.' 1967년 6월 말 윤이상을 심문하던 조사관이 깜빡 잠들었다. 이상한 소리에 잠에서 깬 조사관이 보니 벽에 붉은 피로 이런 글씨가 쓰여 있었다. 윤이상은 머리에 피를 흘리며 정신을 잃고 바닥에 쓰러져 있었다. **327**

통영 바다를 내려다보는 윤이상 무덤.

조사관이 잠든 사이 윤이상은 책상에 있던 사각형 재떨이로 머리를 쳐 자해를 한 뒤 결백을 주장하려고 손가락에 피를 묻혀 글을 썼다. 7월 3일부터 17일까지 중앙정보부는 무려 일곱 차례에 걸쳐 유럽 거주 지식인과 유럽에 유학한 국내 교수, 이 교수들하고 연결된 학생운동 지도자 등 203명이 북한의 지령을 받아 간첩 활동을 하고 정부 전복을 꾀한 동백림 사건('동백림을 거점으로 한 북괴 대남 적화 공작단 사건')을 발표했다.

　203명에는 윤이상, 이응로, 윤이상의 부인 이수자 등 해외 거주 교민 30명과 황성모 서울대학교 교수, 김중태와 현승일 등 서울대학교 학생운동 지도자들을 비롯해 시인 천상병이 포함됐다. 박정희 정부는 독일 유학생 출신이자 한-일 회담 반대 투쟁 등 학생운동의 중심이던 민족주의비교연구회(민비연) 지도 교수 황성모를 통해 북한이 학생운동을 조종한다며 몰아갔다. 한국 사회는 충격에 빠졌고, 총선 부정 선거 규탄 투쟁을 벌이던 학생운동은 풍비박산됐다. 중앙정보부가 공작

수덕사 앞 바위에 새긴 이응로의 글씨.

원을 파견해 독일과 프랑스에서 윤이상과 이응로 등을 불법 납치한 사실이 알려지면서 국제 여론도 들끓었다.

윤이상과 이응로는 공통점이 많다. 서양 예술에 동양적 요소를 도입해 주목받았고, 1950년대 후반에 유럽으로 유학을 떠났다. 윤이상이 월북한 죽마고우 음악가 최상한의 소식을, 이응로가 한국전쟁 때 헤어진 아들의 소식을 물으러 동베를린 북한 대사관을 방문한 상황도 비슷하다. 서베를린에 살던 윤이상은 그 뒤 북한 대사관을 10여 차례 방문하고 여비 등의 명목으로 금품도 받았다. 작품 테마로 구상하던 고구려 강서고분을 둘러보고 북한의 실상도 알고 싶어 1963년 북한을 방문했다. 재판 과정에서 윤이상은 북한이 노동당 입당을 권유해도 일언지하에 거부한데다가 사상적으로 동조해 북한을 접촉하지는 않았다고 밝혔다. 부인 이수자는 윤이상이 돈을 받은 의리 때문에 북한 대사관에서 전화가 오면 몸서리를 치면서도 찾아갔고, 다녀와서는 베를린을 떠나지 않으면 안 되겠다며 괴로워하더라고 진술했다.

윤이상 등 동백림 사건 관련자들이 북한 대사관을 방문해 금품을 받고 몇몇이 북한을 방문한 사실은 맞다. 그러나 박정희 정부가 발표한 대로 북한의 지시를 받아 간첩 행위를 하지는 않았다. 대법원도 이 부분은 전원 무죄 판결을 내렸는데, 다만 '적국' 북한을 방문한 혐의는 유죄로 인정했다. 윤이상과 이응로는 예술가들이 벌인 국제적인 서명 운동에 더해 독일과 프랑스 등이 행사한 외교적 압박 덕분에 풀려나 각각 독일과 프랑스로 돌아갔다. 민비연 관련자들도 가벼운 형을 받는 데 그쳤다.

비극으로 이어진 해외 불법 납치 공작

동백림 사건이 벌어진 시기에 유럽에 살던 한국 지식인들은 국가보안법 등을 잘 몰랐고, 북한에 강한 적대감을 품고 있지도 않았다. 게다가 그때만 해도 북한이 남한보다 경제적으로 앞서서 외환 송금 제한 때문에 생활고에 시달리던 유학생들은 북한이 베푼 호의에 쉽게 넘어갈 수밖에 없었다. 이런 상황에서 독일 유학 시절 동베를린 북한 대사관을 방문한 적이 있는 임석진 명지대학교 교수가 불안감에 관계 당국에 자수했다. 박정희는 임석진을 직접 만나 설명을 듣고는 공작팀을 만들어 동백림 사건을 일으켰다.

부정 선거로 궁지에 몰린 상태에서 정권을 유지하느라 반공에 목매던 박정희는 동백림 사건 관련자들을 반드시 응징해야 하는 심각한 안보 위협 요소로 취급했다. 그렇다고 해도 사건 관련자들을 몰래 잡아온 방식은 국제법을 명백히 어긴 행위였다. "국내법을 모르는 상태에서 동독과 서독 간 교류를 보고 동백림을 왕래해서 그 사건에 연루됐는데, 사전에 한국 대사관이 경고라도 했으면 그러지 않았을 겁니다." 남편하고 함께 옥고를 치른 윤이상의 부인 이수자는 이렇게 안타까워했다. 박정희 정권은 윤이상과 이응로를 비롯한 유럽 거주 한국인들에게 무리하게 간첩죄를 씌워 상처를 줬고, 대법원에서 간첩죄가 무죄로 된 뒤에도 이른바 '친북 반한 인사'로 낙인찍어 괴롭혔다.

동백림 사건에서 성과를 거둔 해외 불법 납치 공작은 1970년대에 연이어 벌어진 비극적 사건들을 잉태했다. 바로 1973년 김대중 납치 사건과 1979년 김형욱 살해 사건이다. 박정희가 유신을 선포한 때 일본에 머물던 김대중은 반정부 활동을 시작했고, 중앙정보부는 김대중을 납치해 서울로 끌고 왔다. 김형욱 사건은 더욱 극적이다. 중앙정보부장으로 일하면서 동백림 사건을 터트린 김형욱은 권력에서 밀려나오페라 〈심청〉 친필 악보와 뮌헨 올림픽 기념주화(윤이상기념관 전시 자료).

자 해외로 도주해 미국에서 반박정희 운동에 앞장서고 있었다. 중앙
정보부는 프랑스로 김형욱을 유인해 비밀리에 살해했다.

1969년 베를린으로 돌아간 윤이상은 독일로 귀화했고, 1972년 오
페라 〈심청〉을 뮌헨 올림픽 개막 작품으로 올리는 등 세계적인 작곡
가로 주가를 올렸다. 동백림 사건을 겪으면서 정치적으로 성숙해진
윤이상은 1980년 광주 학살을 목격한 뒤 〈광주여 영원하라〉를 작곡
했다. 1988년에는 옥고를 치르며 온몸으로 겪은 분단을 넘어서고 싶
은 마음에 남북한 정부에 민족합동음악축전을 열자고 제안했는데, 마
침내 1990년 분단 45년 만에 평양에서 범민족통일음악회를 열어 남
북간 문화 교류를 성사시켰다. 윤이상은 고향 통영을 무척이나 사랑
했고, 통영에서 여생을 보내고 싶어했다. 1994년 서울, 광주, 부산에서
열린 '윤이상음악축제'를 계기로 귀향을 준비하던 윤이상은 한국 정
부가 옹졸하게 정치 활동을 하지 않겠다는 각서를 요구하자 귀국을
거부했다. 윤이상은 예술 발전에 기여한 공을 인정받아 괴테상(1995
년)과 독일연방공화국 대공로 훈장(1998년) 등을 받았다.

정의를 향한 인간적 절규

끝내 귀국하지 못하고 이국땅에서 숨을 거둔 예술가는 이제 윤이상 생가 터에 자리한 윤이상공원에 우뚝 선 동상으로 우리를 맞는다. 공원 안에 만든 윤이상기념관에 가면 외로운 음악가의 천재성과 분단의 상처 때문에 고향으로 돌아오지 못한 '상처받은 용'의 아픔이 마음을 울린다. 잘 알려지지 않은 윤이상의 음악관도 접할 수 있다. 서양 음악은 음을 사람이 만든다고 생각하지만, 윤이상은 '우주에는 항상 흘러 다니는 음이 존재한다'는 도교적 관점에서 '음악은 작곡되는 것이 아니라 (우주의 음을) 낳는 것'이라고 말했다. 또한 음악이란 정의를 향한 인간적 절규라고 규정하기도 했다.

나의 음악 언어는 차라리 정의를 향한 절규에 더 가깝습니다. 나의 음악은 억압받는 사람들을 위로하고 단결을 호소합니다. 그것은 정치적으로 이해되어서는 안 됩니다. 인간적으로 이해되어야 합니다.

윤이상 생가 터에 세운 윤이상기념관.

윤이상기념관 앞에 세운 윤이상 동상.

천의무봉한 시인 천상병 하면 우리는 하늘나라로 '가서, 아름다웠더라고 말하리라'로 끝나는 시 〈귀천〉을 떠올린다. 그렇지만 독일에서 유학하고 돌아온 친구에게 막걸리를 얻어먹은 죄로 중앙정보부에 끌려가 성기에 전기 고문까지 받고 나와 쓴 시 〈소풍〉은 거의 알려지지 않았다. 박정희 정부는 동백림 사건을 조작해 이 땅에서 가장 맑은 영혼을 지닌 시인까지 절규하게 만들었다. '아름다운 이 세상 소풍 끝내는 날/ 가서 아름다웠더라

333

고 말하리라/ 천상병의 삶이 소풍이었다고?/ 그 소풍이 아름다웠더라고?// …… 오늘/ 반쪽의 일터에서는 굴뚝 위에서 농성을 하고/ 바람이 바뀌었다고/ 다른 쪽의 사람들은 감옥으로 내 몰리는데/ 이 길이 소풍길이라고?// ……'

> **찾을 곳**

통영국제음악당 경상남도 통영시 큰발개1길 38. **윤이상기념공원(기념관)** 경상남도 통영시 중앙로 27. **수덕사** 충청남도 예산군 덕산면 수덕사안길 79. **이응노미술관** 대전광역시 서구 둔산대로 157.

죽은 박정희 살려내는
개혁 정부들?

'새벽종이 울렸네/ 새 아침이 밝았네/ 너도 나도 일어나/ 새마을을 가꾸세/ 살기 좋은 내 마을/ 우리 힘으로 가꾸세.' 박정희 생가 옆 새마을공원에 세운 박정희 동상 앞에 서자 귀에 익은 〈새마을 노래〉가 들려왔다. 갑자기 유신 시대로 돌아간 듯 으스스한 기분에 휩싸였다.

요즘 공장이 많이 빠져나가 사정이 어렵지만, 구미는 여전히 경북을 대표하는 공단 도시이자 '박정희의 도시'다. 시내 한가운데에 박정

334

구미 시내에 우뚝 선 '수출산업의 탑.'
박정희가 직접 쓴 글자가 새겨져 있다.

구미 시내에 있는 박정희로.
'박정희대통령 생가'라는 표지판이 사방에 눈에 띈다.

희가 직접 글씨를 쓴 '수출산업의 탑'이 하늘을 찌르고 있고, 곳곳에서 '박정희대통령 생가'를 안내하는 표지판이 보인다. 박정희 생가와 기념 시설 앞을 지나는 큰길은 '박정희로'다.

박정희의 도시, 구미

박정희 생가는 코로나19 속에서도 차들이 가득했다. 관광버스도 여러 대 눈에 띄었다(5인 이상 집합 금지 이전이었다). 이 지역에서 박정희가 누리는 인기를 실감할 수 있었다. 주차장에서 생가 쪽으로 향하면 가장 먼저 새마을복 입고 손수레 끄는 농민들을 묘사한 조각상이 보인다. 왼쪽에는 보릿고개 체험장이 있고, 오른쪽에 생가가 보였다. 생가 앞에는 박정희와 육영수 등신대가 포토 존 구실을 하고 있었고, 추모관에는 가족사진도 걸어놓았다. 아버지 옆에 선 앳된 박근혜의 모습을 보니 부모를 모두 총탄에 잃고 분에 넘치는 대통령 자리에 올라 감옥에 갇힌 삶이 안타까웠다. 뒤편으로 걸어가면 박정희 관련 장

335

박정희 부부 모형이 방문객을 맞는 박정희 생가.

소에서 자주 눈에 띄는 '내 일생 조국과 민족을 위하여'라는 글씨를 커다랗게 새긴 돌이 보였다. 그 뒤에 박정희 동상이 서 있었고, 박정희 연보와 〈새마을 노래〉 악보 등을 새긴 검은 대리석도 나타났다.

박정희는 한국 현대사에서 이승만하고 함께 가장 논쟁적인 인물이다. 태극기 부대 등 보수주의자들에게 박정희는 수천 년 이어진 가난에서 대한민국을 구한 불세출의 영웅이다. 진보주의자들은 박정희를 일본군 장교가 된 민족 반역자이자 경제 발전이라는 미명 아래 민주주의를 압살하다 부하가 쏜 총에 죽은 독재자로 혐오한다.

양극단을 달리는 평가에서 무엇이 올바를까? 크게 두 가지 문제에 달려 있다. 첫째, 경제 발전은 박정희 덕분인가? 둘째, 경제 발전을 위한 독재, 곧 '개발 독재'는 올바른가? 첫째 문제가 사실적 인과 관계에 관련된다면, 둘째 문제는 어떤 가치가 더 중요하냐는 가치 선택에 관한 문제다. 보수적인 박정희 지지자들은 둘 다 '그렇다'고 답할 테고, 진보적인 비판자들은 둘 다 '아니다'고 답한다. 그 중간에 첫째 문제

박정희 생가 뒤편 새마을공원에 세워놓은 박정희 동상.

는 '그렇다'이지만 둘째 문제는 '아니다'는 사람들, 곧 경제 발전은 박정희 덕분이지만 공보다 과가 더 크다는 견해도 있다.

박정희를 둘러싼 평가는 계속 논쟁이 될 문제다. 한 학술회의에서 진보 사학계를 대표하는 어느 학자가 박정희 신화는 정치학자들이 공부를 안 해서 박정희가 얼마나 나쁜 지도자인지를 알려주는 책을 내지 않은 탓이라고 주장했다. 극우 정부와 보수 언론에 세뇌된 '무지한 대중'의 '착각' 때문이라는 말이었다. 이런 주장은 전형적인 관념론이다. 박정희 현상은 단순한 착각이 아니라 객관적인 물적 기반을 갖췄다. '무지한 대중'은 박정희 집권기에 보릿고개를 벗어나 경제가 성장한 과정을 직접 체험했다. 물론 그런 성과가 모두 박정희 덕분은 아니지만, 체험을 논리로 깨는 일은 쉽지 않다.

이런 전제 아래 첫째 질문을 살펴보자. 먼저 한국, 타이완, 싱가포르, 홍콩 등 '아시아의 네 마리 용'이 경제 성장에 성공한 사실에 주목해야 한다. 한국이 박정희 때문에 발전했다면, 다른 세 나라는 박정희도 없는데, 특히 홍콩은 영국이 지배한 민주적 체제인데, 어떻게 경제 성장에 성공했을까? 네 나라의 공통점은 개발 독재가 아니라, 산업화를 가로막는 지주 계급이 원래 없는 도시 국가이거나(싱가포르, 홍콩), 분단에 따른 체제 경쟁 탓에 어쩔 수 없이 실행한 농지 개혁 덕분에 지주 계급이 몰락(한국, 타이완)한 데 있었다(선진국에 농산물을 수출하고 싼 공산품을 수입하기를 원하는 지주는 산업화에 걸림돌이 된다). 이승만 정권 시기와 박정희 정권 시기를 비교하면 이승만 시기가 박정희 시기보다 다른 제3세계에 견줘 더 빠르게 발전했다.

"소련과 동유럽 사회주의가 망해서요." 아이엠에프 경제 위기 때인 1998년, 브루스 커밍스에게 경제 위기가 온 이유를 묻자 엉뚱하게 탈냉전이라는 답이 돌아왔다. "한국, 타이완, 싱가포르 등이 경제 성장에 성공한 원인은 내적 요인도 있지만 냉전 때문이에요. 냉전의 최전선에 위치한 탓에 사회주의에 맞선 자본주의의 우위를 보여주려고 미국이 남미 나라들하고 다르게 산업화와 경제성장을 허용한 거죠. 그런데 소련이 망해서 한국 등 아시아를 더 봐줄 필요가 없어지자 손본 거죠." 한국, 타이완, 싱가포르가 이룩한 경제 성장은 박정희, 장제스, 리콴유 덕분이 아니라 냉전의 최전선이라는 지정학적 위치 때문이라는 말이었다.

한국 경제가 성장한 근본 원인은 지주의 몰락과 냉전이라는 구조적 요인이었다. 이런 대전제 아래에서 보면, 이오시프 스탈린이 추진한 강압적 산업화 덕분에 빠른 시간에 세계 양대 강국으로 발돋움한 소련처럼 노동자와 민중을 억압한 박정희식 개발 독재도 경제 성장에 기여했다. 따라서 민주주의와 인권 파괴, 노동자 탄압 등 숱한 부작용이 있는데도 박정희를 찬양하는 논리는 경제적 성과를 근거로 스탈린을 찬양하는 논리나 마찬가지다. 스탈린이 아돌프 히틀러를 물리친 뒤 후진국 소련을 미국하고 어깨를 나란히 하는 강국으로 만든 '공'에 견주면, 박정희가 낸 성과는 하찮다고 할 수도 있겠다. 박정희가 남긴 부정적 유산 중에서 특히 주목할 요소는 결과 지상주의다. 결과가 좋으면 과정이나 수단은 중요하지 않다는 결과 지상주의는 아직도 우리 사회를 괴롭힌다.

결론적으로 지주의 몰락과 냉전이라는 구조적 요인 때문에 박정희가 아니어도 한국은 빠른 산업화와 고도성장을 달성할 가능성이 매우 높았다. 얼마나 빠른 성장이냐가 문제일 텐데, 박정희 시대가 남긴 부정적 유산들을 고려하면, 조금 느리더라도 민주적이고, 덜 억압적이고, 민중 친화적인 경제 발전을 추구해야 했다.

극과 극을 오가는 '박정희 향수'의 정치학

죽은 박정희를 살린 쪽은 박정희 추종자들이 아니라 민주당을 중심으로 한 '자유주의적 개혁 정부', 특히 김영삼 정부와 김대중 정부다 (김대중, 노무현, 문재인 정부를 흔히 '진보'라 부르는데, 민주당 정부들을 수식하는 말은 '자유주의적liberal'이지 '진보적progressive'이 아니다). 박정희에 저항한 김영삼 대통령이 아이엠에프 경제 위기를 불러오자 김대중 대통령이 나서서 빠른 시간에 위기를 벗어나지만, 아이엠에프가 강요한 시장 만능 신자유주의 정책을 비판 없이 수용한 탓에 양극화가 심해지고 민생이 어려워지면서 서민층 중심으로 박정희 향수가 나타났다. 박정희 향수는 학술적이고 논리적인 분석의 결과가 아니라 (박정희의 실체를 분석한 좋은 정치학 연구가 없는 탓이 아니라), '개혁 정부' 시기에 대중이 직접 체험한 '객관적 현실'이 가져온 결과다.

박정희 향수에 찬물을 끼얹은 계기도 '현실', 곧 박근혜가 저지른 실정이다. 박근혜가 탄핵되고 감옥을 가자 박정희 향수도 주춤해지지만, 경제적 양극화가 더 심해지고 문재인 정부가 실정을 거듭하면서 박정희 향수도 되살아난다. 2021년 4월 서울시장과 부산시장을 뽑는 보궐 선거에서 박정희의 후예 국민의힘이 압승을 거둔다.

박정희를 둘러싼 평가는 정세의 효과이며 현재의 정치, 특히 이른바 개혁 정부가 받는 성적표나 다름없다. 박정희 향수가 살아난다면, 개혁 정부가 죽을 쑤고 있다는 뜻이다. 거꾸로 박정희 향수가 조용하다면, 개혁 정부가 잘하고 있다는 말이 된다. 박정희를 둘러싼 평가와 기억은 결국 현재의 정치에 좌우된다.

'생존주의자' 박정희의 파란만장

박정희 생가를 떠나 옛 구미경찰서로 향했다. 박정희가 가장 존경한

형이자 김종필의 장인인 박상희는 미군정이 저지른 실정에 항의해 일
어난 1946년 대구 10월 항쟁 때 이곳 구미경찰서를 공격하고 퇴각하
다가 사살됐다. 남로당 당원 박정희의 '짧은 외도'와 파란만장한 삶이
주마등처럼 지나갔다.

"심히 분수에 넘치고 송구하지만 무리가 있더라도 반드시 국군에
채용해주실 수 없습니까? …… 일본인으로서 수치스럽지 않을 만큼
의 정신과 기백으로서 일사봉공一死奉公의 굳건한 결심입니다. 목숨을
다해 충성을 다할 각오입니다." 박정희는 사범학교를 졸업한 뒤 경상
북도 문경에서 소학교 교사를 했다. 생계가 어렵지 않고 나이도 많은
데 일왕에게 충성을 맹세하는 혈서까지 쓰면서 일본 육군사관학교에
들어가 독립군을 때려잡는 만주군에 근무했다. 식민지역사박물관에
이 혈서 기사가 전시돼 있다. 살아가기 위해 어쩔 수 없이 선택한 '생
계형 친일'하고는 전혀 다른 '출세형 친일'이자 '악질 친일'이었다.

340　　해방이 되자 국군에 입대한 박정희는 남로당 활동을 하다가 여순

대구 10월 항쟁 때 박정희 형 박상희가 공격한 옛 구미경찰서.

사건 뒤 군내 좌익 숙청 작업 때 체포됐다. 동지를 모두 일러바쳐 목숨을 부지하고는 한국전쟁이 터지자 군에 복귀했고, 반공을 국시로 내건 5·16 쿠데타를 일으켜 권력을 잡았다. 미국이 1차 경제개발 5개년 계획이 급진적이라며 문제를 제기하자 계획 입안을 주도한 영관급 장교들을 쫓아내고 살아남았다(이 책 42장 참조). 친일파에서 공산주의자, 밀고자를 거쳐 반공주의자로 변신에 변신을 거듭했다. 박정희는 생존을 위해 어떤 변신도 서슴지 않는 '생존주의자'였다.

"첫째, 민족의 적입니다. 일본 제국의 용병이었으니까요. 둘째, 민주주의의 적입니다. 쿠데타로서 합헌 민주 정부를 전복한 자니까요. 셋째, 윤리의 적입니다. 자기 하나의 목숨을 살리기 위해 자기 친구를 모두 밀고해서 사지에 보낸 자니까요. 넷째, 현재 국민의 적입니다. …… 학생이건 지식인이건 …… 인정사정없이 탄압하는 자이니까요." 5·16 쿠데타 뒤 필화 사건으로 구속된 이병주는 소설 《그를 버린 여인》에서 여순 사건 때 박정희가 배신하는 바람에 아버지를 잃은 청년들의 입을 빌려 오랜 술친구 박정희를 이렇게 고발했다.

생존주의자 박정희는 민족, 민주주의, 친구, 동지, 국민을 모두 버리고 살아남았지만, 영구 집권을 꾀하다가 부인을 총탄에 잃고 자기도 최측근이 쏜 총탄에 목숨을 잃었다. 대를 이어 대통령 자리에 오른 딸도 감옥에 갇혔다. 지금도 숭배와 증오의 주인공이 되고 있는데, 앞으로 계속 그럴 듯하다. 정말 파란만장한 삶이다.

찾을 곳 ▶

박정희 대통령 생가 경상북도 구미시 박정희로 107. **수출산업의 탑** 경상북도 구미시 광평동. **옛 구미경찰서** 경상북도 구미시 송원동로. **박정희대통령기념·도서관** 서울특별시 마포구 월드컵로 386. **새마을운동발상지 기념공원** 경상북도 청도군 청도읍 새마을1길 34. **식민지역사박물관** 서울특별시 용산구 청파로47다길 27 서현빌딩 1층.

운 없으면 끌려간
사설 강제 노동 수용소

"니, 이 빵 어디서 났노?"

"학교에서 집이 가난하다고 줬는데요."

"이놈의 새끼, 거짓말하고 있네!"

부산 지하철 2호선 개금역에서 부산보훈병원으로 올라가는 언덕길 오른쪽으로 아파트 단지가 보인다. 형제복지원이 있던 곳이다. 형제복지원 피해 생존자 최승우가 들려준 슬픈 사연이 떠올랐다.

정화라는 이름의 생지옥, 형제복지원

1982년, 중학교에 다니던 열세 살 최승우는 경찰에 붙잡혀 형제복지원에 수용됐다. 정신 병동에 감금된 최승우를 비롯한 어린 학생들 앞에 소대장이라는 사람이 나타나 발가벗으라 하더니 찬물을 끼얹고는 침상에서 자라고 했다. 그날 밤부터 소대장에게 강간을 당했다. 왜 가두느냐 항의하는 사람은 담요로 둘둘 말아 폭행당했고, 어디론가 사라졌다. 납치돼 잡혀온 사람이 4300여 명이고 암매장돼 사라진 사람이 최소 513명이라 하니, 생지옥이나 다름없었다.

"아시안게임과 올림픽이 열리는데 거리에 부랑자들이 보이지 않게 격리 수용하라." 형제복지원 사건은 광주 학살을 저지른 전두환 정부가 노숙자 등 '부랑아' 정화 정책을 실행하면서 일어났다. 부랑자를

'형제복지원 피해생존자·실종자·유가족 모임'이 여러 시민단체와 국회의원들하고 함께 연 발표회 포스터. 형제복지원에 강제 수용된 사람들에는 아이들도 많았다(형제복지원진상규명대책위 제공).

수용하는 경찰은 실적을 인정하고 부랑자 수용 시설에는 국고를 지원하는 정책이었다. 국유지를 헐값에 불하받아 형제복지원을 만든 박인근은 경찰 도움을 받아 부랑자나 노숙자뿐 아니라 주민등록증 없는 사람이나 기차역에서 텔레비전 보는 평범한 시민 등을 닥치는 대로 납치했다. 조사 결과 전체 수용자의 70퍼센트가 가정 있는 일반인이었고, 해운대에 놀러온 서울대학교 학생과 일본인도 있었다. 멀쩡한 사람도 잡아간 이유는 인원수만큼 보조금이 나오기 때문이었다.

박인근은 이런 식으로 매년 20억 원씩 12년 동안 국가 보조금을 받아 착복했다. 또한 하루 10시간 넘게 강제 노역을 시켰는데, 저항하면 굶기거나 폭행했다. 남녀를 가리지 않고 성폭행이 일상이었고, 최소한 513명을 암매장하는 인권 유린을 자행했다. 납치된 아들과 딸을 구하러 온 아버지까지 강제 수용하는가 하면, 맞아 죽은 시신을 300만 원에서 500만 원씩 받고 의대에 실습용으로 팔기도 했다.

1987년 한 원생이 구타당해 사망하는 모습을 본 원생 25명이 목숨을 걸고 탈출해 울산경찰서를 찾아가 도움을 요청했다. 경찰이 오히려 체포하려 하자 원생들이 한 방송국을 찾아가면서 형제복지원 사건은 세상에 알려졌다. 그렇지만 박인근은 관련 기관들이 비호한 덕분에 징역 3년이라는 솜방망이 처벌을 받아 호의호식하다 죽었고, 자식들은 1000억 원대 재산을 물려받아 잘살고 있다. 다행히 문재인 정부 들어 재조사가 진행 중이다.

'부랑자' 등을 '보호'한다는 미명 아래 상상할 수 없는 인권 침해가 자행된 형제복지원 자리에는 이제 아파트가 들어섰다. 여러 단지로 나뉜 곳을 여러 번 돌아봐도 옛 흔적은 찾을 수 없었다. 암매장한 증거도, 처참한 인권 침해를 저지른 흔적도 높다란 아파트 밑에 묻혔지만, 피해 생존자들이 받은 상처는 아직 아물지 않았다.

형제복지원의 원형, 서산개척단

이른바 부랑자를 대상으로 한 인권 침해는 형제복지원이 처음은 아니었다. 그 원형을 찾으러 이제 모월리 3구로 불리는 충남 서산 바닷가로 향했다. 형제복지원 참사가 벌어지기 14년 전인 1961년에 비극은 시작됐다. 5·16 쿠데타를 일으켜 권력을 잡은 박정희 정부는 사회 정

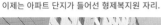
이제는 아파트 단지가 들어선 형제복지원 자리.

화와 국토 건설이라는 미명 아래 조직폭력배와 병역 기피자 등을 잡아다가 국토건설단이라는 강제 노동 수용소를 만들었다(이 책 4장 참조). 이때 대한청소년개척단, 일명 '서산개척단'도 함께 만들어졌다.

박정희 정부는 서울 을지로에서 자동차 정비업을 하는 민정식에게 권한을 줘 부랑자 청년과 '윤락녀' 등을 모아 뻘밭을 개간하게 했다. 모월리 3구에 가면 단원들이 개간한 넓은 논을 볼 수 있다. 서산개척단 또한 실적을 채우려고 길 잃은 어린이나 통행금지를 위반한 평범한 시민 등을 잡아갔다. 이렇게 잡혀온 사람이 한때는 1700명에 이르렀는데, 25퍼센트가 15세 미만 청소년이었다. 부실한 식사와 불결한 위생 등 나쁜 환경 속에서 단원들은 야산에서 가져온 돌을 날라 바다를 메워 방조제를 만드는 강제 노동에 시달렸다. 목표량을 못 채우면 폭행을 당했는데, 그 과정에서 죽은 사람도 많았다. 강제 결혼식도 치렀다. 운동장에 남성 수용자들을 세워놓고 여성 수용자들이 고르게 한 뒤 125쌍 합동결혼식을 열어 《대한뉴스》에 내보냈다.

박정희 정권이 서산개척단을 강제 동원해 개간한 서산 모월리3구에 펼쳐진 드넓은 논.

상지대학교 보고서에 들어 있는 서산개척단 작업 장면.

주민들은 이렇게 개간한 땅 250만 평방미터에 정착했다. 그런데 정부는 개척만 하면 땅을 준다는 약속을 깨고 국가 소유 아래 경작권만 인정했다. 주민들은 오랜 소송 끝에 2013년 10~20년 장기 상환을 조건으로 평당 5만 원에 땅을 사들였다. 강제 납치 관련 피해 보상이나 강제 노역에 따른 인건비는 말도 꺼내지 못했다. 이 이야기는 〈서산개척단〉(2018)이라는 다큐멘터리로 만들어졌고, 생존자들은 '서산개척단 진상규명대책위원회'를 꾸려 진상 규명, 특별법 제정, 피해 보상 등을 요구하고 있다.

인간을 존엄하게 하는 두 글자, 자유

소련에는 굴라크라는 강제 노동 수용소가 있었다. 국토건설단이 한국판 굴라크라면, 형제복지원은 국가가 위탁한 '사영' 굴라크이고 서산개척단은 '반*관 반*사영' 굴라크다. 1215년 마그나 카르타가 선포된 뒤 근대 인권의 핵심은 신체의 자유다. 그런데 한국에서는 1980년대에도 운 나쁘면 강제 노동 수용소에 끌려갔다. 자본주의의 특징이자 장점의 하나는 '굶어 죽을 수 있는 자유'다. 굶어 죽을 각오를 하면 일을 안 해도 된다는 말이다. 노예제하고 다르게 강제로 일을 시키지 않는다. 유신 시절에는 생계 능력이 있으면서 무위도식하는 행위도 경범죄로 처벌했다. '굶어 죽을 수 있는 자유'도 빼앗긴 셈이다.

모월리 3구에서 끝없이 펼쳐진 논을 바라봤다. 푸른 벼는 억지로 끌려와 강제 노역에 시달린 서산개척단 단원들의 피와 눈물이 모인 결정체였다. 일정한 직업 없이 거리를 떠돌거나 어쩌다가 부랑자가 되면, 차를 놓쳐 통행금지를 어기면, 단순히 운이 좀 나쁘면, 서산개척단이나 형제복지원 같은 강제 노동 수용소에 끌려가 인간 이하의 삶을 산 푸르른 청춘들이었다.

덧글

마지막 기대

문재인 정부 들어 검찰과거사위원회는 박인근 형제복지원 원장의 특수 감금 혐의를 재조사하라고 권고했다. 검찰은 이 권고에 따라 무죄 판결을 파기해달라는 비상 상고를 했지만, 2021년 3월 대법원은 헌법의 최고 가치인 인간 존엄성이 훼손된 사건이라고 하면서도 기각 결정을 내렸다. 형제복지원 피해 생존자들은 2020년 연말에 출범한 제2기 진실·화해를위한과거사정리위원회가 하는 조사에 마지막 기대를 걸고 있다.

347

> **찾을 곳**

옛 형제복지원 부산광역시 사상구 백양대로 372. **서산개척단** 충청남도 서산시 인지면 모월3길 118-10. 모월리3구회관 인근.

페놀 없는 낙동강은
얼마나 깨끗한가

'인류의 99%는 이미 중독됐다.' 충격적 카피에 놀라 코로나19 와중에 영화관으로 달려갔다. 젖소들의 연이은 죽음, 기형아 출생, 암에 걸린 주민들이 등장했다. 대기업을 대변하는 법률 회사에서 일하는 변호사가 세계 최대 화학 기업 듀폰이 독성 폐기물 페르플루오로데칸산[PFDA]을 유출하고 있다는 사실을 안 뒤 20년 동안 싸운 실화를 다룬 영화 〈다크 워터스〉(2019)다. 이 독성 물질은 우리가 모르는 사이 코팅 프라이팬, 콘택트렌즈, 아기 매트 등 일상에 깊이 침투해 있다.

실화에 바탕하면서 비슷한 주제를 다룬 영화로 줄리아 로버츠가 열연해 아카데미상을 휩쓴 〈에린 브로코비치〉(2000)도 있다. "에린은 반란자이며, 투사이며, 엄마이고, 여성이고, 당신이고, 나이기도 하다." 실제 주인공인 에린 브로코비치가 한 말처럼, 이 영화는 두 번 이혼하고 애 셋 딸린 싱글 맘이 직장까지 잘린 절망적 상황에서 변호사 사무실 직원으로 들어가 끈질긴 노력 끝에 미국 집단 소송 사상 최고액인 3억 3300만 달러를 받아낸 성공 스토리로 주로 읽힌다. 그렇지만 조금만 깊이 살펴보면 〈다크 워터스〉처럼 에너지 대기업 퍼시픽 가스 앤드 일렉트릭[PG&E]이 독극물인 6가 크롬을 마음대로 버려 한 마을 사람 600명을 병들게 한 환경 재앙을 다룬 영화다.

"수돗물이 이상합니더"

"상수도사업본부지예? 수돗물에서 이상한 냄새가 납니더."

듀폰 사건이 일어나기 7년 전이고 퍼시픽 가스 앤드 일렉트릭 판결이 나오기 5년 전인 1991년 3월 14일, 수돗물에서 냄새가 난다는 항의 전화가 대구 상수도사업본부에 쏟아졌다. 두산전자가 낙동강에 쏟아부은 페놀 때문이었다.

"케이비에스지예? 수돗물이 이상합니더. 며칠 전부터 악취가 나기 시작했는데, 날이 갈수록 냄새가 심해져서 도저히 마실 수가 없어예! 취재 좀 해주이소."

항의가 빗발치자 페놀에 관한 전문 지식이 없는 정수장 직원이 염소 소독을 강화하는 바람에 염소와 페놀이 반응해 악취가 수백 배 강해졌다. 상수도사업본부로 달려간 일요일 당직 기자가 수돗물에서 페놀이 검출된 사실을 듣고 보도를 시작했다. 단순한 수돗물 악취 소동으로 끝날 뻔한 사건은 한국 최대의 독극물 유출 사건으로 발전했다.

페놀은 농도가 1피피엠^{ppm}이 넘으면 암 또는 중추 신경 장애 등 인체에 치명적인 영향을 끼치는 독극물이었다. 페놀 수돗물을 마신 사람들은 구토, 복통, 설사, 피부 가려움증을 호소했고, 몇몇 임신부는 유산을 했다. 페놀 수돗물을 쓴 콩나물과 두부도 다 버렸다. 급수가 중단되자 시민들은 약수를 뜨느라 새벽부터 긴 줄을 섰다. 페놀은 낙동강을 타고 하류로 흘러가 마산, 창원, 부산 등 구미 남쪽 영남 지역 주민들이 모두 피

구미에 있던 두산전자 공장(최열 제공).

해를 봤다.

노태우 정부는 여론에 밀려 뒤늦게 조사에 나섰다. 구미에는 박정희 고향이라는 이유로 공장이 많았는데, 구미공단에 입주한 두산전자에서 전자회로기판을 만들 때 쓰는 페놀 원액 저장탱크 파이프의 이음새가 파열돼 8시간 동안 대구 인근 지역 상수원인 낙동강에 페놀 원액이 30톤 유출된 사실이 밝혀졌다. 검찰은 두산전자 직원 6명과 환경처 직원 7명을 구속했고, 정부는 두산전자에 30일 조업 정지를 처분했다.

페놀 유출 사태는 1막일 뿐이었다. 두산전자는 전자회로기판 공급에 차질이 빚어진다며 선처를 부탁했고, 노태우 정부는 고의성이 없다는 이유로 20일 만에 조업 재개를 허용했다. 그런데 4월 22일에 페놀 2톤이 유출되는 사고가 또 발생했다. 여론이 들끓자 검찰은 다시 칼을 빼들었다. 조사 결과 두산전자가 1990년 6월부터 반년 동안 페놀을 약 325톤이나 무단 방류한 사실이 밝혀졌다. 페놀 폐수를 전량 소각해야 하는데도 소각로 두 개 중에서 한 개가 고장나자 폐드럼통에

350

페놀 사태 뒤 맑은 물 캠페인을 하는 어린이들(왼쪽)과 페놀 사태에 항의해 오비맥주를 양동이에 붓는 퍼포먼스를 하는 환경 단체들(최열 제공).

보관한 페놀을 하루에 2.5톤씩 몰래 버렸다. 일회성 사고가 아니라, 지역 주민들이 오염된 물을 마시든 말든 무단 방류를 계속한 셈이었다.

페놀 사태는 내로라하는 대기업들이 환경과 주민 건강은 아랑곳없이 이윤만 생각하면서 얼마나 자연스럽게 불법 행위를 저지르는지를, 그리고 무사안일주의에 빠진 정부가 기업을 감시하기는커녕 어떻게 불법 행위를 눈감아주는지를 잘 보여준 사건이었다.

두산전자는 조업 중단에 따른 경제적 손실 말고도 상수도 요금 감면 등의 명목으로 대구시에 13억 5190만 원, 시민 1만여 명에게 11억 원, 환경 분쟁 조정을 거쳐 피해자들에게 3억 5200만 원 등을 지불했고, 박용곤 회장 등 경영진이 물러났다. 또한 두산전자가 페놀 유출을 오랜 기간 은폐한 사실이 알려지면서 공해추방운동연합(공추련) 등 환경 단체들이 두산그룹을 대표하는 오비맥주를 쏟아버리는 퍼포먼스를 하는 등 불매 운동을 벌였다. 만년 2등 하이트맥주가 1등을 하는 이변이 일어났고, 오비맥주는 매출이 크게 줄었다.

351

환경운동 시작되고, 환경부 출범하고

페놀 사건은 여러 변화를 일으켰다. 최열 환경재단 이사장이 이끌던 공추련이 환경처가 정한 페놀 배출 기준인 5피피엠 페놀 용액에 금붕어를 넣는 실험을 했다. 페놀 용액에 들어간 금붕어가 3시간 30분 만에 죽으면서 페놀의 위험성이 더 널리 알려졌다. 이 일을 계기로 환경 문제에 관심이 쏠리면서 환경운동연합을 비롯해 여러 환경 단체가 만들어졌다. 정부도 상수도 관리 업무를 건설부에서 환경처로 옮겼고, 곧이어 환경처를 환경부로 격상했다. 얼마 전에는 페놀 사건을 모티브로 한 영화 〈삼진그룹 영어토익반〉(2020)도 개봉했다.

금오산을 뒤로하고 흐르는 낙동강에 페놀은 사라졌지만, 4대강 사

업 때문에 수질은 더 나빠졌다. 구미에는 여전히 공장이 많지만 두산
전자 구미공장은 가까운 김천으로 옮겼다. 페놀 사태는 기업과 시민
의 의식을 일깨우고 환경부와 환경 단체가 성장하는 계기가 됐다.

모든 일이 그렇지만 페놀 사태에 빛만 있지는 않다. 어둠은 수자원
전문가 피터 글렉이 '치명적 유혹'이라 부른 생수의 일상화다. 그전까
지 한국 정부는 수돗물 불신을 조장하고 사회적 위화감을 조성한다
는 이유를 들면서 생수 판매를 금지했다. 페놀 사태에 뒤이어 폐수 유
출 사고가 잇따르자 깨끗한 생수를 먹을 수 있는 권리를 달라는 요구
가 폭발했고, 정부도 얼마 뒤 생수 판매를 허가할 수밖에 없었다.

페놀 사태 30년, 물은 안전한가

페놀 방류가 상징하는 기업의 탐욕 때문에, 그리고 정부의 공공 수도
정책과 환경 정책이 이런 탐욕을 거르지 못한 탓에 공공재인 물은 생
수라는 최고의 자본주의적 상품으로 변모했다. 이런 변화는 새로운

구미에서 김천으로 옮긴 두산전자 공장.

환경 재앙으로 이어지고 있다. 미국 환경보호청에 따르면, 생수는 수돗물에 견줘 생산비가 2000배 넘게 들고, 용기 제작, 채취, 운반 등에 수돗물에 견줘 2000배 넘는 에너지를 소비하며, 원천수 오염 등에 따라 유명 생수에서 오염 물질이 발견되는데도 수질 공개가 의무가 아니고, 페트병에서 오염이 생길 가능성도 꽤 크다. 또한 생수병 자체가 심각한 환경 오염원으로 떠오르고 있다.

페놀 사태가 일어난 지 30년이 지났다. 낙동강을 비롯한 한반도의 하천들은 얼마나 깨끗해진 걸까? 우리가 먹는 음식, 마시는 물, 숨 쉬는 공기는 30년 전보다 건강할까?

찾을 곳 ▶

두산전자BG 김천공장 경상북도 김천시 공단1길 83-16. **낙동강체육공원** 경상북도 구미시 낙동제방길 200.

페놀이 흐르던 낙동강 건너 구미공단과 아파트가 보인다.

참외의 땅에서
미친 짓을 참회하라

무등산 수박과 성주 참외. 여름에 가장 먹고 싶은 과일이다. 대구 북서쪽에 자리한 성주는 가야산 맑은 물로 키우는 당도 높은 참외 말고는 잘 알려지지 않은 조용한 곳이다. 이런 성주가 몇 년 전부터 자주 뉴스에 오르내리는 시끄러운 곳이 됐다. 고고도 미사일 방어 체계, 바로 사드Terminal High Altitude Area Defense·THAAD 때문이다.

소성리에 들어서면 아스팔트에 쓴 '사드 출입 금지'라는 구호가 가장 먼저 눈에 띈다.

참외밭에 날아든 사드

성주군에서도 북쪽에 자리한 소성리에 가면 아스팔트 바닥에 흰 페인트로 쓴 글씨가 방문객을 맞는다. '사드 출입 금지.' 소성리는 원불교 2대 종법사 정산종사가 탄생한 원불교 성지다. 원불교 순례자들과 성주골프장 방문객 말고는 찾는 사람이 거의 없었다.

소성리는 이제 완전히 달라졌다. 성주골프장에 설치한 사드 때문이었다. 이곳에서 80년을 산 어느 할머니 집 담벼락에 그린 예쁜 꽃 위에는 'No THAAD'와 '삶의 터전 건들지 마라!'는 살벌한 구호가 쓰여 있고, 마을 곳곳에는 갖가지 구호를 적은 사드 반대 펼침막이 보였다. 사드 기지로 올라가는 삼거리에는 마을 사람들이 검문소를 세워 사드 관련 장비 등을 들여보내지 못하게 막고 있었다. 사드 기지 정문 앞으로 이어진 좁은 언덕길 양쪽에도 전국 곳곳에서 갖가지 단체들이 보낸 펼침막들이 끝없이 늘어서 있었다.

사드란 적이 쏜 미사일을 지상 8~12킬로미터 높이에서 요격하는 **355**

여든 살 할머니가 사는 집 담벼락에 그린 사드 반대 벽화.

미사일 방어 시스템이다. 2013년 힐러리 클린턴 미국 국무부 장관이 북핵을 막지 않으면 중국을 미사일로 포위하겠다고 경고하면서 한반도에 사드를 배치하는 방안이 제기됐다. 2014년에는 미국 국무부 관계자가 한국에 사드를 배치할 생각이 있다고 밝혔다. 북한이 핵을 본격적으로 개발하기 시작하자 박근혜 정부는 중국이 강력히 경고하는데도 사드 배치를 적극 추진했다. 2016년 7월 박근혜 정부는 롯데그룹이 운영하는 경상북도 성주군 초전면 소성리 성주골프장에 사드 포대를 설치하겠다고 발표했다. 중국은 롯데마트에 영업 정지 조치를 내리는 한편(그 뒤 롯데마트는 중국에서 완전히 철수했다), 한국을 여행 금지국으로 지정하는 등 강한 제재에 들어갔다. 촛불 항쟁으로 박근혜가 탄핵되면서 사드는 빨리 해결해야 할 주요 적폐로 지목됐다.

2017년 4월, 탄핵된 박근혜 밑에서 국무총리를 하던 황교안 대통령 권한 대행이 국정을 이끄는 와중에 후임 대통령을 뽑는 대선 때문에 온 나라가 어수선한 상황이었다. 주한 미군은 여러 시민단체와 주민들이 반대하는데도 소성리에 사드 포대를 전격 배치했다. 2017년 5월 문재인 정부가 출범한 때는 이미 사드 배치가 끝나 있었다.

주한 미군과 박근혜 정부는 사드가 북한이 제기하는 위협에 대응하는 수단으로 중국하고 관계가 없으며, 속도를 더해가는 북핵 사태를 고려할 때 어쩔 수 없는 자구책이라고 주장했다. 촛불 항쟁에 힘입어 집권한 문재인 정부도 여러 번 사드가 한-미 동맹에 기초한 합의이며 한국 국민과 주한 미군의 생명을 보호하려는 장비라고 밝혔다.

사드 배치를 반대하는 소성리 주민들은 지역 이기주의에 빠진 걸까? 혐오 시설은 내 근처에 있으면 안 된다는 님비Never In My Back Yard·NIMBY일까? 사드 배치를 막으려고 마을 검문소 근처 천막에 상주하는 강현욱 원불교 교무는 힘줘 말했다. "우리가 사드에 반대하는 이유는 지역 이기주의 때문이 아닙니다. 사드가 한반도 평화에 도움이 된다면 반대하지 않을 텐데, 전혀 그렇지 않습니다."

상호 확증 파괴라는 '미친 짓'

비판자들은 사드가 실전에서 검증되지 않은 장비일 뿐 아니라 한반도 지형을 고려하면 북한 미사일을 방어하는 데 효과가 없다고 말한다. 또한 사드는 적이 쏜 미사일을 감지하지 못할 때는 아무 소용이 없기 때문에 북한이 방사포 등으로 레이더를 파괴하면 '게임 끝'이다. 북한이 미사일 등을 계속 쏴 소성리에 배치한 사드 48기를 모두 소진하게 한 다음 본격적으로 공격을 해도 속수무책이다. 가장 근본적인 문제는 서울을 비롯한 수도권 방어에 전혀 도움이 안 된다는 점이다. 무슨 방어 시스템이 절반 넘는 인구가 사는 수도권을 포기하는가?

성주 주민을 비롯한 비판자들, 그리고 중국은 사드가 북한이 아니라 중국을 겨냥한다고 믿는다. "21세기 동북아 패권을 놓고 벌어지는 미국과 중국의 패권 싸움에 소성리와 한반도가 인질로 잡히게 됐습니다." 탄식하는 강현욱 교무에게 몇 가지를 더 물었다.

사드 때문에 무엇이 가장 불편한가요?

수십 년 살아온 삶의 터전인데도 통행의 자유가 없습니다. 민통선처럼 국방부가 허가해야 자기 집을 출입할 수 있어요.

지금 소성리는 어떤 상황입니까?

사드 포대는 기지, 장비, 인력 등 3요소가 있어야 하는데, 2020년 5월 28일에 경찰을 동원해 장비를 업데이트했습니다. 그동안 사드에 관련해서 경찰이 일곱 차례에 걸쳐 3000명 투입됐는데, 그중 다섯 번이 문재인 정부 때입니다. 특히 5월 28일이 가장 폭력적이었고, 사전 통보도 없었어요. 한마디로 문재인 대통령이 사드의 투명성을 지키겠다는 공약을 안 지켰습니다.

앞으로 무슨 일이 벌어질까요?

현재 미군이 최우선으로 요구하는 사항은 지상 병참선을 확보해달라는 겁니다. 지금은 우리가 도로를 막고 있어서 식자재 등을 모두 헬기로 공급하고 있습니다. 외출 등 한국군의 출입은 막지 않았는데, 5월 28일 일에 항의하는 차원에서 앞으로는 한국군도 출입을 막을 계획입니다.

'From MAD to Madness.' 사드 포대 정문이 멀리 보이는 바리케이드 앞에서 폴 존스턴Paul Johnstone이 남긴 책 제목을 떠올렸다. 냉전 시기 미국 국방부에서 핵전략 작업을 한 존스턴은 인류를 핵전쟁의 재앙에서 구하자는 마음에 세상을 떠나기 전에 책 한 권을 냈다. 여기에서 'MAD'는 '미친'이라는 뜻이 아니라 상호 확증 파괴Mutually Assured Destruction의 준말이다. 1945년부터 1980년대까지 이어진 냉전 시기에 미국과 소련 사이에 벌어진 사생결단식 군비 경쟁 속에서도 인류를 핵전쟁이라는 파국에서 구한 비결이 바로 이 상호 확증 파괴다. 결과만 놓고 보면 '미친 짓Madness'이 아니라 '미치지 않은 짓'이다.

한쪽이 전쟁 뒤에도 살아남을 가능성이 있다고 생각하면 핵전쟁을 일으키고 싶은 유혹에 빠지고 만다. 그렇지만 둘 다 확실히 멸망하게 된다고 확신하면 자기도 멸망한다는 사실을 알기 때문에 핵 단추를 누를 수 없다. 이른바 '공포의 균형'이다.

어떻게 해야 핵 단추를 누르면 둘 다 확실히 멸망하다는 확신, 곧 'MAD'에 이를 수 있을까? 핵무기 방어용 무기를 안 만들면 된다. 미국과 소련이 극한적으로 대립하고 무한 군비 경쟁을 하면서도 핵전쟁이 일어나지 않아 인류가 살아남은 비결은 상호 확증 파괴 이론에 기초해 방어용 무기를 만들지 않기로 합의한 때문이었다. 방어용 무기가 없는 상태에서 전쟁이 나면 둘 다 똑같이 잿더미가 되기 때문에 아무도 핵 단추를 누르지 못했다.

판도라의 상자인가, 불가피한 자구책인가

문제는 미국의 거대한 방위 산업이었다. 미국과 소련은 오랜 핵 경쟁 끝에 지구를 수천 번 파괴할 수 있는 핵무기를 비축했고, 더는 핵무기를 만들 필요가 없게 됐다. 이런 상황이 인류를 핵전쟁이라는 위험에서 구한 비결일지 몰라도 방위 산업에는 위기였다. 위기를 타개하려는 시도는 로널드 레이건 대통령이 제안한 전략 방위 구상 '스타워즈 프로그램'이었다. 방어용 무기를 만들지 않는다는 합의를 깨고 적이 쏜 미사일을 요격하는 방어용 미사일을 우주에 배치하는 계획이었다. 이 일을 계기로 새로운 무한 군비 경쟁이라는 판도라 상자가 열렸다. 존 스턴이 쓴 책 제목처럼 '미친 짓'이 시작됐다.

역설적이게도 이 판도라 상자는 냉전이 끝나는 시점에 열린다. 사드는 판도라 상자에서 뛰쳐나온 방어용 무기의 하나다. 따라서 '미친 짓'의 일부다. 물론 북한이 굶주리는 인민을 제쳐두고 핵을 개발하는 행동은 '미친 짓'이며, 비판받아야 한다. 북한 핵무장을 비판하는 미국도 방어용 무기를 개발하지 말고 다른 핵보유국들하고 함께 핵무기 폐기에 나서야 한다. 상호 확증 파괴 이론에 따르면 북한은 핵무기를 보유하게 되더라도 우리 또한 미국의 핵우산 아래 있기 때문에 '공포의 균형'에 따라 핵을 사용할 수 없다. 그러나 방어용 무기인 사드는 이야기가 달라진다. 우리도 존스턴이 경고한 '미친 짓'의 일부가 될 수 있기 때문이다. 소성리 주민들이 반발하는데도 국방부와 주한 미군은 공사 자재와 물품을 한 주마다 두 번씩 반입하고 있다.

덧글

아직 끝나지 않은 사드 사태

2021년 1월 22일, 문재인 정부는 병사들의 거처 등 생활 환경 시설을 개선한다면서 코로나 비상 상황에서도 경찰 600여 명을 동원해 주민 저지선을 뚫고 트럭 32대 분량 정도 되는 건축 자재를 사드 기지로 반입했다. 1월 26일, 다시 만난 강현욱 교무는 사드 프로그램을 업데이트하려고 패트리엇 미사일을 반입하려는 시도를 막는 일이 가장 급하다고 말했다.

찾을 곳 ▶

소성리 경상북도 성주군 초전면 소성길 일대.

부록

2021년, 다시 찾은 소성리에는 사드 반대 구호가 더 늘어났다.